U0686269

杏坛行吟

岳送军　著

郑州大学出版社

图书在版编目（CIP）数据

杏坛行吟 / 岳送军著 . -- 郑州 : 郑州大学出版社，2023.4

ISBN 978-7-5645-9681-1

Ⅰ . ①杏… Ⅱ . ①岳… Ⅲ . ①中学教育－文集 Ⅳ . ① G63-53

中国国家版本馆 CIP 数据核字 (2023) 第 079016 号

杏坛行吟

XINGTAN XINGYIN

策划编辑	呼玲玲	封面设计	山水悟道
责任编辑	徐 栩	版式设计	黄 莽
责任校对	呼玲玲	责任监制	凌 青 李瑞卿
出版发行	郑州大学出版社有限公司	地 址	郑州大学路 40 号（450052）
出 版 人	孙保营	网 址	http: / www. zzup. cn
经 销	全国新华书店	发行电话	0371-66966070
印 刷	明玺印务（廊坊）有限公司		
开 本	710 mm × 1000 mm 1 / 32		
印 张	11.25	字 数	256 千字
版 次	2023 年 4 月第 1 版	印 次	2023 年 4 月第 1 次印刷
书 号	ISBN 978-7-5645-9681-1	定 价	59.00 元

本书如有印装质量问题，请与本社联系调换。

张和，中国青年书法家协会副主席，中国名家书画研究院常务副院长，毛泽东书法研究会副会长。

师者传道受业解惑也

张和题

序

作为岳老师的学生，得知老师再次出书，甚喜。被邀约作序，欢喜之外，又甚是为难。作为学生资历尚浅，给老师写序，恐有拿腔做大之嫌，又怕无的放矢，词不达意，点评失当，反负了岳老师美意。但是老师言辞恳切，再三邀请，推辞亦觉不当。遂加班加点，将老师发来的样稿一一认真看过。流连于文字之间，体会着他的体会，感悟着他的感悟，动情着他的动情，困惑着他的困惑；于无声处，仿佛又一次走近了岳老师，看到了岳老师忙碌的身影，聆听到了岳老师谆谆的教诲，感受到了岳老师对于教育、对于孩子深沉的执着和热爱，触摸到岳老师和其他无数默默无闻耕耘在教育一线人们的温度。

岳老师是善于思考的。他在《也谈教育》一文中这样写到：“教育的本质意味着，一棵树摇动另一棵树；一朵云推动另一朵云；一个灵魂唤醒另一个灵魂。雅斯贝尔斯意在告诫我们，教育和被教育者在人格和地位上是完全平等的。做不到这一点，谈不上教育”。他在《关于“难教”问题与各位老师商榷》一文中与老师们探讨学生难教的解决之道；他在《时间都去哪了》剖析第一轮课改的得与失；他在《捧得春来百花香》记录首都师范大学取经的点滴体会。他在听了优质课之后这样兴奋地写到：课本、材料、生活结合浑然天成，思考、思维、思想培养步步为营，知识、能力、方法实现多维构建。是扎实的课堂，但不失轻松；是活跃的课堂，但不乏思考；是沉静的课堂，但涌动着激情。我在字里行间，仿佛看到岳老师在书本之间、在课堂之间、在师生之间来回切换。这个切换，是他喜欢的，熟稔的，热爱的。他以朝圣的心情在切换之间，亦步亦趋。

作为校长，岳老师是长情的。他在开学时劝诫他的同仁：生命贵，人生短，在工作中提升，在提升中快乐。在放假时他叮嘱老师们：静下心来，读一两本名著，观赏几部经典影片，滋养一下我们的心灵，维系精神的丰满，不失为对生活的良好调剂。在家长会上他呼吁：目标一致，家校一体，共同为孩子们创造一个协调、良好的成长环境，让孩子们在人格、思想、学习上健康发展。在毕业典礼上他深情寄语：感恩父母、感恩老师、感恩生活，一往无前乘风去，归来依旧少年时。岳老师是质朴的，无论他是什么角色，教师也好，校长也好，他只是觉得，能多想一点，能多做一点，能多带动一点，能多改变一点，就好。这让我突然想起了一个词：烛照。以个人幽微的精神之光，去照亮前行的路。

岳老师对于岗位的热爱、对于事业的执着也一直感染着我，激励着我。教育工作者千千万万，岳老师如同繁星一点。教育类的书籍浩如烟海，这一本如同沧海一粟。但是，一个在教育领域耕耘30年的的老师兼校长，将自己的所学所思所悟所感诉诸笔端，带着自身的心跳和温度，只为走过的路留痕，只为热爱留一个见证。当有人捧起，被其中的一行字所动，那么这份热爱和执着也许就有了接力和传承。

遥向岳老师致意！

王海成

2022 年 11 月 6 日 于北京

作者工作单位：教育部教师工作司。

目录

contents

行篇

吟篇

童谣二首

杂感组词

行篇

解放思想催变，真抓实干兴校

大家好，很荣幸站在这里跟大家汇报工作。在二十大即将召开之际，我县教育系统召开这次学习讨论大会，充分体现了县委教育工委、县教体科局对新时期学校教育工作的高度重视，也表达了全县广大教育工作者向张桂梅同志学习，争做“四有”好老师的坚强决心。

下面，我从四个方面就学校工作向各位领导做简要汇报，并就此次会议精神做表态发言。

一、注重学习，提高认识，扎牢思想根基

观念是行动的先导。“欲施于行必入其心”，教师职业的特殊性，要求我们必须不断更新知识，开拓视野，转变观念，紧随时代脉搏。为此，张北二中多年来一直注重教师学习，始终强调以学习提素质，以学习促提升。

一是抓好现代教育教学理论学习。学校每年征求教师意见，为教师订阅多种教育教学报刊，购买教育图书，并举办各种形式的读书活动，为教师理论学习注入动力。不定期为教师推送教育名师名家，让老师们从名师名家身上汲取精神养分。学校定期组织理论学习，开展经验学习交流活动或展示观摩活

动，促进教师理论学习和实践应用的紧密结合，帮助教师实现自我学习和能力提升。

二是抓好新课标、新教材的研究学习。在这方面，我们除了抓好知识层面的学习之外，更加注重引导教师在教育思想上的把握和转变。通过对新课标的研究，我们进一步明确目标，转变思想，要求教师不仅要把新课程理念体现在教案上，更要落实在课堂上。真正把“学生主体地位”落到实处。

二、完善制度，保障公平，树立正确导向

我觉得，学校制度建设是杜绝校长凭借个人好恶感情用事的最好办法，也是保证学校公平、公正的重要环节。近年来，学校通过广泛征求意见，修改完善了各项规章制度，特别是与广大教师切身利益息息相关的考勤制度、各项工作考评、考核制度。有了制度，大家做事就有了准则，有了奔头。学校也形成了班级考评看制度、成绩表彰看制度、评优选模看制度的制度化管理模式。有时也有老师们找来说，校长今年给我个“优”吧，我只能耐心地说，回去好好看看评优方案，对症下药，相信你一定行。时间一长，老师们明白了，各项荣誉都得靠自己好好工作才能争取。以制度为导向的教师评价机制就这样逐渐形成。

制度的不断调整完善和严格执行，使得老师们在工作中减少了怨气，恢复了元气；减少了戾气，涵养了正气。气顺了，老师们才能够把精力集中在工作上，才能提高工作效率，才能谈得上教育质量和教学成绩。

三、长远规划，细致落实，确保工作稳定

学校的发展犹如一个人的成长，需要目标的引领和计划、任务的不断推动。

为了不断引领和推动学校发展，近年来，学校先后研究制订和完善了《张北二中学校发展三年规划》《张北二中教师专业发展及学科建设目标与规划》《学校教学工作方案》《学校德育工作方案》《教师运动与健康方案》《作业管理常态化建设方案》《课后服务及第二课堂实施方案》等，并逐一抓好落实，取得了良好实效。

几年来，级部管理良性竞争、运行平稳；德育活动丰富多彩，学生精神面貌焕然一新；教学研究不断深入，成绩节节攀升，连续二年受到市教育局表彰；“双减”工作、五项管理扎实推进，成效显著；教工活动的大力开展，不仅使教师体质得到改善，同时改善的还有教师的心情和工作的激情。目前学校各项工作都有计划、有落实，每个人都有目标、有干劲。教师敬业、实干，学生活泼、好学。学校呈现出积极、健康、向上的良好风貌。

四、抓好常规，不断深入，增强发展后劲

教育和教学工作，既是学校常规工作，也是学校发展的两条主线，缺一不可。

学生的教育和管理，需要方法和智慧，更需要成体系的德育课程构建。为此，学校在丰富学生课外活动的同时，一直在探求符合学校实际和学生实际的德育课程。2020年秋季入学，正式提出“三入两读”（入楼即静、入宿即寝、入班即学；站立

晨读、课前诵读）的要求。2021年秋季入学，学校“四自”德育体系（自我认知、自我爱护、自我发展、自我成就）初步构建完成。在这个课程体系中，我们始终强调学生的自我成长，以此来激发学生的潜能，培养学生的自主成长意识。一年来，学校围绕该体系筹办了多项活动，取得了很好的教育效果，为进一步丰富课程内容，完善德育体系奠定了良好基础。

在教学方面，我校发挥多年来的师资优势、资源优势、合作优势，进一步强练内功，提升效率和质量。从2019年的“青蓝工程”到2020年的打造“备讲批研”四环节，再到2022年的废除导学案，改进备课方式，每一次改革，每一项工作都体现了张北二中领导和教师对教学质量的执着追求。正因如此，才有了逐年攀升的中考成绩，才有了去年中考80%的普高升学率。

最后，张北二中一定会以本次大会为契机，深入领会会议精神，贯彻落实会议要求，一如既往，真抓实干，推动我校各项工作不断迈上新的台阶！为交好本地发展优异答卷贡献教育力量。

（本文系2022年6月在全县教育系统向张桂梅同志学习，争做“四有”好老师活动上的典型发言）

脚踏实地开新局，多措并举促发展

近年来，张北县第二中学依靠团队合作优势，领导班子凝聚共识，长远谋划；中层干部务实肯干，认真落实；教师兢兢业业，努力做好本职工作；全体教职工团结一致，齐心协力，学校在新形势下呈现了平稳过渡和良好的发展态势。

一、团结一致顾大局，长远谋划促发展

我校的领导班子是团结凝聚的班子，每个人都能够立足于学校的未来和长远发展，团结一致、共同谋划、努力前行。

近年来，学校出台了《张北县第二中学三年发展规划（2019–2021）》《学校重点工作谋划（2021）》《“双减”背景下学校重点工作谋划（2022）》三份重要文件，为学校未来发展举旗定向。学校每周召开一次行政例会，研究学校当前及未来发展问题。会上大家既能各抒己见，又能顾全大局，最终达成一致，确保“当前工作做得好，长远方向不动摇”。

二、实施“青蓝工程”，促进青年教师快速成长

为了实现教师队伍的整体优化，最大限度激发每位教师的潜力，经过近半年的酝酿，2019 年春季开学，学校举行了隆重

的“‘青蓝工程’师徒结对拜师签字”仪式，“青蓝工程”就此拉开帷幕。

三年多来，35 位中青年教师在“师傅”的带领和悉心指导下，快速成长，大多成为学科教学的顶梁柱和佼佼者。不仅如此，在新老教师的交流融合中，更是形成了“以老带新，以新促老”的良好局面，教师队伍更具活力，工作更加和谐。

三、抓实教研活动，提升教师整体教学水平

我校的教研活动实行“四定”，即定时、定点、定内容、定形式。

定时：即教研活动时间按学科统一安排。星期一下午地理和生物，星期二上午道德与法治，星期二下午数学，星期三上午历史，星期三下午英语，星期四上午语文，星期四下午物理，星期五上午化学。

定点：即教研活动场所为各年级教研活动室。

定内容：即教研活动内容由教师发展中心提前一周安排作课人、作课内容，说课人、说课内容。

定形式：即教研活动共分三个环节。

一是听课。按教师发展中心安排集中听课。

二是评课议课。先由各年级分组评议，中心发言人整理好优点、缺点和建议。然后集中点评，各组发言人分别陈述本组意见。再由做课教师根据大家评议说出自己做本节课的收获——得、失、悟。最后，由带科领导对本次活动做总结。

三是说课备课。先由主备教师对备课内容做详细解读，包括教学内容的安排，教学方法的使用，重难点的突出和取舍等等。然后同组教师进行交流切磋，争取达到备课既个性化、又最优化。

四、深入开展“三入两读”，培养良好习惯和优良学风

“三入”即入楼即静、入班即学、入宿即寝；“两读”即站立晨读、课前诵读。

2020 年秋季开学，学校正式提出“三入两读”的倡议和要求，通过各年级组的大力推行，班主任及任课教师的认真贯彻落实，学生已形成良好习惯——课前书声琅琅，课间秩序井然，宿舍就寝迅速。班级之间掀起比学热潮，极大地促进了良好学风的形成。

目前，“三入两读”已经成为学校一道亮丽的风景。

五、开辟第二课堂，助力学生特长发展、全面发展

2021 年春季，按照“双减”政策的要求，我校开始组建以音体美课程为主的第二课堂活动。经过一学期的尝试和实践，效果十分明显，“二课”深受学生的喜爱。

新学年开学，为了更好地推动第二课堂实践，学校成立了“二课”领导小组，对全校教师进行统筹规划，进一步细化和完善方案，出台了《活力校园，魅力社团》第二课堂活动方案。开设了篮球、足球、田径、轮滑、太极拳、花样跳绳、舞蹈、合唱、器乐、国画、卡通、素描、书法、信息技术等课程，满足了不同特长、爱好学生的需要，极大地调动了学生热情，既促进了学生的特长发展，也为他们全面发展打下坚实的基础。

六、构建德育体系，完善育人功能

教育的核心任务是立德树人，德育作为教育的核心阵地，在学校的发展中发挥着举足轻重的作用 。近年来，学校开展了丰富多彩的德育活动，并对德育工作进行了系统性的梳理与思考，在原有活动框架的基础上不断完善，逐步构建起较完整的学校德育体系——“四自”德育体系。

德育体系的构建，让学校的整体建设更加完整，让管理者的思路更加清晰，让教育者的目标更加明确，让学生的成长更加主动，让学校的发展更具生命力。

七、加强教师体育锻炼，提升教师整体素质

教师伏案工作时间长，活动时间少，身体状况普遍较差。为了提高全体教师的健身意识和健康水平，学校根据不同年龄段的教师特点，量身定制了不同形式的健身活动，鼓励大家积极投入锻炼。

在校工会的组织下，全校教师成立了各种运动队伍，如：羽毛球队、乒乓球队、台球队、轮滑队、广场舞队、呼啦圈队、踢毽子队等。每个队都有专门队长负责，活动开展得有声有色。

教职工活动的蓬勃开展，激活的，不仅仅是他们的活力，更有他们积极乐观的情趣。一场活动下来，一些工作上、生活上的小烦恼早已抛到九霄云外，每一位老师都又激情满满走向讲台……

八、汗水凝结晶，勤奋结硕果

一分耕耘一分收获， 三年来，勤奋的二中人创造了一个又一个佳绩。

2019 年荣获张家口市初中教学质量优胜单位、张北县实绩突出领导班子、张家口市奥林匹克教育示范学校、张家口市冰雪运动会冰壶组冠军；2020 荣获张家口市教育系统优秀集体、张北县教育教学工作优秀单位、张家口市“五四红旗团委”；2021 年荣获张家口市教育教学优胜奖、张北县“奋斗百年路 启航新征程”庆祝中国共产党成立 100 周年暨主题歌会一等奖。

总之，学校近年来着力开展的几项重点工作，倾注了全体领导和广大教师的心血与汗水，并且取得了良好的效果。相信通过大家的努力，张北县第二中学一定会迎来更加美好的明天！

（本文系 2022 年 5 月迎接省市学校常规检查的工作汇报）

常抓师德师风建设，稳步落实“双减”政策

多年来，我校一直把师德师风建设作为常态工作来抓，因为良好的师德师风不但是学校教育发展的根基，也是推动学校各项工作的有力抓手。多年来，我校从强化教育、严格管理、落实责任等方面入手，教育广大教师依法执教、爱岗敬业、热爱学生、严谨治学、团结协作、廉洁从教、为人师表。

特别是近一年来，良好的师德师风，又有力地促进了双减政策、五项管理工作的落实。下面我向各位汇报一下我校在落实国家“双减”政策和五项管理方面的一些粗浅做法，希望大家多提宝贵意见。

一、统一思想、凝聚共识

任何一项工作的开展，首先要让老师们认识到这项工作的优点和开展的必要性，一个集体需要统一思想，凝聚共识，才能顺利开展工作。特别是对于“双减”这样的重要国家政策，重大的教育改革行动，学校更要主动作为。

二中早在2019年初制定三年发展规划时，就把“改革与发展” 作为了学校发展的主题，把深化课堂改革，着眼于学生

的全面发展和教师的可持续发展，转变教师观念，改进教学方式作为今后学校发展的主导思想。（这与“双减”可谓不谋而合）今年6月份，按照上级要求，张北二中制定了《张北县第二中学落实中小学“五项管理”工作实施方案》，对学校“五项管理”工作进行了自查和整改，在此基础上，总结撰写了《学生“五项管理”现状及整改措施》，制定了《张北县第二中学“五项管理”制度》。8月29日，我校为了在新学期扎实落实“双减”政策，稳步推进五项管理工作，召开了“双减”政策及五项管理宣讲大会。会上对“双减”政策和五项管理工作进行了专门培训。11月初，学校又向全体老师印发了《“双减”和“五项管理”明白卡》，以年级为单位召开“双减”政策学习会，广泛宣传“双减”重要意义。11月下旬，在期中考试质量分析会上，学校对两项政策做了再强调。通过一次次的政策宣传和要求，老师们逐渐转变了思想，凝聚了共识，认识到“双减”的重要性和紧迫性，在全校形成“双减”我知道、“双减”我支持的舆论氛围。

二、增加学生课外活动时间，全面开展阳光体育大课间

按照体质管理的规定，本学期我校增加了上操时间和课外活动时间，分别由原来的二十分钟调整为三十分钟，保证学生每天阳光运动不少于1小时，全面开展阳光体育大课间活动。学校要求每个学生至少掌握2项日常锻炼的体育爱好或技能，学校为学生提供了乒乓球、羽毛球、跳绳等运动器材和场地，提倡学生课间到室外活动，保证学生每节课间休息并进行适当身体锻炼。学校严禁以任何理由强占体育课。从各个方面保证学生的锻炼时间，争取促进学生体质提升。

教育改革，教师先行；学生行动，教师引领。不少老师总认为活动占用时间太长，影响学生学习。为了转变教师的运动观念，学校在学年初的工作要点中特意提出了《教师运动与健康方案》，提倡教师课余时间参与锻炼，由主管领导牵头，工会专门负责，学校为教师增设了乒乓球、羽毛球、轮滑、台球等运动场地。教师体会到运动的好处，既在工作之余锻炼了身体，也扭转了教育观念。

三、分层布置作业，落实作业公示制度，减量增效提质，从源头推动“双减”落实

“双减”的内容之一就是减轻学生过重的作业负担，这也是学校“双减”的根本任务。

本学期，在年度工作要点中我们这样写道：“作业布置少而精，避免同类重复，提倡一题多解。识记类作业不对遍数作具体要求，记会、写会即可。提倡分层作业，不可一刀切。作业须做到有留必批、有错必改。”

多年的实践告诉我们，作业“一刀切”，过难或过易，缺少层次，都不利于不同类型的学生。因此，本学期我校要求教师在布置作业时要按照基础性作业(应知、应会)、发展性作业(综合运用)和提升性作业(拓展创新)进行分层。这样可以降低作业给不同学习能力的学生带来的压力，使每个学生都能在自身基础上得到发展和提高。教师根据分层作业划定一些必做题和一些选做题，这样既可以保护学生的自尊心，又实现分层的目的。未经老师做过、审核的偏题、怪题、错题、惩罚性、重复性、随意性作业，不得布置。教师必须亲自批改作业，全批全改，以便充分掌握学情，不得只布置不批改，不得应付性批改，不得给家长布置或变相布置作业检查任务。年级组每半个学期检查两次作业批改情况，并纳入教师考核。期中考试以后，学校又制定了《张北县第二中学作业管理常态化建设方案》，实行作业公示制度、作业调控制度、作业教研制度、作业评价制度。每天老师布置完作业后，由课代表填写在《作业公示表》上，张贴在作业公示栏内，每天、每周由班主任和年级组对各科作业进行动态调控，以确保作业的数量和质量。

四、积极开展各项活动，为规范课后服务做好充分准备

上学期，我们开展了以兴趣小组活动为形式的课后服务尝试，本学期的德育工作方案中又提出“以活动为载体，构建‘四自’德育体系”的设想。按照德育体系建设方案，9–11月份，学校开展了如下活动：

9月18日，全校师生举行“勿忘国耻，牢记使命，强我中华”爱国教育签字活动；9月22日，八年级举行了“践行文明，从我做起，助力冬奥”朗诵活动。国庆期间，各年级开展了以“我爱祖国”为主题的绘画、摄影和手抄报展览。10月15日，八年级组织了“迎冬奥，花样跳绳”比赛活动。10月12日，团委组织了“迎冬奥盛会、创文明校园”教职工篮球联赛，以教师运动引领学生运动。10月20日，七年级举行了“迎冬奥，颂党恩”经典诵读活动；11月3日，八年级一级部举办了“弘扬民族文化精髓，演绎翰墨书香魅力”室外现场书法比赛。

丰富多彩的活动，促进校园文化建设。又给学生创造了展现才艺的机会，使更多学生积极参与到兴趣活动中。为下步课后服务的全面开展做好准备。

以上是我们的一些粗浅认识和做法，不足之处恳请领导和同仁们批评指正。

（本文系 2021 年 12 月在全县“双减”工作推进会上的发言）

新学年，新起点；再课划，促提升

一、教学工作推进方案

负责部门：教务处、教师发展中心、年级组

以“学生主体”理念为核心，以备、讲、批、研为抓手，改进方法，突破瓶颈，推动教学。

备：集体教研（备课）与个体备课相结合

备课的基本内涵：备课是为课堂学习做准备的，所以不单是备教材、备方法，还必须备学生。集体教研（备课）通过相互借鉴，可以帮助教师深入理解教材、教法，但因为学生是课堂学习的主体，且不同的老师有不同的教学风格，所以备课须因人（班）而异。也就是说备课更多地体现为个体劳动，再好的集体教研（备课），都无法取代教师的个体备课。

集体教研（备课）：定时间、定地点、定形式（集中讲，分头研）。

个体备课：核心思想是“学生主体”，呈现方式是“师生活动”。

导学案与教案要互为补充。

教案书写要求：

50 周岁（含）以上教师：略案（教学环节）

40~49 周岁教师：简案（教学环节、过程与方法）

30~39 周岁教师：详案（教学环节、过程与方法、问题设计）

30 周岁以下：详案、教学心得（反思）

评价：教师教案书写以及与课堂契合程度纳入学期教学评价，由校长、主管副校长、带科领导及教师发展中心通过听课、查阅教案进行等级评定（A\B\C\D）。

讲：

1、落实学生主体地位，课堂有广度、有深度（多提问、深交流）。

广度：学生积极参与的范围（人数）。

深度：学生思维深度。

2、注重基础，难度适中（面向大多数），容量适中（当堂完成）。

3、教学方式灵活多样（走下讲台、巡视课堂、小组合作、同桌互查），杜绝学生课堂走神、睡觉。

评价：本学期以推门听课为主，进步突出教师推荐作市级优质课。

批：

1、作业布置少而精，避免同类重复，提倡一题多解。识记类作业不对遍数作具体要求，记会、写会即可（激发主动性）。

2、提倡分层布置作业，不可一刀切。

3、作业须做到有留必批、有错必改。提倡学生定时（每天、每周）对错题进行积累回顾（错题本）。

评价：作业批改及学生错题整理情况纳入教师学期评价，由年级组定期检查并评定等级（A\B\C\D）。

研：

1、研究教材、教法，制定导学案，为个体备课做准备。

2、研究教学共性问题、教学优秀案例，相互借鉴、共同提高。

3、研究中考方向、教材体系，提升教学整体性、系统性。

4、小型专题研究，争取教学突破。（于昌利《梦回唐朝》古诗文复习教学研究）

二、德育工作方案

负责部门：政教处、团委、年级组

本学期德育重点工作：

1、主题班会（两周一次）

2、“三入二读”持续、深入开展

3、开辟艺体第二课堂（时间、计划、内容）

4、利用好上操、集会（升旗）、校园广播扩大德育宣传

上操要日通报（表扬）、周总结；升旗有讲话（接地气）；广播以校园生活为主题（学生事、学生稿）。

5、开展好各项活动（参见德育体系构建方案）

6、创建全校统一的学生组织及班干部队伍并开展活动

7、开展好入学教育与毕业教育（参见德育体系构建方案）

8、成立“家校共育委员会”，定期开展工作

德育工作长远目标：构建学校德育体系

何为学校德育体系？

一所学校的德育体系，是指为促进学生品德发展，提升学生政治、思想、道德、法纪和心理等综合品质，在学校德育实践的基础上，依据政策理论和学生成长规律，融合校内外各种

德育要素，进而形成个性化、可操作的学校德育有机整体。

为什么要构建学校德育体系？

构建德育体系是为了使日常各项德育活动更加有纲可依，使学校德育活动开展目的性更强、效果更好，使学校德育工作思路更加清晰。

“体系”最直接的作用就是告诉教师什么阶段应该开展什么活动，活动的目的意义何在，指导教师站在更高的层面组织活动，逐渐形成学校的德育特色。

构建什么样的学校德育体系？

范例：

“积极”德育体系（北京市第三中学）

“筑真”德育体系（北京市第十五中学）

欣赏型德育体系（北师大第二附属中学）

“精美”德育体系（北京市徐悲鸿中学）

“三自”德育体系（北京市铁路第二中学）

“融和”德育体系（北京市回民学校）

“钻石”德育体系（北京市第十七中学）

“幸福”德育体系（北京市 161 中学分校）

“自主性”德育体系（北京月坛中学）

学生及我校实际：

中学，尤其初中阶段，学生正在步入青春期。这一年龄段（12~15 周岁）的孩子，心智尚未完全成熟，他们对世界的认知更多来源于直观感受，个人情绪易受到周围环境的影响，他们对自我的关注比对周围世界的关注更为强烈。

我们学校德育工作长久以来比较滞后，近期各年级虽开展了不少活动，但仍处于起步摸索阶段，各项德育活动缺乏整体规划设计，活动效果有待提升。

鉴于此，针对初中生自我意识强的心理特点并结合我校多年来的德育经验，为进一步做好全校德育工作，经学校研究决定，我校将逐步创建“四自” 德育体系。

德育体系框架：略

三、教师运动与健康方案

负责部门：工会

理念：每天锻炼一小时，健康生活一辈子。

培养一项运动爱好，塑造一个健康体魄。

运动给你一份好心情。

会锻炼的人才会工作。

我运动，我年轻。

时间：课间操（半小时）、课外活动（半小时）、课余

场地：报告厅（羽毛球、拳击）、自习室（乒乓球）、滑冰场、篮球场、足球场。

形式：篮球、足球、乒乓球、羽毛球、轮滑（滑冰）、拳击（击打）、舞蹈。

（本文系 2021 年 8 月新学年学校重点工作谋划）

让分别化为美好的回忆

下面我跟即将毕业的九年级同学讲几句心里话。今天（6月20日）是个不同寻常的日子，是你们初中生活的最后一天，明天你们将奔赴中考的考场。从某种意义上讲，这两天的五场考试将决定大家未来的人生走向，我们一定要慎重对待，按照老师的要求做好每一个细节；但也不必过分紧张，只要按部就班，认认真真，相信最后的胜利一定属于你们。在这里我祝愿每一位同学都能在中考中稳定发挥、超常发挥，取得满意的成绩。

同学们，你们与母校相处的日子只有两天了，再过两天，你们将离开这里，进入更高一级的学校或是进入社会追逐自己的梦想。同学们，虽然新的生活画卷即将展开，但你们的人生道路才刚刚开始，未来的路还很长很长，每一步都需要我们踏实认真地走下去。老师在这里深深地祝福你们，也真诚地期待你们，一往无前乘风去，归来依旧少年时。

“逝者如斯，不舍昼夜。”时间过得真快，一千多个日日夜夜就这样不经意间翻过，转眼就是毕业季。祝贺你们顺利地完成了初中三年的学习任务！同时通过你们向言传身教、辛勤耕耘的老师们表示深深的敬意。经过二中三年的熏陶和历练大家长大了，增长了知识，丰富了阅历，有了独立面对社会的能力；未来的日子里校园的景色依旧，却少了你们活泼的身影和生动的笑脸，你们的离开将让我和所有的老师怅然若失。回首三年时光，许多生动的细节、精彩的瞬间都还历历在目、清晰可见。教室里琅琅的书声，操场上活泼的身影；餐厅、宿舍、教学楼前、办公室内，校园的角角落落都洒满了你们青春的欢笑和泪水，留下了你们奋斗的足迹和身影。你们课堂上一个自信的眼神，犯错时一个顽皮的笑脸，邂逅中一句诚挚的问候，都曾让我无比欣慰和感动。同学们，初中生活即将结束，新的使命召唤你们策马扬鞭，继续前行。不论你们走到哪里，母校和老师永远忘不了你们三年来留下的美好印象，你们留给的母校的青春风采将永远珍藏在我们的记忆深处。

同学们，自从你们进入张北二中的第一天起，你们的成长、前途和命运就已经和这所学校紧密相连。三年来，在学校良好风气的熏陶下，在老师们的耐心指导下，在同学间的团结互助下，你们凭着自身的天资和不懈的努力不断地进步、快速地成长，取得了许多了不起的成绩，为今后的发展奠定了坚实的基础，也为学校赢得了许多荣誉。我们看在眼里，喜在心头。母校为你们奠定了人生的基石，而你们也以自己的美好年华为母校增添了迷人的光彩。三年来，你们认真学习，奋发努力，积极进取，丰富了知识，锻炼了体能，增长了才干，完善了人格。虽然师生相聚只有短短三年，但我们为能够和你们共度三年人生最美好、最关键，也是最难忘的时光感到无比高兴！

同学们，初中三年是人生的一段重要历程，三年来我们的健康成长，离不开我们伟大的祖国，更离不开身边给予过你各种帮助的父母、老师、同学，正是在他们的帮助下，我们才得以不断进步。因此我想嘱咐大家，在人生的道路上一定要时时怀有一颗感恩的心，个人取得的每一点成绩，都离不开别人的帮助，在我们每个人的人生字典里，都不可缺少“感恩”二字。

首先你们要感谢你们的父母，他们不仅给了你们生命，从幼儿园、小学到初中，十多年来他们为你们付出了全部的心血，你们的喜怒哀乐、炎凉冷暖，全在他们的心头牵挂。也许他们有时也会过于啰唆，也许他们有时也会疏忽你的感受，可能有时还会有点粗暴，那是因为他们爱你太深啊！真的是可怜天下父母心，你吃的每一顿饭，身上的每一件衣服都是他们用辛苦的劳动换来的，他们为你们付出了一切却不求一点回报，父母的爱是天下最无私最伟大的爱。没有他们，你们怎么能这么顺利地走到今天。我们倾尽一生，都不足以回报父母的恩情。

你们还要感谢你们的老师。他们日夜操劳，为你们付出了他们生命中宝贵的三年时光，他们时刻都在惦记你们课听懂没有，知识学会没有，错误改正没有……你们的每一点进步都会使他们高兴，你们的每一点失误也常常会使他们寝食难安。为了你们，他们放弃了多少陪伴自己孩子和家人的时光。我们张北二中的每一位老师都是可亲的，可敬的，没有他们的辛苦付出和谆谆教导，同样没有我们的今天。三年相伴，师恩永远。

未来的人生道路上，还将有形形色色的人需要我们感谢，同事、朋友、萍水相逢的路人都有可能成为我们的恩人。同学们一定要牢记，人生需要一颗感恩的心。只有懂得感恩的人，才会活得踏实幸福。此时此刻，我尤其感谢你们，是你们的不断成长进步才使我的职业和生命有了更多，更丰富的意义！

同学们，初中生活，只是在漫漫人生路上的一个小小驿站，你们人生的列车马上就要驶出站台了！下一程还将有更美的风景，更广阔的天地任由你们驰骋，还有更美好的前程等待你们去开拓。在人生的路途上我始终信奉："拼搏就有收获，坚持就会成功"，这里也把这句话送给你们。愿你们在自己人生的原野上不停奔跑，尽情绽放，品味和收获生命中的每一丝美好和感动！

同学们，今天，你们以作为张北二中学子为光荣，明天母校将以你们的成就为骄傲。无论你们走到那里，母校都会一如既往地关心你们的成长和进步，老师们永远期待你们不断取得新的成绩。母校永远是你们的精神家园和坚强后盾，你们永远是母校的骄子。希望同学们无论在任何时候，无论走到哪里，都不要忘记老师的教诲和母校的培育，学会学习、学会生活、学会做人。希望同学们把在母校养成的良好的素养和习惯带到以后的学习和工作中去，积极进取、乐观向上、永不言败，走好自己的人生之路，实现自己的美好理想，把自己锻造成一个品格优秀、学识渊博的人，将来用自己学到的知识和本领为家乡服务。

同学们，就要告别了，我们恋恋不舍，母校眷恋你们，老师牵挂你们。最后，让我们再次把祝福送给九年级的每一位同学，祝愿你们的生命之舟在新的岁月港湾里顺利启航，在未来的航程中直挂云帆，乘风破浪。祝愿你们的生活永远充满阳光与欢乐！祝愿你们的人生写满辉煌和壮丽！祝福你们一路平安，一帆风顺！

谢谢大家。

（本文系 2021 年 6 月中考前一天对九年级全体学生的讲话）

新一年，新篇章；新学期，新气象

大家好！新的学期，也是新的一年又开始了。新年刚过，岁月新启，我们又迎来了一个孕育着美好希望的季节。年年岁岁花相似，岁岁年年人不同，伴随着新春的到来，我们每个人都增长了一岁。这里，我真心希望我们每一位老师和家人增长了的不单单是岁月，更有历经岁月沉淀后的幸福欢乐、健康美满。新的一年里，希望我们每一个人用智慧的头脑，勤劳的双手，努力开拓，奋发有为。衷心祝愿大家家庭和睦、生活幸福、身体安康、事业进步！

下面，我就本学期的学校整体工作思路及安排跟大家做个汇报。主要有两个方面的内容，一是总结过去，二是谋划未来。

今年是《学校发展三年规划（1919–2021）》以下简称《规划》执行以来的第三个年头。二年来，我们紧紧围绕规划，继续秉承“为学生发展奠基，为教师成长搭台，为社会进步服务”的办学思想和“文化引领，质量立校”的办学理念，领导班子凝聚实干，全体教师团结合作，努力奋进，使得学校各方面的工作得以顺利开展，步步推进。

一、突出了“改革与发展”的主题

“改革与发展”是三年规划中确立的重要主题。二年来，我们围绕这一主题，进行了大胆的尝试和突破。

第一项改革，也是近年来我们最大的一项改革是推行了级部管理。本着循序渐进的原则，我们已经顺利过渡了两个年级。实践证明，我们的这一改革是成功的。机制改变后的管理更加细致，更加高效，大家的工作积极性更加高涨。今年秋季开学，我们将完成现九年级的级部调整。届时，全校将形成三个年级六个级部齐头并进的格局。相信，新格局的顺利形成，必将更加有利于学校的未来发展。

第二项改革，我们增设了“教师发展中心”，配备了各学科带科领导，创立了学科领导例会制度，从而为加强教学研究、促进教师成长开辟了新的途径。

第三项改革，针对多年来学校德育工作薄弱的实际情况，配备了德育副校长，强化了学生德育工作。主题班会、专题宣讲、学生活动等成为德育新常态。

第四项改革，改变了住校生晚自习形式；推行了现行值班制度；转变了宿舍管理。

第五项改革，学校进一步完善和出台了系列管理制度，确保评优选先、职称晋升、各种考评排除人为因素，逐步建立起更加完善的制度导向。在这里，我顺便补充一句，新学期我们全体教职员工都要有新气象新面貌，进一步遵守好学校的各项规章制度。尤其在小事上，比如外出登记、车辆停放等等，这些虽然是小事，但体现一所学校的文化和教师素养的往往就是这些小事。小事做不好，大事见分晓。很多时候，让人生拉开差距的表面看好像是大事，根源其实是一件件小事，这也是我们必须教育学生要养成良好习惯的重要原因。

总之，二年来，在继承和维护学校优良传统和做法的同时，学校在改革中谋发展，在改革中求突破，取得了良好的成效。

二、强化“三个意识”，促进学校内涵发展

《规划》中提到的“三个意识”即“生本意识”“师本意识”“校本意识”，三个意识的确立，意在告诫我们，学校的各项工作都要在立足自身实际的基础上来开展。不务虚，不骛远。

学生方面，我们重点加强了学生管理，特别是注重德育渗透、行为习惯的养成。通过常规教育、主题班会、活动引领等不同形式，变堵为疏，不断加强正面引导。两年来，学生的精神面貌和行为习惯都有了很大改观。今后，我们将继续创新工作方法，弥补差距和不足，推动学校德育工作向更高层次转变。争取实现学生的个性发展、特长发展；争取激发每一个孩子的活力，带动学生的知识发展和潜能发展，进而实现学校德育功能的进一步完善。

教师方面，我们特别强调和注重教师的成长与发展。二年来，有近二十位教师到北京、石家庄等地进行过培训，长则一两个月，短则一两天。市县教育部门组织的各种教师培训我们从来不落。为了促进教师成长，我们每学期组织一轮“互听互学”活动，积极推进每周一次的集体教研，努力推动教师进行经验总结，帮助一位教师出版了个人专著。在加强教学研究的同时，通过公开课、示范课努力为青年教师搭建成长平台，一批青年教师快速成长。青蓝工程促进了新老教师融合。今后，我们将进一步创新措施、拓宽渠道，为教师成长搭建更加广阔的平台。同时进一步加强教学研究和成果转化，打造新的二中优师团队。

在校本建设方面，我们紧紧围绕学校中心工作，进一步加强教学管理和教学研究，不断探索新形式、新方法，保持优势，创新发展。同时，结合学校实际，加强德育工作探索。此外，为了满足教育教学的需要，学校争取并投入了大量资金不断改善办学条件。二年来，学校先后为全体教师每人配备了一台电脑，更换了两个年级的班级多媒体设备。更换了学校播音设备、监控设备。去年下半年，争取上级资金一百余万元美化了校园环境，维修了院墙。与城建部门联系修建了男生水冲厕所。寒假期间，修缮了搁置已久的报告厅和阶梯教室，会议室安装了 Led 显示屏。未来，我们将进一步根据学校实际，深入做好校本研究，校本管理，不断改善办学条件。

三、围绕总目标，继续向市级名校迈进

三年规划中确定的学校未来三年发展的总目标是：继续高扬现代化和素质教育两面旗帜，解放思想，与时俱进，充分发挥团队合作精神和优势，做优做强学校教育品牌，全面提升学校的综合办学质量与水平，把学校打造成为一所内涵发展，均衡发展，持续发展的全市名校。（一个中心，二个方向，三个策略）

总目标表述比较宏观，但每句话都指向明确，都在指导着我们的具体工作。可以这么说，符不符合总目标的要求，是衡量学校各项工作正不正确的重要标准。前不久，党的十九届五中全会通过的《中共中央关于制定国民经济和社会发展第十四个五年规划和 2035 远景目标的建议》中明确提出，建设“高质量教育体系”的目标，我们的总目标与这一目标是高度吻合的。所以在这里我给大家解释一下我们的总目标，因为它未来还会长期指导我们的实际工作，过去也没有正儿八经讲过。总目标第一句话指明了学校未来坚持的发展方向。“教育现代化”和“素质教育”是国家政策导向，也是对学校教育发展的总要求，我们的各项工作必须向这两个方向迈进，我们的设施要逐步完善，思想要不断跟进，教育理念要不断更新，教育手段要逐步改进，教育内容要逐渐开放。两年来，我们所有的教育教学改革和措施都是沿着这一方向努力的。第二句强调团队合作，这是学校长久发展的根本保证，如果没有凝聚，没有团结，集体就会成为一堆散沙。所以各学科组要讲合作，各班级科任教师要讲合作，一个级部、一个年级要讲合作，同事之间要讲合作，领导更要讲合作。遇事多从合作讲，多从学校大局想，这才是二中能够永恒发展的不竭动力。我们二中有团结合作的优良传统，今后更要紧密地团结一致，只有这样，才能做优做强学校教育品牌。去年秋季开学的表彰会上，我们隆重地表彰了两个学科组，就是希望各个学科组都要像他们那样凝聚，每一位老师都要像他们一样团结合作，服从大局。一个备课组团不团结，凝不凝聚，备课组长是关键，备课组长一定要扮演好领头雁的角色，组员要服从，要团结。大小集体都是一个道理，二中的任何集体都首先必须讲团结，我们领导班子首先做好表率。第三句包含三个发展：内涵发展、均衡发展、持续发展，这是学校未来发展的途径和策略。内涵发展就是做强我们自己，只有内在的强大才是真正的强大，这就要求我们少图虚名，多修炼内功，扎扎实实做工作，默默无闻求发展。均衡发展是说我们的发展要全面，要协调，要补短板。今后我们在弱势上、劣势上还得加倍努力。持续发展既是我们发展的长远目标，也是我们做好当下工作必须把握的准则，我们不能急功近利，要目光长远，这样二中才有前途，我们坚决不能干当下有好处却不利于未来发展的事情。

这就是总目标的几层含义。二年来，我们围绕总目标，勤奋努力地工作，取得了一系列成绩，使得我校在创建市级名校的道路上又向前迈进了一步。二年来，我校先后被评为：张家口市教育科研先进单位；张家口市电教工作先进单位；张家口市中小学政治教育先进集体；张家口市教育系统优秀集体；2019年度张北县实绩突出领导班子。2020年因中考成绩突出，作为六所受邀学校之一在全市初中教学研讨会上做典型发言。这些成绩和荣誉的取得，都是我们大家共同努力的结果。在此，我代表学校领导班子向大家表示感谢！

以上所谈，是对二年多工作的简要总结和回顾。总结过去，是为了更好地面向未来，在本年度，我们依然要在总目标的指引下，紧紧围绕三个意识，加快改革与发展步伐，进一步夯实基础，突出重点，严格管理。坚决发扬总书记提出的“三牛”精神，发掘甘当孺子牛、拓荒牛、老黄牛的优秀教师，打造优秀教师团队，推动学校向更高层次发展。

一、狠抓课堂，创优成绩，夯实教学质量

课堂是教师劳动的集中体现，成绩是教师劳动成果的主要体现。去年，我曾讲过在教学上要抓好“备讲批研”四个环节，今年我们要在抓好这四个环节的同时，进一步把课堂和成绩作为提升教学的突破口。换句话讲，“备讲批研”是基础、是前提，课堂和成绩是抓手、是结果，我们要在做实、做细日常环节的基础上，以课堂和成绩作为评价依据，来促进教学的不断提升。课堂方面，本学期我们将继续落实好“互听互学互评”活动，打造精品课堂，促进教师成长，今后的听课，我们的评价重在三个方面：一是学生学得怎么样，主动性发挥出来没有，也就是我们常说的以学生为主体做到没有。二是教师引导得不得法，顺不顺畅。这两点还是需要有理念上的转变，坚决杜绝教师一言堂。三是多媒体手段的使用，特别是与导学案的融合。上学期各学科组对多媒体的使用逐渐增多，开学前有的学科组在群里上传了课件，这些都是极其可喜的现象，本学期我们要把多媒体授课继续推向普及，这就需要我们在备课方面也要下足功夫。每轮听课结束，我们要依据评价标准评选出各学科的“教学能手”。成绩方面，我们将延续前二年的做法，依据班级期中、期末成绩排名评选出“教学成绩先进个人”。如果是校际联考，成绩突出的学科备课组长和突出教师都将授予“学科带头人”称号。

二、重研究，出成果，提升发展后劲

我曾在大会上和与教师的个别交流中多次提到过研究的重要性和可行性，特别是对于我们一线教师而言，更是具备进行研究得天独厚的条件。可多数老师觉得没有时间，无从下手。本学期，我们将通过集体学习的形式解决这个问题。我们在每周的教研活动中增加一项内容，集体学习《教师怎样梳理表述教学研究成果》。这是一本非常好的书，案例引路加方法指导，深入浅出，可读性、实用性非常强。我在假期认真读了两遍，反复琢磨该不该花费时间集体学习，最后我还是觉得值得一学。退一万步讲，即使我们学不会写作，听听书中的案例，对我们也是一种启发，何况我们怎么会学不会。

我非常提倡大家边学习、边实践、边思考、边写作。这将会大大促进我们的工作，特别有利于我们的进步，还有利于我们的身心健康，总结出一篇经验的时候我们会充满成就感。大家可以问问吴建荣老师，诗集出版后是什么心情。今后我们将定期组织经验交流和评选，优秀经验文章学校负责推荐发表或出版，并对表现优秀的教师授予“希望之星”称号。因为研究者确实是未来的希望。

三、丰富课外活动，提升德育水平

德育是学校教育的重要内容之一，习近平总书记提出立德树人是教育的根本任务，也把“德”放在了第一位。但是长期以来，我们重智（知）育轻德育，德育的严重缺乏不但导致学生思想、行为上的颓废，学习上也会受到影响——一个品行不好的人怎么会认真学习，学好了对社会又有什么用？

二年来，我们在加强学生德育方面尝试着做了不少工作。下一步，我们将在过去经验的基础上继续推进德育工作。主题班会、各种活动我们都要搞起来。我们报告厅可以使用了，年级的大型活动可以在报告厅搞，班级的小活动可以在会议室搞，我们装显示屏的主要目的就是为学生活动提供更好的条件。学校将不遗余力地支持德育活动的开展，大家要记住，活动是最好的德育。

四、深入开展“三入两读”，促进教风、学风、校风的进一步好转

“三入两读”自去年下半年提出以来，时间不长，但效果明显。只不过年级、级部、班级之间很有差距，全校还没有形成很好的氛围，需要我们继续深入下去。为什么要把“三入两读”作为一项专门工作提出来？因为把“三入两读”抓好了，将会带动教风、学风和校风的整体转变；而且“三入”“两读”讲的都是细节，细节是最容易作为抓手的。科任教师把课前诵读抓好了，这一科的学习习惯就容易养成了；班主任把“两读”抓好了，班级学习风气就容易形成了；“三入”抓好了，学生的行为习惯自然就变好了，素养也容易养成了。

因此，本学期，我们每一位老师都要行动起来，把培养学生“三入两读”作为一项重点工作，就像我们抓校服一样，相信坚持下去必有成效。学校要把这项工作纳入教师考评项目，定期评选“三入两读”先进班集体，班主任授予“优秀班主任”称号，做得好的科任教师授予“优秀教师”称号。各年级要制定详细措施，认真抓好落实。落实“三入两读”好的级部（年级）授予主任“优秀工作者”称号。

五、加强师德师风建设

作为一名教师，我们一定要守住师德的底线。哪怕我们做不到热爱学生，但我们绝对不能歧视学生，损害学生利益。最近几天，天津一中学教师因批评学生时言论不当在网上被炒得火热，各大官媒都发声了。本人受到了撤销教师资格、调离岗位处分。如果我们稍有不慎，一个录音就会把老师置于风口浪尖之上，我们不能不警惕。我们二中绝大多数教师师德优秀，更有一些教师多年来深受学生和家长的爱戴，口碑特别好。这样的教师既是我们学校的财富，更是大家学习的榜样。大家如果都成为这样的老师，二中一定会更加振兴。

所以，下一步，我们要大力弘扬师德，培养师心、师爱，把师德师风建设提升到一个新高度，这既是师德建设本身的需要，也是我们老师自我保护的需要。学校也将深入挖掘师德典型，表彰师德优秀教师。

今后，对于有违师德的教师，特别是给学校造成不良影响者，二年内评优选先一票否决，并在下一届选拔实验班教师和任课方面做慎重考虑。

六、抓好毕业年级教学，冲刺中考目标

中考每一年都是学校工作重点，今年我们更要早谋划，细落实，争取比前两年有进步，有突破。2019 中考，我们上一中分数线 292 人，李向志因数学卡没有涂痛失全县状元；2020 中考，我们上一中分数线 285 人，惠鹏文化课总成绩全县第二。今年我们要竭尽全力冲刺全县状元，上一中分数线争取突破 300 人。这个目标并不远大，只要我们全体初三教师精诚合作，不怕吃苦，我们的目标一定会实现。开学后，我们马上召开初三年级会，再定具体措施。初三老师做好打一场硬仗的思想准备。

我的讲话完毕，谢谢大家！

（本文系 2021 年 3 月在春季开学全体教师会上的讲话）

入学教育助力习惯养成

刚才的会操表演为四天来的入学教育及队列训练画下了圆满的句号。四天来，同学们在老师们的带领下，学习了学校的各项管理制度，在熟悉初中生活的同时经历了艰苦的训练。每位同学都表现出吃苦耐劳的精神，特别是今天的会操表演，每个班级都精神百倍，信心满满，表现不俗。

在这里，我代表学校，首先向四天来不辞劳苦挥洒汗水的各位教官和班主任老师致以崇高的敬意和衷心的感谢——老师们，你们辛苦了。这些天来，你们栉风沐雨，始终陪伴孩子们一起训练，充分展现了张北二中老师爱岗敬业、爱生如子的工作作风！其次，对训练过程中表现出团结互助、吃苦耐劳精神的各位同学表示诚挚的慰问和热烈的祝贺！时间虽然很短，只有四天，但四天来大家付出了很多艰辛，克服了重重困难。相信通过几天的训练，大家都磨炼了意志，增强了体质，开阔了视野，坚定了目标，为初中生活开了一个好头。未来的日子里，大家一定能扫除各种困难，直达自己的人生目标。

同学们，张北二中是育人的摇篮，是学生成长的乐土，学校在“为学生成长奠基”的办学理念指引下，全力为你们搭建发展的平台，努力追求让每位学生都成功的教育。“千淘万漉虽辛苦，吹尽狂沙始到金”，希望同学们在以后的求知生涯中能够继续保持良好的生活习惯、继续发扬吃苦精神，拿出“天生我材必有用”的自信，拿出“不破楼兰终不还”的勇气，乘风破浪，直挂云帆！

最后，让我们再次以热烈的掌声向为这次训练活动付出艰辛劳动的教官和各位老师表示诚挚的感谢！祝各位教官、老师身体健康，工作顺利！祝全体同学在未来校园生活中学业有成，茁壮成长！谢谢大家！

（本文系 2020 年 9 月秋季开学新生军训总结讲话）

立足教学研究，打造研究型团队

张北二中是一所20轨的初中学校，60个教学班，拥有学生3500多名。

近年来，学校成绩在全县五所兄弟学校中一直名列前茅。今年中考更有四大学科11名单科状元出自我校，500分以上考生154人，达到市一中分数线（509分）117人，其中达到实验班分数线（539分）37人。

2017年毕业生今年高考，有三名同学考入清华和北大。这些成绩的取得，很大程度得益于学校多年来立足教学研究，狠抓教科研队伍建设。

下面我把我们在这方面的一点粗浅做法向各位领导和同仁汇报一下，恳请大家提出宝贵意见。

一、持之以恒抓“常”

教研活动是一个学校的常规活动，我们学校的教研活动有如下几个特点。

一是教研活动实行“三定”——定时间、定地点、定主题。每个年级每个学科的教研活动都在固定时间、固定地点按照事先确定的教研主题进行。这样既保证了教研活动时间和实效，同时便于学校领导的参与。

二是每次教研活动，由组内一名老师作为中心发言人全程组织。中心发言人必须事先做好充分的准备工作，确保教研活动的深入有效开展。

三是每学科确定一位专业领导带科（如乔校长理化，赵校长历史，教务主任语文，科研主任数学等），周周随同教研，并对每次教研进行点评，总结。学校每周六召开一次教研总结会，听取带科领导汇报，针对各学科存在的问题进行分析研究。

四是集体备课。在开学前一周，各备课组认真制定本学期的教研活动计划，备课组分小组安排了备课任务。在每次活动时，首先由备课小组拿出下周的导学案初稿，由指定的中心发言人讲，然后组织全组教师研究教学过程中的重、难问题及教学思路和方法，全体教师要通过自己的思考，表达中肯的意见，最后通过整合、修改形成正式的导学案，供大家使用。有的时候，大家意见难以达成一致，那么就先由主备教师讲授，同组教师听课，根据课堂效果，进行二次教研备课，修改导学案，更新教学方法，增删教学内容。

在整个教研过程中，全体教师共同探索、互相合作，通过发挥教师的集体智慧，争取课堂效果达到最优化。

二、脚踏实地求“真”

1、倡导主题教学研究，带动广大教师的研究热情。

在广大一线教师心里，“研究”是个比较高深的词汇，仿佛那是专家学者的事。殊不知，一线教师才最具有从事研究得天独厚的条件，因为研究的素材每时每刻都在我们的眼前发生着。为了把教师们引上勤思考、真研究之路，我们主要采取了以下办法。一是通过专家讲课，实现思想引领。光 2018 年下半年，我们就先后邀请生本教育专家郭思乐先生、真情作文教育专家陈静老师、市考试院白薇老师来校讲学，并数次接待北京西城区的东西部协作专家团队。通过与专家老师的交流接触，老师们开阔了视野，转变了思想，逐渐体悟到“研究”原来并不难。二是通过树立典型，实现行动引领。各个学科，我们都安排了素质较高的青年教师首先承担小型的主题研究，并由教科研处专人进行指导，一学期下来，各个学科的主题研究都小有建树，各学科的成果发布会在教师中引起不小轰动，真正起到示范引领作用。三是规范主题研究，实现科研带动。学校把所有老师的主题研究进行分类整合，发放主题研究申请表，并建立研究档案，定期上交成果，召开成果交流与分享会，推动学校教科研活动的深入开展。

2. 开展课题研究，发挥教育科研的引领作用。

一提课题研究，往往觉得虚多实少，好像只有在晋升职称时大家才想到课题。我校通过开展主题教学研究，老师们已逐渐认识和体会到研究对于教学的巨大推动作用。但是课题研究总是需要精力的，为了让课题研究真正能在教师中生根落地，经过学校领导班子研究后决定，先由各处室承担与部门工作相契合的课题研究，同时改变职称晋升对课题研究的打分要求。特意增加了一条：“承担县（校）级课题研究或校本研修项目成果显著，在全校做经验推广并产生实际效果的评分按市级课题对待；在全县做经验推广并产生良好效应的，评分按省级课题对待。”这一条规定，再次引发了大家对于“真研究”的巨大热情，老师们放下思想包袱，主动投身到教学研究当中。光今年上半年，我们向县教研室申请的课题就达八个之多，大家争相成为课题主持人，掀起了新一轮的课题研究热。

三、研教结合促“果”

1. 实施“青蓝工程”。

2019 年 3 月，在学校三年规划的总体框架下，学校制定实施了旨在“以老带新，以新促老”的“青蓝工程”。这一活动的开展，旨在充分发挥我校学科带头人、教学骨干、教学名师等经验丰富教师的教育教学优势和示范引领作用。一年多来，各位师傅用诲人不倦的态度，通过传、帮、带、导、提、教，用心指导徒弟，促使青年教师的业务能力得到大幅提升，老教师也因发挥了个人价值和受到青年教师的尊重而重新燃起教学的热情。通过师徒互助，促进了年青和老教师的互相融合，打造起一支结构层次化、实践专业化、发展可持续化的教师队伍。

2. 提倡教师多读书、多写作，为教学研究注入动力。

为了激发教师的创造力，我们首先大力提倡教师多读书，从别人的教育实践和思想中汲取创造的因子；其次提倡大家多写作，写教学反思，写读书收获。通过写作，把零散的思维片段和潜藏的思想火花整理成具有个体特色的思想体系，从而完成一次思想的蜕变。在一次次的思想蜕变后，我们便越来越接近研究型、创造型的教师了。

上学期，我们一次购进五千元图书，教师人手一册，读完后同学科组教师互换，一学期下来，每位老师读书平均至少在五册以上。学期末学校组织开展了“乐读乐写”评比活动，老师们交上了厚厚的读书笔记和教学反思。其中一个语文老师交上了她业余创作的诗歌，经学校推荐运作，于六月份刚刚出版，在教师中产生了不小的反响。

通过读书写作，实现对教育问题的深入思考和研究，促进了每位教师教育理念和教育行为的转变，促进了师德和素养的提升。

以上就是我校在推进教师科研团队建设方面的一些做法和粗浅认识，不当之处敬请各位领导和同仁批评指正。

（本文系 2020 年 9 月在全市中考教学研讨会上的典型发言）

第36个教师节庆祝大会发言

大家好！非常荣幸站在这里跟大家交流。

张北二中是一所20轨的初中学校，现有60个教学班，专职教师220人，拥有学生3300多名。

在县委、县政府的正确指引下，在县教体科局的坚强领导下，在全校教师的辛勤努力下，张北二中的教育教学成绩近年来一直稳步提升。今年中考更有四大学科11名单科状元出自我校，500分以上考生154人，达到张北一中尖刀班分数线（515分）97人，达到奥班分数线（475分）245人。2017年毕业生今年高考，有三名同学考入清华和北大，一大批同学考入全国名校。

张北二中能取得如此优异的成绩，与张北二中源远流长的文化积淀、立德树人的教育理念、严肃活泼的校园生活是分不开的。近年来，我县教育事业蓬勃发展，县委、县政府提出“构建区域优质教育中心，打造优质教育品牌”的目标更是让我们教育工作者人心振奋。张北二中全体教师不忘初心，继往开来，学校从强化师资队伍，深挖教育内涵，提升教学质量入手，着力抓好以下几个方面工作：

一是实行了级部管理，创新了管理办法，提升了管理成效；二是实施了促进新老融合的“青蓝工程”，教师队伍素质稳步提高；三是进一步加强校领导包年级制度，压实责任，加大对教育教学各环节的监管力度，使管理更加科学化、规范化；四是继续深化课堂改革，积极探索轻负担高效率的课堂教学模式，进一步减轻学生课业负担，提高了教学效率；五是坚持立德树人理念，注重德育工作考核，争取让每一个孩子都能够成人成才。

今天隆重的教师节庆祝大会，更让我们看到了县委、县政府对教育的关注，对教师的关怀，我们感到无比光荣。张北二中的全体教师将会在全县教育春风的感召下，以满腔的热情，昂扬的斗志，切实把握发展机遇，促进学校、教师、学生和谐健康发展，树立依法治校、质量立校、科研兴校、特色强校的发展思想，努力办好家长、社会满意的教育。

最后借此机会，向全县教育工作者致以最崇高的敬意，让我们一起为张北县的教育事业努力奋斗！

（本文系在全县庆祝第三十六个教师节大会上的发言）

默默耕耘，静待花开

我 1992 年柴沟堡师范毕业，1994 年张家口教育学院毕业走上教师工作岗位。先后在万全县膳房堡中学、张北县第二中学任教 17 年。2011 年 1 月，我从张北县第二中学教务主任，被提拔为张北县第四中学副校长，主抓学校教学工作。2018 年 9 月，我被任命为张北县第二中学校长至今。

2011……我的课改之路

2011 年 1 月我调入张北四中，从教务主任提拔为副校长。从那时起，一直到 2018 年 9 月份，我一直在副校长的岗位上主抓学校教学工作。

调入四中，正值寒假。我利用一个月的时间熟悉了学校环境，3 月份开学伊始，我便开始进入角色。我最大量的工作当然是听课、评课、研讨，带领教科研处开展活动促进教学。半个学期下来，我对全校八十多位教师的教学有了初步的了解。当时，给我印象和感受最深的是老师们教学工作很敬业，但效率实在让人担心。仿佛大家的教学理念和方法还停留在 20 世纪，教师一言堂的现象司空见惯。当时可是新千年都过去十年了！当时，课改的大潮正在席卷中国大地。“不改就会落后，改革势在必行”！从那时起，课改的思想在我心中埋下了种子，随后的半年，我边听课指导教学，边钻研教学理论书籍并学习各地的课改经验。

2012 年 1 月，在一次班子成员会上我正式以《张北县第四中学课堂教学改革三年规划》的题目提出了自己的想法。我的想法得到了胡云峰校长的大力支持。2 月 14 日，我带领 25 名老师踏上了去往石家庄的火车，到石家庄九中考察学习。两天时间里大家共听课八十余节，并通过参与学校集体教研活动，同德育、教务、科研等处室负责人进行座谈等方式，进一步了解学习九中成功的课改和管理经验。两天的匆匆行程，但收获满满，17 日，大家带着沉甸甸的思考和激动的心情踏上了归程。

3 月 5 日开学召开教师大会，我在会上做了题为《以课堂教学改革促进教学质量提升》的报告，课堂教学的改革即被确立为今后一段时间学校教学工作的重点。3 月 10 日，由我主持制定的《张北四中课堂教学改革三年规划》正式出台印发全体老师讨论学习，拉开了张北四中课堂教学改革实践的序幕。虽然有部分老师的学习在前，但真正面对实践的时候，难题还是一个个接踵而至。每周一次的课改总结会上，听到最多的声音是抱怨，抱怨小组无法组织，学生根本就不会学习，教师连课也不会备了……但抱怨归抱怨，困难面前，大家还是努力前行，我和大家一起走进课堂，出主意、想办法。在经过激烈的讨论和多次修改以后，3 月 14 日，我撰写了《张北四中课改第一阶段操作规范与要求》，印发全体老师统一认识，规范操作，使课改从盲目走向规范。4 月 6 日，课改以来第一次收集整理的各学科优秀导学案印发各备课组讨论学习，推动了各学科备课思想的转变。5月22日，通过总结两个多月的课改实践经验，我又撰写完成《张北四中课改第一阶段操作规范与要求补充规定》，首次明确提出“导、学、练三位一体”教学模式，并进行详细阐述，使课改从实践摸索上升至理论层面。5月31日，我在《教育快报》发表《“导、学、练三位一体”教学模式要诀——模式再解读》的指导文章，对“导、学、练三位一体”教学模式的基本理念和需注意问题进行了进一步的阐述和强调，进一步明确导向，推动了课改的深入开展。在全体老师的共同努力下，随着问题的不断出现和一一解决，课改就这样在亦步亦趋中渐渐推向深入。从学习小组的成立、备课思想的统一、导学案的成型到课堂组织的顺畅……一学期下来，课改终于显现出成效。大多数教师能在教学中真正确立起学生的主体地位，课堂面貌改变了，师生的角色、地位悄悄地发生了变化，课改模式日渐成型。大家从当初的抱怨到渐渐认可，现在终于尝到了一点——还仅仅是一点——课改的甜头。

2012年9月，新学期开始了。课堂教学改革顺利进入新的阶段。但是个别科目，个别教师明显落后于学校课改的整体步伐。有的老师理念还没有树立起来，还有的老师对课改有畏难情绪。针对这种现状，通过数周的听课、发现、总结，10月19日，学校召开了课改工作阶段性总结大会，我在会上做了题为《有关课改的几个转变，兼谈落实学生主体地位的几种学习方式》的发言，发言在老师们中引起强烈反响，为下一步的课堂教学改革起到了很好的推动作用。

11月25日，县教科局对我校进行年终综合考评，大家对我校在课改工作中取得的成绩予以了充分肯定。

经过一年的努力，到2012年底，课改走过了最困难的时期，绝大多数教师的理念已经得到扭转，而且初步构建起了“导、学、练”三位一体的课堂教学模式，并取得良好的教育、教学效果和外界影响。下一步便是进一步巩固已有成果，深化课堂教学改革。

2013年3月16日，开学刚刚过去两周，学校各项工作基本就绪。为了开阔教师眼界，使大家更深刻地理解和领会课改的实质，学校决定派出部分教师到教学比较先进的石家庄第十八中学观摩学习。经过周密的筹划准备后，我带领全校20名教师赴石家庄十八中考查取经，三天的学习紧锣密鼓，八个学科的20名教师共计听课106节，参加活动8次，每位老师都抓紧时间与教师与学生交流探讨，不让每一分钟浪费，这是我们预定好的目标。返回来的路上，大家热情高涨，畅谈着各自回去的打算。返回后，大家又按照出发前的安排，进行认真的准备，在教导处的精心组织下，举行了为期两周的外出学习教师汇报交流及课改展示活动。每一位外出学习的教师把外出学习的收获和成果，通过课堂再现和说课研讨生动地传递给其他老师。通过这样的外出学习和展示交流活动，既提升了教师的理论、业务能力和水平，也很好地促进了我校课堂教学改革的进一步深入，取得了很好的效果。

2013年5月31日，教研室蒋斌主任带领各学科教研员，到我校听课视导，我们抓住这次机会，组织教师认真听取了教研室对我校课改的指导意见，并通过《教育快报》的形式向全体老师通报，使老师们进一步增强了信心。

2013年9月，新学期开学后，新组建的初一年级教师课改思想还不够统一，他们普遍反映对课改的认识还比较模糊。针对这种情况以及老师们反映出的其他种种问题，2013年10月23日，我组织召开了初一年级课改推进会，并在会上作了《试看课改竞朝晖辉映先进理念，已见泗儿立潮头投射嬗变精神》的发言，指导老师们转变观念、放下包袱、大胆投身于课堂教学改革，并列举了很多身边的优秀课例，使大家明确了课改的实质就是解放教师、解放学生，使学生真正成为课堂的主体、学习的主人，从而统一了大家的思想认识，统一了行动，使课改得到顺利开展。

经过大家的一致努力，我校2013年的课堂教学改革又比过去有了很大的进步，教师理念更加扎实、课堂组织更加有序、激励手段更加多样、小组合作更加顺畅。而且随着课改的不断深入，涌现出一批思想积极、理念先进、作风过硬的优秀教师，为了表彰这些优秀教师，激发大家的干劲，也为了活跃课改的氛围，推动课改继续深入，经过我建议并由学校研究决定，学期末开展我校课改星级教师评选活动。经过两周的准备、推选，2013年12月3日，评选活动正式拉开帷幕。通过三天紧张的听课、评比，最终评选出我校首届课改星级教师30名。这次活动，在教师间掀起了相互比、学、赶、超的热潮，也为优秀教师提供了一次展示自己的机会。通过活动，学校的课堂教学改革也成为了一大亮点，受到了教研室蒋斌主任及各学科教研员的热烈好评。

2014年1月10日，教育局对我校工作进行全面考评，课堂教学改革以资料完备、活动开展扎实细致、课改效果突出再一次受到局领导的好评。接下来的一年，是我校课改成果展示兼巩固完善的一年，我校 20 多位不同学科的教师在县教研室的组织下，为全县兄弟学校作课近 50 节，学校的课改成果引来了全县同行们的注目。老师们也在一次次的磨炼中得到了进一步的提升。

2015 年 3 月份开学，我们宣布课改第一轮胜利结束，三年一轮的教学改革终于告一段落，我们也该到了回顾总结，再出发再提高的时候了。我们要用一到两年的时间进行巩固提升，以为将来的再出发积蓄力量。四年多来，在大家的共同努力下，第一轮课改实现了课堂教学模式的转变和创新，初步形成“导学练三位一体”的课堂教学模式，同时在促进教师理念转变方面迈出了坚实的一步，使学校走上了思想创新、效率提升的快车道。我校的一些成功经验和做法被《张北报》、张北电视台、张家口电视台等媒体刊载和报道。

为了更好地总结提升，我从 2015 年下半年开始整理课改材料，2016 年 4 月份，30 多万字的《张北四中课改五年》发到了每一位老师的手中，该书汇集了学校课改五年以来教师的心得体会、经验反思及各类文章。这本书既是五年来课改工作的总结，也是我们全体老师共同努力取得的课改成果，更是今后进行校本研修、实现理念转变、推进课改工作的生动教材。

2017 年初，为了进一步深化课堂教学改革，我带领全校教师在总结第一轮课改经验的基础上，积极谋划第二轮课改方案，确定了“构建学科体系，优化学科教学”的第二轮课改指导思想。随后通过召开年级教师会、备课组长会、学科教师会、举办各种形式的听评课活动，统一思想认识，解决实际问题，推进行动落实，直到 2018 年 7 月份。9 月份开学，我怀着万分不舍的心情告别了我的同事，还有我如火如荼的课改……

2011至2018，那是我极其充实快乐的八年，那是给予了我丰厚的生命给养的八年。

八年来，我在快乐的工作之余亦有意外的收获——2012年11月，因在课改过程中工作突出，我荣获张家口市中小学教师教育工作先进个人；2012年、2014年和2016年，因工作突出三次受县委、县政府“嘉奖”奖励。2013年7月——个人专著《杏坛有约》由中国文联出版社出版，随后被河北师范大学图书馆收藏，随后荣获张家口市教育教学优秀成果（著作类）二等奖。

2018……新岗位、新征程

2018年9月，我被提拔为张北县第二中学校长，又回到了我八年前工作过的地方。阔别八年，学校方方面面有了很大变化。对我来说，除了一些过去的同事之外，一切都是崭新的，包括占地150亩的新校区。

工作还得从熟悉环境，了解教师，了解学生做起。对了，就任二中校长最令我感到欣慰的一点是中层以上的学校管理人员基本还是我过去的同事，这为我能够迅速进入角色，开始谋划工作提供了极大的便利。

第一学期，我主要的精力是听课，只有走进课堂才能掌握第一手的材料；只要走进课堂，就会看到学校的真实情况。我是9月底上任的，短短三个月，我听完了全校180多名教师的课，参与了各个教研组的教研活动，进行了大量调查研究，快到放假的时候，我俨然从一个刚到二中的新人变成了对学校情况了如指掌的熟客。

寒假期间，我开始着手思考学校未来的发展和走向问题。2019 年 3 月份开学，我在开学前第一次行政会上向大家递交了《张北县第二中学学校发展三年规划（2019–2021）》和《张北县第二中学教师专业发展及学科建设目标与规划（2019–2021）》，经过几次三番的讨论修改，终于在 4 月份的时候通过了这两个对学校发展意义重大的文件。五一小假期一过，学校立即召开了全体教职工大会，会上主要通过和学习了这两个文件，从此，全校思想统一，步调一致，大家齐心协力致力于学校未来的发展……

2019 年，根据两个规划的设计，学校围绕“内挖潜力树标杆，外引活水提层次”的主题要求开展了系列活动：

3 月 31 日：“青蓝工程”结对仪式隆重举行

4 月 1 日：“互听互学”活动月拉开序幕

4 月 16 日：校报《起航》创刊

5 月 7 日：全校师德教育大会，白薇老师讲《初心》

7 月 20 日：公开选拔中层干部

8 月 30 日：郭思乐教授亲临我校召开生本教育大会

9 月 5 日：全校教师读书活动启动

9 月 29 日：校园禁烟活动拉开帷幕

10 月 19 日：“传递感恩，点燃梦想”大型感恩教育活动顺利举行

10 月 20 日：青年教师示范活动课如期进行

11 月 6 日：“我是演说家”系列活动开展

11 月 17 日：“真情作文”创始人陈静亲临我校开展作文教学研讨

12 月 25 日：全校教师书法比赛结束

一次次活动，将老师们的心紧紧凝聚在一起，老师们的工作比以前忙碌了，但没有一个人叫苦叫累，大家的脸上反而流露出久违的笑容。活动的开展，也开阔了大家的眼界，提升了大家的认识和能力，大家都在为自己的进步感到由衷地高兴。当然，作为校长的我，更是在心里暗自窃喜——

教师的幸福和活力，难道不是学校最宝贵的资源吗！

（本文系 2020 年 1 月全县教育系统新教师培训会讲话）

家校互动是孩子成长的最好桥梁

首先欢迎各位家长朋友在百忙之中前来参加孩子的家长会，你们的到来就是对我们学校工作的最大支持。

在过去的一年里，张北二中的全体教师团结进取，努力工作，他们用辛勤的汗水换来了孩子们的茁壮成长。这一年里，学校成绩节节攀升，校风校貌大有改观；学生越来越变得文明礼貌、仪表端庄；学校卫生、自习纪律、就寝习惯有了很大改善。这些成绩的取得，离不开全体教师的共同努力，特别是班主任老师们的辛勤付出。二中的班主任是最敬业最辛苦的班主任，他们和学生一起到校一起回家，从不迟到从不早退。正因为有了这些敬业奉献的老师，才有了今天不断发展的二中。

关于学校工作，我就不多言了，班主任老师会给家长们讲的更细，下面我主要跟家长们交流一个话题。近期引起很多学者高度关注的一个话题：家庭教育。

家长朋友们，家庭是孩子成长的第一所学校，父母是孩子的第一任老师，家庭教育和环境的好坏，直接影响孩子的健康成长。而且家庭教育是一项艰苦而又细致的长期教育工程。心理学家讲："如果孩子生活在批评中，就学会了自卑；如果孩子生活在敌视中，就学会了好斗；如果孩子生活在鼓励中，就学会了自信；如果孩子生活在友爱中就学会了尊重。”由此可见，家庭环境会给孩子的精神世界造成多么大的影响。著名教育家陶行知老先生曾说：“千学万学学做真人！”做人教育是家庭教育的核心，一个人，只有具备了良好的品质，健全的人格，才会为学好知识奠定基础。因此，想使孩子成才，一定要先让孩子做人。只有诚实守信有责任心上进心的人，才会在学习上刻苦用功，有所成就。孩子就像小树，我们不但要给他们施肥浇水，还要给他们剪枝。长弯了的时候，我们还需要给他们立根木棍，帮助他们长直。家长就是孩子身边的那根木棍，家长对孩子的严格管理和要求是他们形成良好品质和习惯的重要因素。

每个家长都疼爱自己的孩子，这是正常的。但有的家长生怕孩子吃一点苦，受一点累，过分呵护，甚至对于老师的批评、同学间的矛盾都要一味护着孩子，这就非常不对了。这不是有助于孩子成长的爱，这就是我们常说的溺爱。这种没有原则没有理智的爱，最终会害了孩子。

我给大家举一个非常典型的事例：李双江是我们非常熟悉的老一辈著名歌唱家、艺术家。儿子李天一五岁跟随父亲登台演出，他的多才多艺深受观众喜爱和好评。以我们正常的思维去想，李天一的未来不可能不好。但是，就是这么一个出生优越，前途无限的孩子，十五岁时驾驶宝马车并打人被教养一年。十七岁（2013 年）又因为犯罪被判有期徒刑十年。是什么原因让一个原本前途美好的孩子最后却锒铛入狱呢？溺爱！后来在一次采访中，记者问李双江打过孩子吗，李双江说了这样一段话：不打，从来没有打过，舍不得。有时候想打，但最终没有打。最严厉的时候吓唬一下，因为还没有打自己的眼泪就掉下来了……家长朋友们，我们当然不赞成动辄打孩子，但过分溺爱，对孩子无原则地放纵最终是会毁了孩子的。

好的家庭教育，严格是必须的。只有严格要求，孩子才能形成好习惯、好品行。但严格也需要讲就方法，讲究沟通，而不能一味武断，否则难以达到教育的效果。老一辈革命家教育家吴玉章先生说过这样一段话："正确教育子女的方法，我认为最主要的是爱和严相结合，在生活上既要给予子女适当的父母之爱，又要严格要求他们，特别要舍得让他们到艰苦环境中去锻炼，在风雨中成长，这才是真正的爱。只有这样才能锻炼出人才，成为有作为的人。"我觉得这段话说得特别好，家庭教育就是要宽严相济——有爱，却不过分；有严，却不失温度。父母是孩子的榜样和领路人，孩子在这样的家庭环境中成长，一定会形成好的性格，养成好的习惯，树立正确的思想观念。我们的孩子正处在青春期，也是人生躁动期，特别需要我们关心和引导，在这一时期，家长的作用尤为重要。

家长朋友们，刚才单纯地谈到家庭教育，下面我还想跟大家谈谈家庭教育和学校教育的配合问题。

孩子在求学期间接触最多的是父母、老师和同学，其中父母和老师都担负着教育孩子的使命，可谓是对他们的成长影响最大的人。老师父母和孩子三者之间的关系可以是这样的：如果把孩子比作一棵树，那么家长就是养分，帮助小树提供营养，扩张根系；老师就是园丁，帮助小树修枝剪叶，笔直向上。老师、父母和孩子应该是最和谐的合作关系，这种关系越融洽越有利于小树的成长。

教育最需要的是爱的引导，家长与老师的相逢就是一场爱的邂逅，老师和家长对孩子的爱是一样的。只有相互信任才能相互成就。因此家长与老师的良好合作，对孩子班集体的问候关心，对学校教育的支持，这一切都是对孩子最直观的教育。家长支持老师就是支持孩子的成长，这是最好的教育关系，家长只有和老师沟通好，配合好，心往一处想，劲往一处使，才能一起把孩子的教育效果达到最好。当然，教师也要切实担当起自己的责任和使命，作为一名人民教师，我们站在讲台，就要为了教育奉献一生，学生茁壮成长就是我们清贫岁月里的英雄梦想。

最近看到这样一则报道：

浙江省某学校一个孩子，上英语课的时候在课堂上睡大觉，英语老师当堂把他叫醒，他没有坚持几分钟又趴下呼呼大睡。班主任听说后有点生气，跑到教室把他摇醒，并要求去门口站罚。孩子认为班主任不该摇醒他，更不该罚站，这让他在同学面前很没面子。放学回家后，他哭着对家长说，老师欺侮他。家长一听就急了，立刻跑到学校对班主任一顿辱骂，后又向校长投诉，在家长中散播恶意评价。这件事最终在学校的调解下得以平息。

从此后那个学生在学校为所欲为也没有老师敢言。成绩从此一落千丈，最后不得不辍学回家，家长与老师的对立，直接导致了孩子教育的失败。

这不是一个偶然的事件，在当今社会环境中，由于家长对孩子过分袒护，导致教师不敢严格管理的事件屡见不鲜。家长朋友们，教育是一项严肃的事业，身为教师，必须对孩子严格，这是我们老师的责任，古人说的好，严师出高徒，一个老师如果看到学生犯错误却视而不见，那就是失职，正所谓“子不教，父子过；教不严，师之惰。”只要批评得对，家长就应该支持老师，很多人长大后对老师充满感激，往往是因为老师当初的批评教育。做老师的我们都有一种体会：毕业后真正感激老师的，多是当初的调皮捣蛋者，因为他们受老师的“批评”最多，长大后他们才明白了老师当初的苦心。所以我刚才讲了，支持老师就是支持自己孩子的成长。相信上述事件不会发生在我们身上，因为您不是这样的家长，孩子更不会成为这样的孩子。

家校合作是一个美好的话题，因为孩子的健康成长是我们共同的期望，在教育的世界里，没有比家长与老师的关系更亲近、更一致的关系了。

借此机会，我向家长朋友们提几条建议：

一、要教育孩子在家庭中承担一定的家务劳动，让他们从小养成好的生活习惯，自己能做的事尽量自己做，这对他们今后的成长有好处。

二、家长要尽量抽时间多与孩子交流思想，沟通感情，询问孩子在学校的学习生活情况。发现问题及时纠正，不能等问题出现了严重了，成绩下降了，才想起去批评孩子。

三、要教育孩子遵守学校纪律。家有家法，校有校规，班级也有班级的要求，这些规定和要求是同学们提高成绩和健康成长的保证，学生只有好好遵守纪律步入社会才会遵纪守法。一个懂的规矩并且自觉遵守规矩的人，才能时刻按规矩办事，才能不断进步。

四、要关注孩子的心理问题，关注孩子青春期的早恋问题。发现问题需要正确引导，不能操之过急，在教育孩子的时候，要把握好尺度，在交流沟通的前提下再考虑解决孩子的问题。

五、面对行为习惯差的孩子不能一味责备，更不能放任不管，要去多鼓励，多发现他们的优点，帮他们树立自信，引导孩子正确看待自己的不足，共同制定计划，帮助他们纠正缺点。

最后，我想说，孩子的健康成长离不开家庭和学校的共同培育，家校双方只有坦诚相待，保持一致，才能形成教育合力。作为教师，我们要充分理解家长望子成龙望女成凤的迫切心情，全身心的投入到工作中去，教好书，育好人，叫学生满意，让家长放心。作为家长也要正确看待教师的不足。人无完人，教师的教育水平也有高低，有时出现一些失误和不足也在所难免，但相信我们每一位老师都会在教育实践中不断成长，不断进步。家长和老师们一定要在沟通中解决分歧达成一致，家长需要维护好老师在孩子心中的威信，老师也要维护好家长在孩子心中的形象，这样教育才能真正形成合力。相信，只要我们双方相互理解，相互支持，就一定会实现好的教育效果。

最后再一次谢谢家长朋友们，下面请各班班主任老师组织召开本班家长会。

（本文系 2019 年 11 月在学校学生家长会上的讲话）

舞动的青春最美丽

今天，我们迎着七月的第一缕阳光，带着运动和放松的喜悦，度过了一个难得的、美好的上午。首先，我谨代表胡校长，代表学校向七年级趣味运动会的顺利举行表示热烈的祝贺！向七年级全体师生表示感谢！趣味的活动，紧张的比赛，热烈的呐喊，你们再一次展现出我们张北四中团结协作的精神，吃苦耐劳的精神、敢于挑战的精神。

同学们，你们生活在张北四中是幸福的、幸运的。因为你们有最关心和爱护你们的老师。这次趣味运动会的开展，老师们亲自参与到大家的活动当中，和大家一起比赛，一起快乐——有这么好的老师陪伴着你们一起成长，传授大家知识，教育大家成人、成才，这是一件多么值得庆幸的事情啊！而作为学生的我们，正处在人生最美好的年华里，你们有青春、有梦想、有时间、有精力……人生最珍贵的东西就在你们的青春年华里。因此大家一定要听从老师的教导，抓紧时间，刻苦努力。学习有时虽然苦一点累一点，但每一点付出都是在为你的人生储存财富。当你懒惰的时候，你要想想你为什么来到四中；当你想要放弃的时候，你要想想你为什么来到这个世界。我们要发扬负重拼搏，勇于创新的精神，敢于向一切困难挑战。我们不仅要在学业上勇于争先，而且要在德育、体育、美育各个方面不断提高自己、完善自己。体育是其中重要的一个方面，一个人没有健康的体格，没有良好的身体素质就无法适应社会的竞争和时代的要求。因此一个合格的中学生必然是一个全面发展、能自我完善的学生，是一个无论在考场上，还是在运动场上都能勇攀高峰的学生。希望大家在今后的学习生活中，也能像在今天的比赛中一样团结、协作、拼搏、进取，为自己创造有价值的人生。

同学们，张北四中是大家共同的家园。我们一起生活，一起学习，一起感受成长的喜怒哀乐。过去的一年，是大家成长并逐渐走向成熟的一年。大家的年龄增长了，学业进步了，心智更加成熟了。完成了由一名小学生向中学生的过渡，由一名幼稚的少年渐成为一名健壮的青年。今后，大家应该用更加长远的眼光和理性的态度思考自己的未来；用加倍的努力和勤奋的汗水来书写自己的人生。初中生活只有短短三年，希望大家珍惜，希望大家热爱四中、珍惜四中。今天，你以作为一名四中学子而自豪，希望明天母校能因你的精彩而骄傲！

最后，祝我们所有老师生活充实愉快，祝同学们健康成长。

（本文系 2018 年 7 月在七年级趣味运动会上的讲话）

放 飞

2017 寒假马上就要到了，整整一个学期，忙忙碌碌，付出不少，收获也不少。如今假期如约而至，我们终于可以放松一下紧绷的心情，投入假期的怀抱，享受一下生活的另一番美好。

假期恰逢春节来临，这又注定会为这个假期增添别样的情趣，这样的假期真是应该好好规划，让身心放松，让精神愉悦，尽享假期给我们带来的欢乐！现将学校通知及相关建议印发给大家，希望能够帮你度过一个充实愉快、安全祥和的春节和假期。

执行教育局规定，我校从 1 月 13 日正式进入假期，2 月 27 日学生报到开学。学校定于 2 月 26 日上午 9：00 召开全校教师大会，安排新学期相关事宜。

下学期，课改工作进入新阶段。重点将是深化已有成果，对各学科导学练案做进一步的修改、规范，全面推进成果的转化吸收。因此，要求各位老师深入领会课改思想，假期最好学习一点教育理论，为提升业务能力奠定基础。可以想到的是，下学期，我们必将从繁重的备课劳动中解放出来，我们可以把更多的精力投入到教学的改进上。

各学科备课组长放假前要安排好提前备课，建议每位老师备一节精品课，为开学后及时开展教学做好必要准备，避免开学后的手忙脚乱。

假期间，要尽力与学生及家长取得联系，督促学生完成好假期作业，提醒家长合理安排孩子的生活，避免贪玩放纵，给学生以必要的鼓励和监督。有的家长真的做不到这些，多给他们一些帮助吧，因为我们是教师。一句话的事，或许就是学生一辈子的事！

假期要放松一下是肯定的啦，但建议你远离不良习惯和嗜好，麻将和酒能免就免了吧！多锻炼你的身体，从事一些对身心有益的活动，革命工作需要你有健康的体魄。

在热闹的春节间隙，静下心来，读一两本名著，观赏几部经典影片，滋养一下我们的心灵，维系精神的丰满，不失为对生活的良好调剂。如果能将感受诉诸笔端还可能给你带来另外一种乐趣，试试吧。真正的快乐永远源自精神。

最需要你关照的是父母，平时忙于工作，难得守候在他们身边，假期就多陪陪他们吧，唠唠家常，让他们的晚年生活多一点笑声。

最需要你呵护的莫过于子女，平时环绕你的总是学生，假期弥补一下对孩子缺失的关爱吧，一个经常受到关爱的心灵，才能健康成长。和孩子一起读读书，一起跑个步，一家人看场电影……都是不错的选择。

恭祝全体教师假期愉快阖家欢乐！

（本文系2017年1月寒假前夕写给全体教师的话）

顽猴挥手，金鸡贺岁

顽猴嬉戏渐渐模糊了远去的背影，金鸡长鸣带着憧憬、带着理想、带着企盼、带着希望。在人们猝不及防的眼神中，2017向我们款步走来——来得欣喜、来得昂扬、来得踏实、来得奔放。在这辞旧迎新的美好时刻，我谨代表学校领导班子，向一年来辛勤耕耘、默默奉献的全体教职员工，向亲爱的同学们致以亲切的问候和新年的祝福！

回顾过去，2016年是我校团结奋进的一年，是改革创新的一年。全体师生踏实勤奋、努力向前，使我校的校风校貌得到进一步改观，办学成果得到了家长、社会的广泛认可。各备课组团结协作、勇于实践，促进了教学改革的继续深化，培养并铸就了一支理念先进、作风过硬的骨干教师队伍，为学校的后续发展打下了坚实的基础。一年来，前勤人员努力奋进，后勤人员踏实肯干，促进了学校的全面发展，形成了一个团结和谐的集体和积极向上的良好氛围。

一年来，广大同学努力勤奋，一大批同学在竞争中脱颖而出。伴随着年龄的增长，大家的心智更加成熟，学习更加进步，你们用踏实的行动向父母向老师交上了一份满意的答卷。

展望未来，2017年将是我校发展的机遇之年亦是挑战之年。来年中考有望实现新的跨越，教学改革将得到进一步深化，硬件设施将得到进一步改善。但学校的内涵发展需要跟上，教学改革成果需要巩固，教师理念、素质仍需进一步提升……

2017将是我校发展的关键之年——机遇与挑战并存，希望与困难同在。但是我坚信，我们四中人肩并肩能迎风雨，手挽手可斗霜雪，只要我们大家勠力同行，再大的困难也会克服。张北四中必将迎来更加美好的明天！

祝全体教师新春愉快，身体健康，工作顺利，阖家欢乐！

祝全体同学学习进步，茁壮成长，健康快乐！

（本文系2017年元旦学校升旗仪式上的讲话）

用真情拥抱学生，让家庭助力成长

首先欢迎并感谢大家在百忙之中前来参加今天的家长会。孩子的健康成长是我们共同的心愿，我们因一个共同的目标坐到了一起。希望今天的家长会能够增加大家对学校的了解，能够密切家庭和学校的联系，进而为孩子们创造一个协调、良好的成长环境，使他们能够在学习上、思想上、人格上健康发展。

受胡校长的委托，首先由我来跟大家谈一谈，家长会就是沟通的会、合作的会，所以也请家长们放松心情。我的谈话从一个真实的故事开始——

11 月 8 日中午放学的时候，76 班陈鑫同学因突发疾病晕倒在教室，当时教室里只剩几名值日的同学，一名同学见状跑去报告了值班老师，值班老师闻讯后急忙赶到。当时只见孩子躺在地上，已经没有了意识，任凭怎么呼唤都无任何反应。值班老师心急如焚但又束手无策，他们赶紧拨打了 120 急救电话。在医生到来之前，大家十分着急，不停地轻声呼唤陈鑫的名字，但孩子一直没有反应。当时的情形十分危急。十几分钟后，救护车终于赶到，一阵手忙脚乱，先给孩子输上了液，然后大家一起用担架把陈鑫同学抬上救护车。最为着急的是班主任张晓丽老师，她刚踏进家门就被电话叫了回来，回来后她一直蹲在地上，紧紧握着陈鑫的手。救护车来了，可家长还没有赶到，她放心不下自己的学生，坚持要亲自把孩子送到医院。看着救护车呼啸而去，大家才稍稍松了一口气。此时已经快一点了，几位值班老师还都没有吃饭，但他们毫无怨言，只有惦记，每个人心里都沉甸甸的，一言不发。张晓丽老师把孩子送到医院后，一直守在孩子身边，直到家长赶到医院。此时孩子已经恢复意识，病情也趋向稳定，安抚完家长，已经快要两点了，张老师顾不上喘一口气，便又匆匆赶到学校上课。整整一个中午，张老师没顾上吃饭更没顾上休息。

这是学校最近发生的一件事情，这虽然只是一个小小的个例，但类似的事情每天都在学校发生着。家长朋友们，你们关心的是一个孩子，你们都说现在的孩子不好管。我们的老师操心的是几十个孩子——哪个孩子上课不听讲需要管，谁的作业完不成需要管，谁的学习有困难更要管；晚上不睡觉也得管；同学闹矛盾还得管。教师的每一分钟几乎都被学生占据。都说教师是天底下最光辉的职业，是啊！那是因为教师的职业最需要爱心。但我要说，我们的教师不但在用爱心工作，他们更在用生命工作。类似张晓丽老师的例子不胜枚举，更为常见的是，寒冬腊月，当清洁工还没有出现的时候，我们的老师已经守在教室门口，笑脸迎接孩子们的到来。可又有谁知道，昨天晚自习后，他们是拖着疲惫的身体才回到家里，匆匆扒拉几口，把碗一推就倒在了床上——她们太累了！

家长朋友们，这就是四中的老师，这就是与您的孩子朝夕相伴的老师。他们付出，但不求回报；他们劳累，但脸上永远挂着微笑。只因为，他们面对的是孩子，他们心里装着的都是学生！

几年来，为适应新的教育形势，四中一直强调“以学生为本”，以此作为推动教学改革和学校管理的核心理念。大家刚才一进教学楼，抬头就会看到“走进四中，走向成功”的醒目标语，这既是学校的管理目标，也是我们向家长、向社会做出的庄严承诺。我们不会放弃任何一个孩子。我们坚信每位孩子都是一颗有待打磨的珍珠，四中的每一位老师都会用自己的热心、耐心、责任心将这些孩子一个个紧紧包裹，让他们的顽劣渐渐融化，直至发出耀眼的光泽。在我们老师的真诚感召和教育下，一大批原本习惯不好的孩子，渐渐有了进步，有些家长都不敢相信自己的孩子会在这么短的时间内发生如此大的变化。一些原本升学无望的孩子，三年后竟然实现了自己人生的第一个梦想——考入高中。这都是有实例的，时间关系，我就不一一给家长们列举了。

几年来，在胡校长的带领下，在全体老师的共同努力下，张北四中创造着一个又一个奇迹。与县城其他中学相比，我们规模小，硬件设施相对落后，生源基础差，但我们却培养出了全县最受欢迎的学生。今年衡水中学来我县招生，全县只招五名学生，却指明要给四中三个名额，因为通过多年了解，他们知道四中的孩子有潜力，于是我们三名同学顺利升入衡水中学。还有市一中，近年也向我校敞开大门，每年接收我校二三十名学生。张北一中的老师分班的时候都争着想要四中毕业的学生，不是因为四中的孩子有多聪明，而是因为这些孩子更懂事，更勤奋，勤奋就能出成绩。也许有些家长会问，我们有什么诀窍吗？如果说我们有诀窍的话，我觉得，诀窍就在于学校坚持了先进的办学理念，在于立足学生长远发展的种种举措上。2012年，我校确立了“增强学校内涵发展”的办学宗旨和“依托课改创新，激发师生活力”的办学理念，从而加快了学校发展步伐。截止目前，历时五年的课堂教学改革已取得显著成效，教师理念提升了，学生活力增强了。走进四中的课堂，你会惊奇地发现，学生生龙活虎，教师循循善诱。我们的无声自习培养了学生自主学习的好习惯。四中的自习课没有老师监督，却能做到鸦雀无声。我们的无人监考告诉孩子们成绩要靠实力，做人须讲诚信。我们八年级的孩子们对这一点体会最深，家长回去可以问问。家长朋友们，这些创新举措的背后，凝聚了老师们无穷的智慧和汗水。大家可以看到每个班的讲桌上都放着一本《课改五年》，这本三十多万字的著作就是我校老师智慧和汗水的见证。

家长朋友们，我们所做的一切都是为了孩子，为了给孩子们创造一个温馨、舒适、上进的学习环境，使他们能够安心学习，努力进取，踏实做人。但我们做得还很不够，学校工作还有很多地方需要改进，比如班容量大的问题，就给学校工作增加了不少困扰，今后，我们应该想办法控制。我们也真诚地希望家长朋友们能够给我们提出更好的建议，和我们一道，为孩子的成长架起一座桥梁。没有学校的教育，孩子无法获取知识；缺少家庭的教育，孩子同样无法立足社会。为了孩子的健康成长，借此机会，我给家长同志们提几点诚恳的建议：

1、要多给孩子树立信心。教育孩子要多鼓励少批评，批评也要瞅准时机，讲究方法。每天抽时间问问孩子的学习情况、家庭作业，培养孩子持之以恒的学习习惯。多与孩子进行亲切交流，和他们谈谈今天学到了什么新知识，哪篇新课文，知道哪些道理，今后打算怎样做，交谈时，要有耐心，不能简单粗暴，家长要做到心平气和。为孩子树立信心的同时，家长还要在行为上辅导孩子。家长的行为对孩子的影响很大，比如，在家什么时候看电视，孩子应看什么样的电视，家长都要注意引导。此外，还要积极培养孩子的自理能力，动手能力。我发现有一些孩子到现在书包都不会整理，这可能与家长的包办有关系。其实在很多事上，我们家长只要多引导孩子，多辅导孩子，他们能做得很好。只要一点点放手锻炼，孩子的能力慢慢就提高了。

2、要多关注孩子的交往。朋友就是孩子的一面镜子，与什么人交往，就会形成什么样的人格，所以，家长要多提醒和关注孩子的交往情况，引导孩子多交良师益友，发现不良交往要及时想办法阻止。在这里，我还要特别提醒一下跑校同学的家长，你们一定要掌握好孩子回家和放学的时间，因为我们经常发现有不少孩子放学不回家，上学来得早。他们大多在学校周边逗留，或者结交一些杂七杂八的社会青年，有的则直接去了网吧。家长若有时间，最好接送一下孩子。

3、经常与老师进行沟通。沟通才能了解，只有了解掌握了孩子在校的表现和情况，才能更好地实施教育。对孩子的优点、不好的习惯以及在教育过程中出现的疑惑，可以经常与老师和学校保持联系，共同寻找最好的教育方法。

4、注意培养孩子形成健康的心理。现在有很多孩子受不了挫折，一遇失败就一蹶不振，轻则郁郁寡欢，重则导致性格扭曲，甚至酿成人生悲剧，给家庭造成伤害。这样的案例很多，所以，从小培养孩子健康的心理很重要。建议家长对孩子既不能过分溺爱，也不能苛求过度。溺爱过分的孩子，容易滋生优越感，长大会目中无人，不合群。过分苛求又容易使孩子丧失信心，产生易怒、暴躁的性格。过分溺爱、过分苛求或频繁的斥责、打骂都难以使孩子形成健康的心理。

5、要经常对孩子进行安全和法制教育。在安全方面我特别提醒家长一定要告诫孩子注意交通安全和食品安全。交通方面，已经进入冬季，天冷路滑，早晚天黑，让孩子路上一定要慢，一定要遵守交通规则，尽量不要让孩子骑电动自行车，这在我们学校是禁止的，电动车不准进入校园为的就是避免交通事故的发生。食品安全方面，一定要让孩子杜绝吃小食品，孩子们最爱吃的炸串儿、辣条等等，没有一样是健康的，好多孩子因此而患上了紫癜。孩子正是长身体的时候，提醒他们吃卫生健康有营养的东西。法制教育在家庭中也不容忽视，要从小事上培养孩子正确的人生观、价值观，让孩子从小树立远大的理想，不做违法的事情。

还有很多话想对家长们说，但由于时间的原因，无法面面俱到。上次家长会，我还谈过手机和网吧的问题，这些都是需要家长密切关注的。家长朋友们，我们平时一定要给孩子正确的引导和必要的监督，孩子的特殊年龄、社会的负面现象都极易导致孩子误入歧途，希望家长会后，每一位家长都能慎重思考一下孩子的教育问题，和学校形成合力，共同维护孩子的成长。

我的谈话到此结束，再一次感谢各位家长，下面请各班班主任老师主持召开本班家长会。

（本文系 2016 年 11 月学校学生家长会上的讲话）

成绩是过去，成长是未来

（一）

非常高兴参加我们七年级的期中考试表彰会。时间过得真快，同学们军训汇报表演的情形还历历在目，不知不觉期中考试已经过去。二个月的初中生活，使同学们完成了由稚嫩儿童向健壮青年的成长蜕变。还记得自己在军训时因叠不好被子而苦恼吗？还记得有的同学因不适应新的环境而哭鼻子吗？还记得刚来四中时因没有朋友而茫然无助吗？还记得刚升学时混乱的楼道秩序和自习课纪律吗？这些情形老师都是亲眼看过的。但两个月后的今天，仅仅是短短两个月，大家的被子叠的那么整齐而且一直保持；哭鼻子的同学也适应了新的环境投入到紧张的学习当中；先前无助的同学也结交了新的朋友；楼道不再喧闹了，自习课变得比过去安静了……大家的变化还有很多，同学们，用一个词概括——这就是“成长”，大家长大了，大家应该为自己的成长感到高兴。（把掌声送给自己）

更有不少同学，经过两个月的努力，用成绩见证了自己的实力，以行动赢得了老师、同学的认可。今天将有 100 多名同学接受学校的奖励。这些同学都是好样的，你们在初中生活的新起点上率先冲刺，为自己的初中生活开了好头，为其他同学做出了表率。初中三年看似很长，其实很短，希望你们一直保持勤奋努力，争取实现自己初中三年的美丽梦想。借用一句时髦的话叫“不忘初心，方得始终”。

没有获奖的同学，也不要气馁。初中生活不才刚刚开始吗？只要你心中有目标，行动有付出，只要你能不断超越自我，改正缺点，经常向更好的同学看齐，不断向更高的目标攀登，何愁自己不进步？三年时间，够你努力，够你追赶，你千万不要在别人奋进的号角声中自甘落伍，要始终坚信——付出就有回报，努力才是王道！

最后，祝同学们学习进步，快乐成长，健康成长！

（二）

今天天气虽然有点凉，但我们的心里暖暖的。今天我们将又一次见证大家的进步和成长，我的内心，倍感高兴。

大家走进四中已经一年多的时间了，这一年多来，我们年级在李军主任的带领下，在各科老师的共同努力和帮助下，大家不论文化知识还是品德素养都取得了长足的进步——课堂学习、跑操、无声自习、无人监考，我们八年级同学都做得非常好！这说明我们八年级同学最懂事，最有自立的精神和品质。就凭这一点，大家一定会在今后的学习、生活中展示出更加强劲的活力，相信大家不单能在考场上信守承诺，更能在生活中诚信做人——诚信、自立是一个人最优秀的精神品质，这种品质会让你成为集体和社会中最受欢迎的人，这种品质将成就你迈向成功的人生。大家永远要记住“诚信”“自立”！

今天我们将表彰三百多名在各方面表现优秀的同学，这三百多名优秀典型既是我们年级教育教学取得的巨大成绩，也是广大同学学习的榜样。他们有的刻苦学习、有的关心集体、有的乐于助人、有的忘我工作……他们优秀的精神品质值得我们大家认真学习。我在这里对这些即将受到表彰的同学致以崇高的敬意，你们都是好样的，希望你们继续努力，发扬长处、弥补不足，争取成为全面发展的优秀人才，将来才能迈向更加广阔的人生舞台。要记住，我们四中毕业的学生，走到哪里都是最受欢迎的！

今天没有受到表彰的同学呢，我相信你们心中一定很不是滋味。因为你们也有优点，也有长处，怎么就没被老师发现呢？一定是平时表现还不充分、不突出。怎么办？很好办！以后自己的缺点再改一点，优点再发扬一点，下次表彰，一定有你，让我们共同期待！鼓励的掌声最应该送你们！

最后，祝所有同学学习进步，永不停步！

（三）

刚才我们隆重召开了九年级期中考试表彰大会，奖励了学习成绩优秀、进步幅度大、品行优秀、在各方面有突出表现的同学。借此机会，我代表学校向为同学们的成长、进步而辛勤耕耘、默默奉献的老师们表示最衷心的感谢！向受表彰的同学表示最热烈的祝贺！

今天受到表彰的同学都是各班学习上的排头兵，思想品德方面的杰出代表，你们学习目的明确，态度端正，通过不懈努力，以自己的勤劳和汗水取得了今天优异的成绩。你们为我校谱写了一曲奋发向上、顽强拼搏的文明之歌、挑战之歌、奋斗之歌。

回顾我们九年级本学期以来的教育教学管理工作，我们的成绩有目共睹，我们的工作受到家长的认可，赢得社会的广泛好评，学校的声誉和口碑有了更大的提高，这与全体师生的努力是分不开的。希望九年级的全体老师继续发扬团结协作的精神，不断努力创新思维，创新管理，使我们的教育教学改革再上一个台阶，为全面提高我校教育教学质量、推动我校的进一步发展作出应有的贡献！也希望九年级全体同学能把知识学得更加扎实，把眼光放长远，学会学习、学会做人、学会处事，提高自己的生活技能，为将来上学就业打下良好的基础，让自己的人生舞台变得更宽广。希望获奖的同学们不骄不躁，再接再厉，百尺竿头更进一步，在期末考试中再创新高；更希望没有获奖的同学，以受表彰的同学为榜样，总结反思，奋起直追，掀起学习高潮，勤奋努力，为迎接下一次考试作好准备。

期中考试已经结束，一次考试并不是句号，更不是人生的全部。人生道路有风和日丽的日子，也有阴雨连绵的岁月，古人说“春种一粒粟，秋收万颗籽”，大家要记住，有耕耘才会有收获！最后，让我们携起手来，共同努力吧。

（本文系2016年11月七、八、九年级期中考试表彰会上的讲话）

考试“三高”

——高标准组织、高质量批阅、高效率讲评

期中考试历来是教学工作的一个重要环节，做好了，它能够对教学起到查漏补缺、承前启后的作用。而且学生、家长、教师都对成绩特别重视、期待。所以，于我们学校而言，必须慎重对待严密组织。首先我把这次考试的总体情况向大家介绍一下。这次期中考试我们联合了三中、察北两所学校，因为是联合考试，我们在监考、阅卷各个环节上更要确保组织严密、统一标准、统一尺度，争取全部工作不出一点纰漏，力求真实准确反映我们的教学成绩，以便于进行联考后的成绩比较。所以，各年级、各备课组要认真安排好这次考试、阅卷、登统计算工作；另外，每一位老师都要及时对试卷情况做好深入透彻的分析，掌握学生近期学习情况，有针对性地开展好下一步的教学。这是我想跟大家说的第一点。第二点，我们本次考试，试卷来源比较复杂，与外地一些好一点的学校、知名度高一点的学校相比，我们的进度只有慢没有快，但我们又不能为迎合考试而盲目加快进度，这就给我们联系挑选试卷带来很大难度。为了确保试卷质量，尤其是保证考试范围与我们当前进度完全吻

合，这次我们联系了石家庄三所学校的试卷。尽管如此，结果还有四个学科的考试范围稍稍超出了我们的进度，我们又联系人家，在得到保证不泄题的承诺后人家才给发来了电子版，由我们的备课组长对试题进行了补充修改，最终才使得各科试题均与进度保持一致。这是我想跟大家说的第二点，之所以说这一点是希望大家能够理解，理解学校对考试工作的重视。因为我们的一项工作做不好，受影响的就是千百个孩子，牵涉到的就是千百个家庭，考试这样的大事，更不容忽视。

在此，希望每一位老师都能增强责任感、责任心，认真做好每一环节，保证考试顺利、成绩真实。只有我们每个人都尽力，学校工作才能上台阶，四中才能发展，学校发展也是我们每一位老师的福音。

一、关于考试的组织

本次考试时间是我们跟三中协商好的，考场设置三个年级也进行了商议和妥善安排，总的原则是尽量避免各年级之间，尤其是七八年级的相互干扰。希望各年级、各位班主任老师一定要安排好考试期间的纪律和卫生——向学生强调楼道内杜绝吵闹，保持安静；安排好值日生及时清理每一场考试产生的垃圾。以往，我们对这些方面都不太重视，教育过程中，不能忽视任何细节，每一件小事都是对学生进行思想教育、品德教育、培养良好习惯的难得机会，我们要善于抓住时机，任何工作，只要我们思想重视、安排合理、责任明确、措施得当，没有做不好的。

关于考试组织，我主要说一下监考。学校提倡各年级实行无人监考。无人监考是我们学校一个响亮的品牌，在我们周围，还没有听说哪一所学校敢于做出这么大胆的改革和尝试。大家不要小看从“有人”到“无人”的转变，看似小小改变的背后是我们全体教师先进育人理念的确立。通过几年的尝试证明，无人监考在理论上是正确的、方法上是可行的，现八年级就是成功的范例。从长远看，这对学生的终身发展，对培养学生正确的学习态度、良好的学习习惯和人生观、世界观的确立都会产生持久而深远的影响，这绝不是故弄玄虚或危言耸听。我们一定要把这项成功的经验推广开来，一次做不好可以慢慢来，但方向和决心是不可动摇的，正如我们当初对待课改一样，只要我们认准正确的方向就要坚定不移地走下去。大家也不要担心学生会偷看，偷看说明学生在求“上进”，这毕竟是取得好成绩的一条“捷径”嘛！做学生的，谁还没有偷看过？你没有吗？所以关键不在于偷看本身，而在于让学生知道有的捷径可以走，有些捷径不能走，这就需要我们给学生以正确的引导。无人监考正是从根源上解决作弊问题的最好办法，因为光靠监督乃至监视是无法扭转一个人的思想的——有人监考学生的作弊现象不也是屡禁不止吗？因此只有唤醒内心的力量才能使人心得以转化，这就是教化的功能和教育的应有之意。

要实现无人监考，还需要我们做好多方面的工作，至少在以下三个环节上是需要慎重对待的。

一是做好考前教育。对于无人监考的意义，诚信做人的重要性，考试成绩的真实性、严肃性，违反规定后果的严重性等等思想认识问题，班主任、年级组要在考前和平时通过多种形式，向学生宣传到位，使学生深刻意识到“作弊是一种有害而可耻的行为”。比如我们现八年级在考前进行的诚信考试宣誓就是一种不错的办法。总之我们要在考前创设诚信考试的热烈氛围，使学生在心理上对无人监考产生敬畏感和认同感。

二是做好严密监视。刚才说，考试时有个别学生想偷看是避免不了的，因此我们必须严密监视，不给偷看学生以可乘之机，对于怀抱侥幸心理并有错误举动的学生，必须给他点颜色看看，以儆效尤。这是无人监考取得成功的有力保证。无人监考的主要目的是给学生一种正确的思想导向，因此大家不要因为有作弊就否定无人监考，就失去信心。我们要有耐心通过长期的培养使学生逐步形成正确的思想和行为习惯，当大家都对无人监考习以为常的时候，教育也就成功了。

三是做好对作弊学生的处置。作弊行为怎么处置，我们在考前教育的时候就要向学生讲明。一经发现，必须按规定处置，决不能姑息。只有这样才能给有侥幸心理的学生以心理震慑，从而减少和杜绝作弊现象的发生。这里需要注意的是，通过处置作弊学生对其他人产生震慑的同时，对本人还要做好正面引导工作，真正让学生意识到自己的错误永远是最重要的。这也是做好学生工作的重要方法。

以上是关于无人监考的一些想法，今后还有待我们不断探索更好的办法，推动无人监考的进一步落实。总之，考试既是常规教学的一个重要环节，也是对学生实施思想素质教育的重要时机，我们要立足长远，从细节入手，把这次期中考试组织好，也希望大家以此为契机，提升自己的教育理念，创新教育实践。

二、关于考试的阅卷

以往我们考完试后边上课边阅卷，这次我们改为集中时间阅卷。为什么要改呢？因为边上课边阅卷存在很多弊端，比如说：

大家一边备课、上课、批改作业，一边还要抽出时间阅卷，一周下来，手忙脚乱，工作效率低，阅卷质量也不高，每次成绩出来后还有很多学生要求改分数的，搞得老师们焦头烂额。

考试过后，学生、家长是非常急于知道成绩的，尤其是学生，更迫切想知道自己究竟考的怎么样，这对学生非常重要。然而成绩却是千呼万唤出不来，学生的渴望和忐忑随着时间的推移渐渐消耗殆尽，等到一周要试卷分析的时候，学生早已漠然置之了，考试的作用已经大大打了折扣。

大家再回忆一下，在以往阅卷的一周时间里，我们在讲什么呢？新课吗？肯定没有，因为期中考试还没有真正结束。复习吗？也不行，试都考了还复习什么！所以，一周时间基本上白白浪费，更导致后来教学进度慢，时间吃紧。

鉴于以上故，我们从这次期中考试改革阅卷的形式，集中时间、集中精力，快速、高质量完成阅卷工作。具体我强调以下几点。

1、各学科考试结束即可组织阅卷，直到 13 日中午，为正式阅卷时间。各备课组长要抓紧时间组织好阅卷。

2、阅卷要分好工，明确任务，防止漏判。

3、阅卷要严格执行统一标准，同一试题要统一尺度。把握不准的地方，要先研究，统一后再执行。避免出现误判、错判。

4、阅卷结束后，年级组要做好成绩登统计算工作，保证学生一到校即可拿到自己的成绩。

5、学校已将各阅卷组组长电话给三中，阅卷过程中遇到的问题要协商解决。

其他不再多讲，讲多了大家嫌啰唆，阅卷本来是一项轻车熟路的工作，只要认真就能做好。

三、关于试卷讲评分析

试卷的讲评和分析，每一次考试后大家都在做，但效果如何，就不敢说了。有的人分析细致，自然效果就好；有的人对试卷情况尤其是学生错误情况不甚了了，讲评效果自然就差。而且试卷的讲评也有很多技巧，做得好，对学生巩固知识提升认识有很大的作用，这一点不容我们不认真对待。就此给大家提几点建议：

1、讲评要及时，打好时间仗。在学生心情最迫切的时候，教训才最深刻。

2、放慢速度，以点带面。以一个错误（技巧、方法）带动一种错误（技巧、方法），以一道试题带动一类试题，以一名学生带动一片学生……做到讲评具有针对性，针对性越强、越明确效果才会越好，切忌泛泛而谈式的讲评。

3、探索试卷讲评的方法与技巧，让讲评试卷成为一种新课型。在讲评过程中注重知识的拓宽与加深，让讲评成为最好、最有效的复习。

（本文系2016年11月期中考试考务会上的讲话）

防微杜渐成良习

欢迎各位家长准时参加我校隆重召开的新学期家长会。大家能在紧张忙碌的工作和生活中，克服天气寒冷、交通不便的困难前来参加家长会，足见大家对孩子教育的重视，对我们学校工作的大力支持，谢谢大家，我们以诚挚的热情欢迎大家的到来。

下面，受胡校长的委托，我把学校的基本情况和近年来的发展向大家做一个简单的介绍，并就孩子的教育问题与家长共同探讨。

张北四中现有三十个教学班，1800 多名学生，在职教师 143 人，专任教师 126 人，教师学历合格率 100%。有县级模范教师 76 人，十多名教师获省市先进工作者或优秀教师称号。近年来，学校硬件设施明显改善，目前学校拥有教学办公楼 3 栋，女生宿舍楼一栋（男生宿舍楼也在规划设计当中），学生餐厅一座（尚未启用），多媒体教室、物理实验室、微机室各二个，生物、化学实验室各一个，电脑近二百台，学校藏书七万余册。较完善的硬件设施建设，为我校下一步的发展奠定了良好的物质基础。

近几年来，学校秉承“勤奋、博学、质朴、求实”的良好校风，坚持“以人为本、和谐发展”的办学理念，精心实施素质教育。通过深化内涵发展，充分挖掘师生潜能，调动广大师生积极性，大胆实施了课堂教学改革。学校从 2011 年起，确立课改思想，通过大量听课、座谈，了解教师、了解学生，寻找突破口；通过组织教师学习、讨论，转变教师思想、树立课改理念。2012 年春季开学学校出台了《张北四中课堂教学改革三年规划》，拉开了学校课堂教学改革的序幕。随后多次组织老师们到石家庄一些名校参观、学习，借鉴别人先进经验，结合我校实际探索减负增效的课改之路。经过几年的努力实践和不断改进，于目前基本形成比较完善的“导、学、练”三位一体的课堂教学模式，并在全县首创了无人监考制度。张北电视台、张家口电视台多次介绍张北四中的办学经验和优秀教师。今后我们将不断寻找更加有效的学习方法，为学生创造更加自主学习的空间。相信四中的未来是美好的。

在学生管理方面，我们的理念是一切为了学生的成长。学校的教育教学活动尽力遵循学生身心健康发展规律，注重学生健全人格、创新精神和综合能力的培养。学校通过举办丰富多彩的课外活动——知识竞赛、演讲比赛、读书活动等拓宽学生视野，培养学生能力。我校还是全县唯一开设心理辅导课程的学校。通过各项活动的开展和心理课的教学，学校最大限度地促进了学生身心健康发展。

正是由于学校不断深化课堂教学改革，加强内部管理，所以近年来教学成绩逐年攀升。2015 年我校毕业人数 450 人，一中上线人数达到 203 人，其中 82 人被尖刀班录取，升学率、优秀率均名列全县第一。其中还有 41 人被张家口一中、衡水一中、石家庄二中等省级名校录取。成绩属于过去，教育就是一条没有止境的路，学校各个方面需要不断发展，教师个人素质和能力还有待进一步提高。我们的工作肯定还不是令在座的所有家长百分百满意，但张北四中的全体教师，会加倍努力，为家乡的父老乡亲们贡献自己的心力。

以上是学校的一些基本情况，下面我跟大家谈第二个话题。

家长朋友们，每一个孩子的成长，既离不开老师的教育，更离不开家长的熏陶和培养。家庭和学校是孩子人生成长的二个助推器，只有形成合力，孩子才能快乐成长，顺利成长，健康成长。尤其对于初中年龄段的孩子来说，他们正处在由少年向青年转变的生理和心理关键期，即迷茫又执拗，即少不更事又自以为是，是这一年龄段孩子的共同特征。所以在教育问题上，需要家长们格外关注。一点小小的行为偏差，若不能及时得到纠正，也许就会给孩子的将来造成严重损害，甚至留下终生遗憾。比如我们有些孩子，老师虽然三令五申，苦口婆心，但他还是偷偷地抽烟，偷偷地打架，不让我在校内抽我就到校外抽，不让我在校内打我就到校外打，接孩子的家长可以看到，我们的值班老师每天放学时都要到校外的道路上巡查，直到孩子全部离开。尽管如此，学生如果想要摆脱老师的目光和管控还是非常容易的。因此有些学生的恶习总是难以改掉。除了抽烟打架，在学生身上经常发生的不良现象还有：一、带手机。手机是当代人不可或缺的通信工具不假，但对于心智发育尚不健全，缺乏是非判断能力又极易受到不良信息诱惑的儿童来说，它真的是有百害而无一益。我在这里奉劝家长，不论孩子有多么冠冕堂皇的理由，在孩子高中毕业之前，都不要给孩子手机，那样会害了孩子。我们学校每个办公室都有电话，孩子可以随意打。二、上网玩游戏。形形色色的电子产品给人们带来了方便也给孩子带来了毒害。尤其是您的孩子还小，游戏更容易上瘾。看看法制新闻，多少孩子因上网游戏而走上违法犯罪的道路，多少孩子又因上网游戏荒废了学业。作为家长，我们必须警惕。三、找各种理由不完成或糊弄完成作业。也正是由于一些孩子有这样那样的的不良癖好，所以导致了他们完成不好作业，成绩下降。家长们，我就不多举了，这些事情看似小事，但千万不能小看。一件件小事，时间长了就会发展成大事，就会毁掉孩子的一生，这可不是危言耸听。哪一个人的堕落不是从微不足道的小事开始的。家长朋友们防微杜渐很重要，千万不能让小毛病在孩子身上发展为大问题。我们该怎么办？光靠老师，光靠学校的教育显然是不够的。学校只是孩子成长环境的一部分，此外还有家庭、社会，这些都在影响孩子的思想、言行。家长们，在初中阶段这个特殊的人生成长期，我们一定要多关心孩子的成长，多关注孩子的学习、生活、思想、言行。作为家长我们一定要时时了解和掌握孩子的时间都去哪儿啦；一定要知道他交往的朋友都是些什么样的人。只有平时在这些小事上给孩子以正确的引导，才能保证孩子健康成长，避免走上歪路，这是我们每一位家长应尽的责任。希望各位家长以本次家长会为契机，回去与孩子深入坦诚交流。也许您平时很少与孩子交流，也许孩子平时不太听话，家长会是一次很好的机会。回家后坐下来，谈谈孩子的优点、长处，多表扬、多鼓励；指出他的不足，帮助他一起改正。重点是让孩子树立信心，树立理想，促使他不断进步。我们也希望您与老师加强合作，更希望您支持学校工作，管理好孩子的校外时间，愿您能够和学校一道为孩子创造良好的学习、成长环境，让您的孩子、我们的学生健健康康、快快乐乐度过青春期，并且学有所成，成就梦想。

最后，我代表胡校长，代表学校，再一次感谢各位家长，谢谢大家。下面各班班主任组织召开班级家长会。预祝我们的家长会圆满成功。

（本文系 2016 年 1 月学校学生家长会上的讲话）

新的一年做“四有”新人

今天是新年的第一天，我们一脚已经迈入了新年的门槛儿，一脚还踩在旧年的尾巴上，站在2016与2015的交接点上，你的心中有何感想？每到这个时候，我们每一个人想到的第一件事往往是——回顾过去，展望未来。回首2015，我们取得了哪些成绩；畅想2016，我们有何打算。过去的一年，有的同学凭借自己的努力在学习上、生活上、工作上取得了进步，赢得了老师、家长的赞赏；但也有的同学没有抓紧时间，没有严格要求自己，缺少奋斗目标，自然落在了别人的后面。进步也好，落后也罢，一年很快就这样过去了。如今，我们又站在了新年的新起点上。抛却过去，我们又站在了一个新的初始位置，新的起跑线上，接下来我们要进行一场新的赛跑，你做好准备了吗？无论如何，在新的一年里，过去的经验要总结再前行，昔日的失败要汲取教训避免重蹈覆辙。明年这个时候，我们再回首时，希望每个同学都能绽放笑脸而不是流下悔恨的泪水。年年回忆年年泪水，你的人生就会跌入痛苦的汪洋；年年回忆年年欢笑，你的人生才有精彩绽放。谁不想让自己的人生精彩？但又有多少人只落得个“少时欢乐老来悲”。精彩不是唾手可得，精彩需要双手打造。课堂上你在干什么，晚自习你在干什么，假期间你在干什么……这无数点点滴滴的时刻决定你一天收获什么，一年收获什么，一生收获什么……今天的落后不要紧，你有的是时间和精力去追、去赶，时间会厚待勤奋之人。可怕的是你根本不知道自己想要什么，每天盲目而庸碌——就像一些同学，半夜还要偷偷跑出学校上网吧！你不珍惜时间，时间就不会善待你，天天如此就会一年如此，年年如此就会一生如此，你儿戏了时间，时间也荒废了你的人生！

万丈高楼平地起，精彩人生靠自己。千里之行始于足下，少不努力尤其可怕。想让自己将来活得精彩，就得从现在做起，脚踏实地做起。纵观古今中外，大凡成功人士，他们的人生都有一个共同的特点，那就是他们在每一个人生阶段都有奋斗的目标，有可行的计划，有扎实的行动。也许这正是他们能够走向成功的秘诀吧。想想这是有道理的。有目标你的生活才会有方向，有计划你的生活才会有内容，有行动你的生活才会有结果。

新年伊始，美好的祝愿送给同学们，愿大家都能做“四有”新人——有目标、有计划、有行动、有结果，美好的生活等待你去开创！

（本文系 2016 年元旦学校升旗仪式上的讲话）

加大教育改革步伐，促进学校内涵发展

时间过得很快，2015 年又将结束。过去的一年是张北四中团结奋进、跨越发展的一年。

一年来，在县委、政政府的坚强领导下，在教育局的正确指引下，在全体教职员工的共同努力下，学校的软、硬件建设得到了根本改善，全体教师更加充满干劲、充满活力，良好的教育教学氛围不断得到巩固和加强。学校坚持“增强内涵办学，促进教师发展，服务学生成长”办学理念，着眼长远发展，着眼师生的精神构建，以为广大师生创造广阔、深厚、博远、通达的成长空间为发展目标，努力做好各项工作。特别是在学校可持续性发展方面，我们清醒地认识到，深化内涵办学，既是激烈竞争的需要，又是学校自身发展的需要；既是人才培养的需要，又是提升自身活力的需要。学校的进一步发展，要求学校有长远发展的理念和开阔的办学思想。尤其面临目前教师职业驱动力不足、精神成长日渐萎缩的普遍现象，需要学校为他们提供充足的思想动力，注入精神因子，进而激发大家的干劲，引领教师的职业和人生方向。学校提出“内涵办学”的指导思想，正是出于现状考虑和学校发展的顺势而为。一年来的实践证明，这一目标的提出，顺应了学校发展的需求，为师生的精神成长和学校文化构建提供了坚定的基础和保证。

下面，我就过去一年学校在加强内涵办学方面所做的主要工作做一个简要的汇报。

一、解放思想，大胆创新，继续大力推进课堂教学改革。

《国家中长期教育改革和发展规划纲要（2010—2020）》中曾强调指出“学校要把减负落实到教育教学的各个环节。”怎样才能减负？减负就要增效。为了顺应时代对教育发展的需求，为了真正实现减负增效的目标，经过慎重思考，我校从二〇一一年开始，实施了大刀阔斧的课堂教学改革，从理念到实践，从课堂到课外，我们对教学的每一个环节进行重新审视和定位，激发大家用新课程理念指导教学，创新教学思维。几年来，大家经历了不断学习、不断创新、不断改进的艰苦过程，截止 2014 年年底，我们第一轮课改顺利结束。四年当中，我们组织教师到石家庄九中、十八中等外地名校听课学习八十余人次；作公开课、研讨课五十余节；大家撰写学习心得、经验总结二百余篇；召开全校性课改推进会五场；学校为扎实落实课改思想创办《教育快报》近百期；积累课改相关文字材料近三十万字。在大家的共同努力下，第一轮课改实现了课堂教学模式的转变和创新，初步形成“导学练三位一体”的课堂教学模式，同时在促进教师理念转变方面迈出了坚实的一步，使学校走上了思想创新、效率提升的快车道。我校的一些成功经验和做法被《张北报》、张北电视台、张家口电视台等媒体刊载和报道。

2015 年初，为了进一步深化课堂教学改革，学校领导班子在总结第一轮课改经验的基础上，积极谋划第二轮课改方案，确定了“构建学科体系，优化学科教学”的第二轮课改指导思想。学校通过召开年级教师会、备课组长会、学科教师会、举办各种形式的听评课活动，统一思想认识，解决实际问题，推进行动落实。一年来，大家在教学内容整合、教学方法改进、导学练案优化等方面取得了很大进步，涌现出不少课改先进典型。为了及时推广经验，达到共同学习、快速提高的目的，学校于期中考试前后，利用五周的时间集中开展了全校教师“互听互学”活动。全校近百名教师人人作课，相同或相近学科的教师人人听课，平均每周作课20余节，教师每人听课五至八节，领导听课都在八十节以上。通过这样的活动，好的经验做法得到交流融合，课改思想得到更加广泛深入的落实。十二月二十号，我们举办全校性的示范课暨张北四中第二届课改星级教师评选活动，学校选拔各学科代表共12名老师作课，评选出6名课改五星级教师，5名课改四星级教师，1名优秀德育课教师。借助本次活动，进一步落实了第二轮课改的目标和要求。

课堂教学改革是一项长期的任务，只有不断改变，才能适应瞬息万变的时代主题，我们有信心在课堂教学改革的道路上不断前进。

二、强化队伍建设，完善制度管理，提升学校管理水平。

学校发展，一靠先进思想的引领，二靠完善的制度和管理。过去一年中，我校通过大胆摸索实践，完善并加强了队伍建设和制度建设，进一步规范了学校管理。

首先，我们致力于打造一支素质过硬的中层干部队伍，培养一支敬业奉献的班主任队伍和一支理念先进、敢于创新的备课组长队伍。通过三支队伍的带动辐射，实现学校办学思想的充分贯彻和对全体教师的行动引领。

中层干部是一所学校的中坚力量，中层干部素质是否过硬直接关系着学校思想理念的执行贯彻和各项工作的推动落实。因此，我们对中层干部提出“把握发展理念，树立榜样意识，创新工作思路”十八字工作方针。要求普通老师做到的，中层干部要首先做到，而且要做得更好，中层干部要成为学校各项规章制度的首席执行者和维护者，要在工作中成为密切联系学校与广大教师的重要纽带。为了磨炼中层干部的能力，学校每周五上午的行政例会时间，专门听取各处室、年级组的一周工作汇报，提出指导意见，并谋划下周的重点工作。一年以来中层干部的思想素质、管理能力得到了锻炼和提升，学校各项工作有序开展，扎实推进。

在班主任队伍建设和备课组长队伍建设方面，我们坚持“工作标准要高，个人本领要硬”的一贯要求，既要他们工作目标明确，又通过组织培训，树立典型、经验交流等不同途径帮助他们提升能力，树立自信。如我校在十月份召开了备课组长会和各年级班主任工作会。在备课组长会上，向大家明确提出“三个敢于”的工作目标，即敢于引领，树正气；敢于管理，促团结；敢于创新，求突破。在八年级班主任工作会上，鉴于年级特点和实际情况，从“习惯、班风、思想、家长”四个方面，对本学期的班级工作提出了总体要求。在随后的听课过程中发现，教师的协作氛围比过去更浓了，学生的精神面貌、学习状态都比过去有了明显进步。三支队伍的建设和加强，大大促进了我校的教育教学管理。

本年度，我们修改完善了《教师考勤制度》、《相关处室职责》、《教师考评制度》、建立健全了《教学常规和检查制度》、《教师外出培训管理规定》、《听评课规划》、《考试阅卷分析会流程与规范》等。从制度层面进一步完善了学校管理。

三、净化育人环境，营造健康、向上的校园文化，促进校园德育功能的良好发挥。

环境对人的成长很重要。所以近年来，我们一直将环境育人放在学校德育工作的重要位置，一年来，学校下大力度净化、美化校园环境，力求给学生营造一种健康、积极，乐观、向上的文化氛围，让学生时时处处感受到校园的文化气息，呼吸到校园中健康自由的空气，陶冶学生的心灵，杜绝不良思想对儿童心灵的侵蚀。我们要求大到校园建设、小到教室、廊道、办公室、宿舍，甚至一块黑板、一个角落的布置，处处要体现出校园文明，体现细节的精致，彰显学校积极向上、催人奋进的教育理念。国庆节、教师节、中秋、元旦，每一次大型节日，各班级的板报内容都精彩纷呈、洋溢着青春阳光的气息，看后让人精神振奋。家长会，各班级都精心布置、用心准备，让到来的家长倍感温暖、倍感温馨。公告栏不时会有优秀的学生作品展出，一幅幅精美的作品总是让人流连。

另外，学校还特别注重人文环境的建设，这也是营造校园环境的一个重要方面。如我们要求教师在语言上不仅要能对学生进行循循善诱的教导，让学生懂事理、明是非；而且要做到教师本身的日常用语、个人谈吐，要给学生起到榜样、示范的作用。要求教师的举止做学生最好的示范和样本，通过师生的日常交往，让学生在潜移默化中接受教师良好行为的引导和浸染，不自觉地形成优良德行。我们要求，每一位教师，都要在学校办学思想的指导下，努力成长，提升育人的境界，将“真理”转化为教育的实践和行动，真正达到思想育人的高度。

德育的途径是多种多样的，我校立足于环境育人的基本理念，努力营造育人氛围，为开辟各种德育途径奠定了基础。一年来学校开展各种形式的学生活动二十余项，表彰各类先进学生五百余人次，初一年级开设的德育心理课程更是深受学生欢迎。

学校工作涉及方方面面，以上只是我校在推进内涵办学方面的一些思想和做法，不足之处，敬请各位领导批评指正。

（本文系 2015 年 12 月县教育局年度总结大会上的典型发言）

品硕果喜迎假期，勤读书渐入佳境

大家好，一学期又要结束了，过去的一个学期在胡校长的领导下，在大家的兢兢业业、辛勤努力下，学校的各项工作顺利开展。七八年级扎实落实常规教学，积极探索课改新思路，稳步推进课堂教学改革，按照学期初计划，取得了预期的教学成果。两个年级还开展了安全知识竞赛、趣味运动会、汉字听写比赛等多项丰富多彩的大型活动，既丰富了学生生活，又促进了校园文化的构建和发展。特别是八年级组织部分同学两次代表我校参加市、县组织的脑力冲击波比赛，取得了良好的成绩，在开阔学生视野的同时也为学校争得了荣誉。九年级在李主任的带领下，在全体毕业班教师的共同努力下，大家凝聚实干，中考取得了非常优异的成绩，升学率、高分人数均取得了历史性突破，受到了外界热烈的好评和各级领导的一致认可。并且产生了良好的带动辐射效应，我们新初一和补习班招生异常火爆。截至目前，我们新初一考试录取优秀学生 160 多名，还有二百多名学生在等待我们开学的第二次考试。补习班已招收四百分以上学生 32 名，下学期，还将有部分四百分以下的同学会补充到现八年级应届班，为明年中考补充优良生源。总的来说，过去的一个学期，是全体教师踏实勤奋，工作取得显著成效的一个学期。

但仔细回顾一学期的工作，我们依旧存在不少缺陷。有很多时候、很多地方都暴露了我们工作的弱点、缺点，我们的工作不少时候还是很粗放的。尤其在教学管理的各个环节上，要求不够细致，落实不够到位；在个人的业务钻研和思想转变上，动力不足，上进不够。虽然目前的形势对我校的发展很有利好，但我们也要清醒地看到成龙的崛起、二中的强大、三中的发展。我们必须在激烈的竞争中求得生存，求得发展。今年的中考成绩，把我校推上了一个新的高度，新的起点。我们必须守住这个起点，站稳这个高度，明年、后年，我们更要再攀新的高峰。

为此，我们下学期将进一步拓宽课改渠道，继续推动教师理念转变和课堂教学改革的深化。在语文学科上，学校已经与国家“语文主题学习”课题组取得联系，我们准备把这项课改实验引进我们的学校，引入我们的课堂。据全国两千多所学校的实践研究反馈，这是一项可操作性强、有利于从根本上扭转学生学习语文低效状况、有助于培养和提高学生语文素养的“平民化”实验研究。我们语文学科的部分教师已经拿到了相关的资料，在进行先期学习研究。下学期，我们将从七年级开始实验，待思路、方法成熟后逐步向八九年级推广。其他学科我们也将想办法寻求并接收最新的理念、最新的方法，争取创造更佳的成绩。

老师们，马上就要进入假期了，我们辛苦了一个学期，特别是班主任们起早贪黑，希望大家放下劳碌的身心，尽情享受这段难得的休息时光。老教师们多从事些户外活动，亲近自然，让心灵在自然的怀抱中得到净化、熏陶，感悟生命的本真，以达延年益寿之效；年轻人尽量少接触电子产品，少饮酒，多运动、多与自然交流，你会感受到自然的强大之力——草木都能葱茏，我们的生命更应该充满生机和活力。只有这样，你才能全身心投入工作、投入生活，等到生命的秋天来临的时候，你才能收获属于自己的成功和喜悦。

一个多月的时间，希望大家都给自己的假期提前做个规划。休息好、娱乐好的同时，不要忘了读书和钻研业务。尤其是年轻教师，因为这是我们今后在社会长期立足的资本。大家千万不要轻慢了学习，轻慢学习，就会轻慢自己的职业，轻慢职业就会轻慢了追求，最终被轻慢的将是自己的人生。况且在身心完全放松的状态下读书学习，何尝不是一件快乐的事情。我们只有不断补充教育能量，才能点亮自己的教学生涯，成就自己的教育人生，让内心更充实、让生活更幸福、让生命更光彩。

说到这儿，很自然又想到一个话题——关于职业幸福感的问题。我也曾一直在思考，教师这一职业究竟能不能给人带来幸福感，怎样才能带来幸福感。最近，在书上读到这样一段话，给了我很深的启发，我把它读给大家："教师的职业幸福感不单是一个关乎职业的问题，如果我们的视域始终囿于教师职业本身，那么我们可能永远都体会不到职业幸福感。职业幸福感是对职业生命意义的终极体会和关怀，故职业的幸福感不能外求，越是外求，离真实的幸福越远。职业幸福感只能到自己的内心深处去寻求，它不能复制，不能灌输，只能从自己的内心深处慢慢滋生起来，氤氲起来，膨胀起来。换句话，归根结底这是一个关乎职业境界乃至人生境界的问题。"这段话很耐人寻味，怎样去从内心寻找职业的幸福，相信大家每个人都会有自己的思考和收获。

最后，祝大家假期充实、愉快。

（本文系 2015 年 7 月学期末全体教师会讲话）

考前二十天复习策略
——给初三教师的建议

距中考时间越近，复习越显紧迫。此时教师往往感觉时间紧，任务重，觉得学生掌握总是与理想有差距，加之外界大量信息题、信息卷的不断涌现，极容易导致复习思路混乱，手足无措。情急之下，往往来不及筛选更多时候是舍不得筛选，试卷便像纷纷雪片，发到学生手中，而学生早已眼花缭乱，应对无暇，最后只好听之任之或胡乱抄袭。复习效果可想而知。

其实在考前二十天，学生对知识的掌握，能力的形成，早已成定局，三年都没有学会的东西，二十天的“狂轰滥炸”不但无济于事，往往适得其反。此时学生最需要的是对个人水平的准确定位；是清晰的复习思路；是个别考点（知识点）的突破和强化，考场（答卷）技巧的掌握和应用，以及对考场（考试）环境的适应。这些对于考生提升成绩，促进考场良好发挥具有重要作用。而这些，在复习过程中尤其是临近中考的关键时刻又往往容易被忽视。

考前二十天，复习已不能要求面面俱到，不管哪一层次的学生，今后二十天的复习必须要做到简化目标，忙而不乱。每个人的目标都应该是自己现有能力基础上需要巩固强化或短期内能够突破的模拟考题（考点），保证会的题不丢分——因为中考就是看谁少丢分。这一点上每个人的情况不同，所以目标也因人而异。鉴于此，这段时间，教师已无需多讲，应该把更多时间留给学生自己。让学生通过模拟练习查找自己的弱点在哪里，缺陷是什么。然后再去巩固相关知识，弥补个人不足。这样复习才会使人人有收获，人人有提高，真正做到忙而不乱。

那么如何具体操作，我给大家的建议如下：

1、课堂限时练，课下补缺陷

不论什么学科，什么专题或知识点，教师每节课精讲不超过10分钟，学生当堂训练不少于30分钟。题量要以强化训练的标准设计。课堂上除了训练学生的答题速度以外，其他诸如书写规范性、准确性等在考试中容易出现的问题都要提醒学生注意。

下课后，及时发放试题答案，学生课下任务就是对照答案认真批阅自己的试卷，改完后再交老师验收，教师针对不同问题做好个别指导或集中讲解。

2、模拟考试，自主阅卷

通过一模、二模，甚至三模，教师对学生整体情况和存在的主要问题已经摸清。所以今后二十天，无需再组织教师统一阅卷，但仍要多利用固定时间对学生进行完整试卷的模拟考试。通过一次次的紧张模拟，让学生适应考试的答题节奏，寻找适合自己的答题方法，适应考试环境，同时发现自己的不足。

考试后，立即发放试题答案及评分标准，让学生自阅或互阅试卷。通过亲自批阅，进一步促进学生对试题的理解、巩固。

3、教师指导，自主提升

对于重要考点、知识点，教师要在课上给以充分的时间让学生自己梳理、理解、记忆。尤其文科知识，要利用好早自习和上午一二节课，对学生存在的普遍性问题，要讲透彻、讲明白。理科切忌偏难、偏怪，要贴近学生实际，注重基础，适当拔高。

需要注意的是，以上不论哪一种课型，都应把学习主动权交给学生，切忌以教代学、以讲代学。学生不愿听，讲了也白讲；学生主动性越高，查漏补缺的效果才能越好。在短短二十天时间里，学生每多做一套模拟卷就多一分收获，多一分成功的把握。同时在强化训练的过程中要注意学生的不同层次，不能搞一刀切。

这样做有什么好处呢？

1、课上适当强度的训练，有利于促进学生的答题速度、效度、整洁度，帮助学生适应考试节奏。

2、通过自批自改，模糊的知识点再次入心入脑从而变得清晰，增强了学习效果。

3、走出满堂灌的困境，使复习更具个性化，针对性更强。有利于考前个人能力的突击提升。

4、避免学生课下盲目忙乱，杜绝盲目抄袭。

5、学生自批自改，使教师有更多时间、更多精力放到教学和试题的研究上来。

（本文系2015年6月写给毕业班教师）

质量分析分析什么

如果说考试是对学生一段时间内学习效果的检测和反馈，那么质量分析则是对反馈问题进行梳理、补救以及为下阶段改进教学措施寻找方法与手段的过程，是不断改进教学的前提与基础。因此，每一次大型考试过后，做好细致的质量分析对每位教师来说都是很有必要的。

一、分析学情

1、三率。

三章即所任教班级的平均分、优秀率、及格率。

2、学科内三率位次与差距。

学科内三章位次与差距即同一学科的相互比较。比如语文学科一共 10 个班，五位教师，那么就是

说自己班级语文学科三率在 10 个班当中的位次与差距以及自己在五位教师中的位次与差距。这样的比较，可以最直观地呈现你的教学成绩以及与大家的差距。

3、班级内三率位次与差距。

即同一班级不同学科间三率位次的比较。比如同一个班级你所任教的语文平均分是十个班的第五，而其他科都在前三，说明你的平均成绩是落后的。反之，如果其他科都在第八名以后，则说明你的成绩是优秀的。这样的比较可以排除班级因素

对成绩排名的干扰。如果一个班各科的成绩位次在十个班中均靠后，则是班主任需要着重考虑的问题了。

4、与上次考试比较，学科内三率位次的变化。

以上两项都是横向比较一次的成绩，而该项内容在于纵向比较两次或多次的成绩，从中突出变化。比如期中考试自己班级及格率在十个班中排第六，期末考试排第三，说明成绩有进步。这样的分析可以直观呈现出自己成绩的进步（或退步）情况。如果再将这样的比较置于同一班级的不同学科之间，则可以进一步显现出成绩变化的主要原因——是某个学科教师的原因还是班级管理的功劳。比如某个班级本次考试各个学科成绩位次均有提升，则说明班级管理工作取得了显著效果。

二、分析原因

1、不同层次学生主要丢分点。以此发现学生学习过程中的薄弱环节。

2、学生因素。从学生角度寻找丢分的原因。

3、教师因素。学生的原因归根结底是教师的原因（这样的认识是教学进步的根本动因），因此更重要的是分析教师因素，尤其是日常的教学策略、教学手段。比如备课是否充分，学生活动是否真正落实，反馈纠正是否及时等等。

三、分析教学策略

1、课前预习是否充分。充分的预习是取得良好课堂效果的有力保证。而预习效果又与教师平时对预习任务的合理布置、明确要求、细致落实密不可分。

2、课堂学习是否高效。这是学习的主阵地、主渠道。课堂学习效果取决于学生主体地位的落实。

3、作业是否落到实处。作业是对课堂学习的补充、巩固，同时也带有检测反馈的功能，不求数量，但求质量，更求完成质量。

4、培优辅差是否到位。尖子生需要在整体教学的基础上进一步培养，“差生”需要格外的关照。

四、分析改进措施

1、对预习存在问题的解决方法与改进措施

2、对课堂存在问题的解决方法与改进措施

3、对作业存在问题的解决方法与改进措施

4、在培优辅差方面的改进措施

五、确立新目标

通过分析确立下次考试要达到的目标高度，目标要做到具体、明确，可操作、可评价。力求做到各个层次的学生都有提高。

（本文系2015年5月期中考试后写给全校教师）

转变思想才是教学改革的源头活水

前一段时间听了我们七、八年级部分教师的课，七年级是入班听的，八年级没有入班，目的是希望多了解一些课堂的真实情况。今天就了解到的情况和发现的问题跟大家做个交流。

从导学案来看，备课情况整体还是不错的，尤其七年级更加规范、更贴近我们导学练模式的要求。但备好课不等于上好课，听课发现课堂状况还是不容乐观，好差有分化，虽然新的理念在渐渐确立，但旧的观念也还在顽固坚守，甚至在一些教师身上还很盛行。下面我就备课和上课的问题讲几点意见。

首先谈备课。我们对备课要有正确的认识，必须突破传统备课思想的束缚。

过去一谈备课，备什么？备教材、备知识，备课的立足点是教师，只要吃透教材、贯通知识体系备课即大功告成，老师上课的任务就是把准备好的知识讲出来，只要讲得有条理，有逻辑，有重点，就称得上好老师，如果再有点个性风采的话，就能成为好老师中的佼佼者。所以过去看老师们的教案，内容是清一色知识体系。

而新课程的理念和要求变了，备课思想也随之改变，备课不再是单一地备教材、备知识，更增加了备学生、备方法。

备学生就是要了解学生对学科相关知识的掌握程度，了解学生在相关知识方面的学习能力，摸清学生基础，尽力做到贴近学生基础开展课堂教学。有时听到老师们说，我们的学生基础差，没法教。其实不是没法教，是你没有吃透学生基础，没有找准教学的切入点。正因为学生基础差，所以有时候我们就不能完全依赖教材，我们必须突破教材，使教学真正回到学生的起点和基础上来，这样学生才能够学得会，跟得上，这是使学生不断进步的最好办法。“以学生的基础为学习的起点”也是教学取得成功的重要条件。所以，课堂教学整体上要以大多数学生的基础为起点，个体上要照顾到每一位学生的特殊情况。层次不同的学生就要有不同的学习要求。这样才会使学生不至于失去信心，这样才能防止差生越来越多，这样才能促使学生渐渐进步。能否做到深入了解学生，能否让每个孩子都乐于学习并在原有基础上得到逐步的提高，是新课程理念衡量教师好坏的一个重要标准。大家不要再说“什么什么是不可能的”，这样说只能暴露自己的无知和无奈。教育需要用积极的心态面对一切存在的问题，只要我们向理想的方向不断努力，一切皆有可能。洋思中学十多年前就提出“没有教不好的学生”，并用行动和实力印证了他们的承诺，这在我们看来是多么多么的不可能啊！魏书生老师教差班，日记从一句话写起的事例也值得我们深思再深思。那不单是一种方法，一种策略，更是一种思想。因此，要想使课堂高效，要想不断提高学生的成绩，备好学生是前提与基础。

再说备方法，教学方法分教法与学法，但二者相互渗透并统一于教师的教学思想，不可截然分开。与备学生一样，备方法，也是新课程“学生主体观”在备课思想上的具体体现。“以学生为主体”是新课程理念最为响亮的口号，也是一切教学活动的主导思想。要实现“把课堂还给学生”“把学习主动权还给学生”，根源在教师。为什么用“还”字儿？谁还？教师还。但有的老师说，“还不得——还不得——领上都不走，还给更不走了。”“课堂一还给学生全都乱套了。”我跟大家说，没有学生的主动学，教师累死也白搭。以上问题的出现，归根结底在于我们教师缺少策略与方法。“好奇是儿童的天性，学习是人天生的本能”，我们要相信每个学生都有学习的愿望，只是由于种种原因而且多是老师的原因、教育的原因使有些孩子暂时丧失了学习的能力。要想让学生从被动接受变为主动学习是需要一个过程的，正因为需要这样的转变过程，所以才更需要我们教师要有策略——有引导的方法、有启发学生思维的方法、有组织学生活动的方法、有反馈学习效果的方法、有纠错与补救的方法等等。这些方法综合起来就是“教法”与“学法”。

这么多方法，如何才能产生？方法是源于思想的，有什么样的思想就会产生什么样的方法。想吃树上的桃子，自会找到上树的办法；如果你真正想让学生学会知识，就一定找得到有效且符合教育规律的方法，就这么简单。我们一起看一个例子：

课题：《孙权劝学》

我们一起来学习

活动一：多种形式读课文

（1）大声朗读课文，要读得通顺，读音准确，停顿正确。

（2）同桌互检诵读，纠正错误。

（3）小组互读，检查朗读情况。组内竞赛，评选优秀诵读者。

这是七年级语文《孙权劝学》一课，我们教师所备的一个教学环节，我们一起来分析一下。

活动标题——多种形式读课文，揭示了本环节的主要学习内容是“读”，这也是语文教学的主要内容之一。第一步，大声朗读课文，要读得通顺，读音准确，停顿正确。既给学生指明了方法——大声，又向学生提出了学习的要求——通顺、准确、正确，这也是本环节学习目标。于是第一步便是学生大声朗读课文，但要想达到目标和要求，光靠自读恐怕是不行的，学生读着读着可能会遇到生字，可能把握不准节奏，怎么办？于是教师设计了第二步，同桌互检诵读，纠正错误。这是二个人的合作学习，刚才遇到的问题通过合作会得到部分解决，但全班同学合作效果怎么样？是不是还有没有解决好的问题？针对这篇文章，篇幅虽然短小，但毕竟是文言文，目标肯定不是两个人合作就能达成的。于是就有了第三步，小组互读，检查朗读情况。组内竞赛，评选优秀诵读者。互读仍是合作，只是合作范围比刚才有拓展，有了刚才的二人合作，小组合作问题解决的难度就降低了。检查就是合作效果的反馈，教师可以任意检测不同程度的学生，从而掌握学习的效果，并从中发现问题。竞赛评选就是激励，让优秀的学生受到鼓舞，给后进的学生树立榜样。这一步通过小组合作，学生基本会解决读的问题，根据反馈情况，教师可以针对重点问题、普遍问题进行讲解和纠正。这样一个环节组织下来，学生主体地位落实了，自主学习、合作学习体现了，激励、反馈功能实现了，学习存在的问题也得以纠正了。整个学习过程始终贯穿着学生活动，这样的学习效果如何？大家可以思考。

非常可惜的是，像这样渗透先进教学理念，设计细致的教学活动和环节在我们的导学练案中并不多见，能够在课堂上扎实落实好“学生活动”的就更少了。见到更多的情况是导学案上只有活动（学习）内容，不见活动方法，课堂上只见教师给馒头，不见学生张口袋。甚至有时课堂的效率低下，效果全无。课堂的低效又导致了师生课下的忙碌，一到课下，教师的身边总是挤满了问题的学生，让人不由得想到教师是美丽的花朵学生是勤劳的蜜蜂，这是一幅多么美好的图景啊！再看我们的教师，虽疲于应对，但也很享受，因为学生“勤奋”啊！等到考试结果一出，却令所有人瞠目结舌——及格率百分之十。面对这种现状，我们能将原因归结为学生基础差吗？再差的学生也得有提高啊，可明明学生刚上初中时及格率是百分之五十啊！我们能一味埋怨学生不学习吗？再不学习的学生也得想办法啊——而不是埋怨，可我们的办法又在哪里？

今天我们谈备课，备课就是想办法（备方法嘛！），下面我就从备课的角度，从学生学习的角度谈点建议，但愿对大家创新教学方法有所帮助。

我讲一下一般的学习过程该如何组织。不论什么学科，不论什么样的学习内容，一般来说，每一点知识内容的学习，都离不开这样的三个环节：一是学生自学，包括合作学习或者自主预习，总之首先是学生正面接触学习内容，对其进行感知、理解、消化、吸收并且产生疑难或疑问，这样学生的思维就激活了，调动起学生的思维是学习的前提。二是展示反馈，通过不同的形式让学生的自学效果呈现出来，在呈现过程中，既通过相互借鉴实现自主学习的再提高，又为下一步教学解决问题纠正错误找准了方向和突破口。展示环节出现的问题，尤其是重点问题、突出问题、普遍问题，正是下一环节要解决的。三是教师的讲解示范，在前两个环节的基础上，学生自行掌握了部分内容，问题也得到充分暴露，因此这一环节教师的讲解就极具针对性，真正可以对症下药，效果自然是显著的。在这样的一个学习过程中，学生动手动口动脑，教师组织点拨引导，学者因有所获而快乐，教者因身心解放而轻松。以上就是一个完整学习活动的一般过程，只是不同的学科三个环节所占的比重可能不同，不同的学习内容采取的方法不尽相同罢了。比如理科自学的比重少一点，讲解的比重多一些，文科自学的比重多一点，讲解的比重少一些。针对不同的学习内容有时阅读多些，有时思考多些；有的需要说，有的需要写；有的自主，有的合作……但不论采取何种方法，以学生为主体的主导思想是不变的。

刚才所说的学习的三个环节，不仅是一个流程，一个框架，更是一种思想，适合于所有的学科和内容。只要本着这样的思想去组织教学，就会产生出千变万化的方法，千万不能再像过去，一上课就是“同学们看，昨天我们学了单项式，今天来学习多项式，什么是多项式呢？听老师给大家讲……”这样的课堂是严重脱离学生的课堂，注定失败。但我们目前依然存在这样的情形。

关于备课，我就说这么多，希望引起大家的思考。最后仍旧嘱咐大家，一定要转变思想，主动去迎接新课程理念的感召，做新时期的新教师，不要成为新形势、新理念下腐朽教学行为的木乃伊！

接下来我再说课堂的问题。备课说的比较多了，课堂就不用多说了，因为思想是一致的。这里只说几个需要注意的细节问题，但细节反映出来的仍旧是观念。

1、教师滔滔不绝的问题。课堂上还有的教师讲得太多，不会激发学生思维，不会组织学生学习，课堂效率低下，效果不好。这还是思想的问题、备课的问题，已在刚才说过，不再重复，但一定要引起重视。

2、教师不下讲台的问题。有的教师一节课不深入学生中间。不了解学情，不亲近学生，课堂效果怎么会好。正常的情况应该是，除了板书的必要之外，所有时间我们都应该站到学生中间，而且每隔几分钟就应对学生巡视一周。别的好处不说，这样单是对促进学生保持学习的良好精神状态就有很大的作用。试想，这样还会有课堂上睡觉的同学吗？还会有开小差的现象吗？

3、学生展示拘谨、放不开的问题。好多时候发现学生回答问题的声音太小，唯唯诺诺。这与学生平时锻炼机会少、教师要求不到位、师生情感距离远都是有关系的。课堂发言无论对错，一定要多提倡学生大胆表达，哪怕是最差的学生，哪怕是最糟糕的回答，只要大胆说了，就要热情鼓励，这是对学生受益终身的能力培养。

4、齐声回答、随声附和太多的问题。这种现象英语课上尤为突出，数学课也有。这样容易导致学生滥竽充数不说，我曾多次强调过凡能够齐声回答的问题都是没有价值的问题。这种问题越多,课堂越热闹,学生思维越肤浅,课堂学习越低效。真正有价值的问题是能够抓住和激活学生思维的问题，任何带有个性的思想表达都不可能做到异口同声。包括朗读，都要避免齐读，因为齐读是发挥不出语气语调和感情色彩的。今后大家要避免这样的现象在课堂上发生。

5、课堂教学脱离导学练案的问题。听课发现有的课堂根本没有按照导学练案设计的思路开展教学，而是走回了过去的老路。这样固然省事，不用多动脑筋，但使我们辛辛苦苦的备课劳动白白付之东流，使课堂重回到低效的原始状态。以后，我们必须吃透导学案的思想和流程再去上课，当然我们也提倡教师根据自己的特长发挥个性和创新，创造出更佳的方法，以促进我们备课思想的不断进步。但前提是必须发挥好导学练案在课堂上的作用。

6、小黑板闲置的问题。利用小黑板，对学习效果进行展示、反馈和检测，是一种很好的办法，可以使更多的学生得到锻炼，能够使学习中存在的问题得以直观地呈现和暴露出来。对这种方法大家一度热情很高，但现在的课堂上很难见到了。希望大家还要将小黑板利用起来。

7、板书随意、潦草的问题。谈到板书问题，老一点的教师应该深有感触。现在的课堂随着多媒体的泛滥成灾，板书已经不再受师生的青睐了，教师的板书能力也下降了，过去谈板书艺术，现在恐怕连技术层面也达不到了，能做到字迹工整、条理清晰已很不错。但板书在促进学生对知识的理解、记忆方面，在对学生书写的引领、示范方面的作用是永远不可被取代的。这一点大家要引起重视，今后有了多媒体，我们也不能忽视板书的作用。而且最起码要让板书在学生的眼中赏心悦目，要求学生写得好，我们就要比学生写得更好。

（本文系 2015 年 5 月七、八年级课改推进会讲话）

为职业教育输送人才，为学生发展规划蓝图

职中招生，历年来都是我校的一项重要工作，也可以说是一件头等大事。鉴于我校学生基础比较薄弱，尖子生少，中下等学生多的实际情况，对于我们学校来说，职中招生的意义并不亚于中考。因此每年，学校都要及早谋划、严密部署，尽百分百的努力，做好学生及家长的思想工作，尽一切努力向职中输送我们的学生。我们不仅仅为完成上级下达的指标任务，更为学生的长远发展考虑。因为通过多年的毕业生思想动态观察和跟踪调查了解到，学生一旦毕业流向社会，就失去了奋斗的目标和方向，几年之后，在其他同学陆续走上工作岗位的时候，他们中大多数却失去了赖以生存的本领和技能。而当初有些学生，包括家长，不愿上职中的原因并非其他，而是他们根本就不了解职中，不知道念职中是未来升学、就业的一条康庄大道，他们中大多数人对未来的人生缺乏规划，只是盲目跟风，或图一时新鲜，不为今后打算。有些学生甚至早就想离开学校，摆脱家长，这下可好，初中一毕业，赶紧打工去了，先逍遥两年再说。类似的现象和想法很多。还有的学生，学习中等或中上等，一中考不上，念职中“不忍心”，他们认为，念职中就低人一等，因此产生徘徊思想。总之，种种错误的思想观念和对职业教育的错误认识，导致了很多学生不愿上职中的

事实。因此，我们觉得，思想工作是职中招生工作的突破口。在历年的招生工作中我们都倾力于做好学生及家长的思想工作。

鉴于平时对学生情况和思想的了解掌握，2013 年底，在胡校长的组织领导下，我们明确提出了“思想引导、深入了解、责任到人、耐心细致”的职中招生工作十六字方针，并且研究制定了详细的职中招生工作方案。随后的招生工作都是按照这一方针的部署，逐一展开的。

首先是思想引导，做通学生和家长的思想工作。刚才说过，学生中存在对职中认识模糊、对前途缺乏规划的思想问题，针对这些问题，我们在 2014 年 3 月份一开学，组织召开了两次全校性的思想动员大会。会上向学生传达、分析近年来我国大学生毕业、就业形势和状况，让学生明白大学生就业的竞争压力；讲解高考改革和各级各类企业对各种技术人才的旺盛需求，让学生明白技术型人才的就业优势；会上我们给学生讲从北大退学到技校念书的周浩的事例，举创雄通过读职中掌握一技之长进而被保送福建师范大学的事例。通过这些分析和具体实例，扭转学生的错误观念，让学生看到念职中是一条通向就业的金光大道，是成绩平平的我圆大学梦想的一条捷径。当然，我们更向学生讲历年从张北职中走出去的优秀毕业生，让学生加深对张北职中的认识和了解。我们还趁学校家长会的时机，向初三学生家长宣传国家职业教育政策法规，让家长了解国家对职业教育的重视和扶持，引导家长实事求是规划孩子的未来和人生。

深入细致的思想动员，在学生中产生了很大反响，41 班的杨小勇同学是班里四十多名的学生，他在会后的感想中写道："我原以为职中没啥用，就是学不好的人才去混日子，今后也不会有什么出路。今天我才知道，职中这么重要，考大学比高中还容易，还能掌握一技之长，不愁将来挣不到钱。（原话）"后来，该生顺利到张北职中就读。

在整体的思想动员工作之后，为了把招生工作做实、做细、做到位，针对班级的不同情况，我们给每个班分配了任务指标，大致将 20 名以后的学生作为重点，10~20 名的学生作为次重点，又将这些学生分配给任课教师，要求班主任和任课教师逐一了解学生情况，包括家庭情况，父母意愿，学生想法等等。通过了解学生情况，有针对性地做好学生工作。校领导也包班，和老师们一道想办法、找家长。从而形成初三老师总动员，以班主任牵头、包班领导督促、任课教师协助的职中招生工作机制，确保了工作的实效。

在这一过程中，我们初三的全体老师，尤其是各位班主任老师付出了很多艰苦的劳动，我举二个例子：

44 班班主任李艳红老师，亲自到每个学生家中进行家访，耐心细致做家长的工作。特别是许文静、孙佳佳、贺永桃、张炫阳、刘敏等同学思想波动较大，中考成绩不是很理想，总想着到张家口职教中心或者其他职高或普高念书，不愿意在本县上学。李老师便一次次和家长联系，找学生谈心，并多次到学生家中了解情况，耐心讲解到张北职中读书的好处。在李老师的努力下，以上同学都根据自己的特长和爱好，选择了不同专业，到张北职中顺利入学。

还有 43 班赵丽霞老师，职中招生期间，父亲正好病重在医院治疗。面对突如其来的家庭困难，赵老师默默选择了承受和克服，她没有一次缺席招生会议，她每次都是先到医院安顿好父亲，又匆匆到学校给家长打电话，做学生思想工作。中考结束后她的父亲不幸去世，此刻招生工作也到了紧要关头。校领导了解到情况后，及时调整了工作安排。可是她依旧没有放下手头的工作，一次次都是挣扎着给学生打电话、家访，说别人不熟悉工作，不放心这些孩子……在她脸上总能看到她"疲惫的笑容"，用她的话说那就是"痛并且快乐着"。在她的努力下，该班杨亚军、杨涛、殷龙、侯宝鑫、马晓梅、郭伟伟、黄娇娇、李世豪、谢琪等同学顺利到张北职中上学，圆满完成教学任务。

这样的老师在张北四中还有很多，她们两个只不过是全体初三老师的一个缩影。

值得一提的是，在招生过程中，我们职中的十几位老师也不辞辛苦，多次来我校深入学生中间，和我们的老师一同做工作、打电话、找家长，我们的招生工作，也有他们的功劳。

以上是我们2014年职中招生工作的基本情况。2015年毕业招生工作在即，我们仍将本着"为职中输送学生，为学生规划人生"的原则，扎实做好明年的毕业生职中招生工作。

一、本学期不流失一位学生，保证留得住学生，有学生工作才能有保证。对于思想有波动，有退学倾向的学生，做好思想稳定工作。对于这些学生，我们要求班主任在做好工作的同时及时向年级组汇报，年级组每周向学校汇报，学校责成心理辅导老师进一步做学生的思想工作。对于早期流失的学生，我们也正在想办法取得联系，了解情况，看能不能争取到职中就读。

二、下学期一开学，我们将做学生的定向分流工作，给不同层次的学生规划不同的奋斗目标。包括考A等第、B上等第的目标，也包括就读职中，找准未来发展方向的目标。具体做法是学校通过二、三次大会统一学生思想，然后依照往年经验，分配各班指标，责任到人，齐心协力，共同做好学生思想工作。

三、我们正在收集历届毕业生中外出工作或就读的典型事例，准备向学生现身说法。通过对比，让学生感受初中毕业继续读书的必要性，感受我县各类教育的崛起，尤其是一中和职中。前不久召开的初三学生家长会，我们已经向家长传递了这样的信息。

四、前两年，我们组织学生亲自到张北职中实地查看，感觉效果不错。今年，我们准备在分流工作结束后，再次组织相关学生实地感受我们职中浓厚的育人氛围和良好的校园文化，希望职中给我们提供方便。也希望职中能把更加优秀、更加靓丽的一面展示给我们的学生。另外，在下学期的合适时机，我们还想邀请张北职中相关专业的老师，来学校给学生讲讲本专业的学习、升学、就业情况。相信你们的话对孩子们来说更具有直观性和权威性。

以上就是我校2014年职中招生工作的基本情况和2015年工作的一些初步设想，不妥之处敬请领导们批评指正，以便我们更好地改进工作。

谢谢大家。

（本文系2014年12月全县职中招生工作会议上的发言）

共襄语文盛会，描绘课改蓝图

首先，我跟在座的语文同行们交流一个关于语文学习的话题。大家都是语文教学的行家里手，实践中一定都有自己拿手的一套。上次在成龙听课，就给我留下了极其深刻的印象，尤其是王志刚老师的经验介绍，他对教材的深入钻研，对教学内容、环节的精细设计，非常令我佩服，相信我们每一位语文教师也都在努力地向这个方向靠近和发展，这是很必要的。每个学科的教师都需要这样深入和细致的钻研。但是我觉得我们大多数语文老师忽略了语文学科一个非常重要的特点，没有抓住和发挥出语文学科的最大优势，我觉得这是个莫大的损失。这个优势丢失了会使我们的认真努力的效果大打折扣。我说的这个优势就是兴趣。老师们，儿童对语文的兴趣是与生俱来的，哪个儿童从小不喜欢童话、故事？这是最好的例证。但念书以后为什么就不喜欢语文了？那是我们老师的原因，是我们没有保护好儿童的天性，是我们机械的、重复的，甚至是死板的“训练”过早就扼杀了儿童对于语文的兴趣。大家想想是不是？时间的关系，这个问题先不做深入剖析。

我想跟大家说的是，作为一名语文教师，我们一定得想办法让学生对语文产生兴趣，这是学好语文的前提和保证。我在二中时最早和安永老师一个组。安老师很有本事，每次考试成绩都比我高，为啥？优秀率高呀，每次都是十几、二十几，而我总也突不破一位数。但我也有一个本事，全及格，及格率百分百，最差的学生作文写得满满的，判卷老师一不小心就给三四十分，能不及格吗？不过声明一下，我可没强迫学生必须写多少字，都是学生个人乐意，好坏先搁在其外。

那么，怎样让学生对语文发生兴趣呢？我有两点感受。

其一，兴趣源于对成功的体验。不断表扬学生在学习上的每一点小进步，进步就会“繁殖”；表扬越多，“繁殖”越快。而在语文学习上，几乎没有不可以表扬的事儿。

我给大家举魏书生老师的一个例子。魏书生老师教学生写日记的一段佳话，我觉得对于我们语文老师非常具有启发性。有一次魏老师接手了全校最差的一个班。上完第一节语文课，给学生布置了一篇日记，学生一听要写日记，连忙叫苦不迭，“老师，我们没写过。”“没写过从今天开始写。”“老师……那……写多少字？”“500字。”“我们写不了。”“那就300字。”“还写不了。”“那你们能写多少字？”一个学生脱口而出“我能写一句。”其它学生跟着起哄：“一句，我也能写一句。”魏老师一看这阵势，好家伙，好像农民起义，最终只好布置了一句话的日记。（大家注意体会魏老师常说的“科学”、“民主”的教育思想。）第二天交上日记，魏老师一看，呵，学生全部兑现承诺，都是一句话，这可怎么讲评，怎么鼓励呀！大家听听魏老师是怎么讲评这一句话日记的。课堂上随手抽出一本，张三的，“来，张三，读一下吧。”该生很不好意思，念道“我妈妈昨天晚上打麻将，吵得我一夜没睡好。”读完赶紧坐下，魏老师郑重其事地赞叹道："这一句话可写得真好啊！""这是一篇相当不错的记叙文，六要素齐全哪！"这一句话把学生说懵了，能不懵吗？从小没写过日记，"六要素"倒是听说过，但听着就犯愁，怎么这一句话的日记还六要素齐全？魏老师知道大家的心思，接着说："大家看，时间有没有？""有。""地点有没有？""有。""人物有没有？""有。""事件有没有？""有。""大家说写得好不好？""老师，这才四个呀！""噢，事件不是包括起因经过结果吗？"学生仿佛有点搞不清，魏老师不紧不慢地对大家说："大家看，事情的起因是打麻将嘛，经过不还在打麻将嘛，结果不是打一夜麻将嘛。"课堂一下了沸腾了，笑声叫声连成一片，这一句话的日记不但没有挨批，还大受老师褒奖一番，这是何种待遇呀！尤其对于连被老师正眼瞧过都可能没有的"差生"，心理冲击该是多么强烈啊。大家兴奋地说："这样的日记，我能写十篇。""我能写五十篇。"后果就不说了，大家想吧，一定很严重！

而我们呢？翻翻我们学生的日记本，就知道我们中的大多数是怎么教学生写日记的了。且听批语——字数太少，描写不细，条理不清……好像不给学生指出点不足就显示不出我们老师的高明，其实恰恰相反，你越是指出不足，学生越不知道咋写。在这儿，我提倡大家写谈心式批语，就跟学生做敞开心扉的交流，这远比你指导性的批语更起作用，因为"写作水平是在不断写作的过程中提高的，写得越多，提高越快"，大家一定要牢记这句话。而且写谈心式批语，更容易建立起师生感情，因此我们不可以强迫学生，也无需这样的"指导"，没有哪个作家是老师指导出来的。莫言从童年便开始辍学了，反而成了中国第一位诺贝尔奖得主，有人开玩笑说幸亏莫言没念过书。所以我们语文教师的第一任务是保护和培养学生对语文的兴趣。这一点至关重要，我们得向魏书生老师学习。如果说语文世界是一座百花园，语文老师的任务就是打开园门，让风景呈现在学生眼前，欣赏风景则是他们自己的事情，代替不得也代替不了。可我们往往有意无意地关起这扇大门，还要埋怨学生看不到花朵。

其二，兴趣源于教师的独特魅力，作为一名语文教师，你必须至少有一种本事能够吸引学生。一手漂亮的字体，会赢得众多粉丝；时不时秀一秀你的文采，学生会对你敬佩有加；课堂上的激情挥洒，幽默风趣，甚至是一个善意的微笑，一句充满关爱的批评，都会给你的个人魅力加分。

记得我在公会念书时，学校有一位“声誉”不怎么好的老师，学生们开始都很讨厌他。有一次乡里举办篮球赛，有一场比赛在我们学校教师和社会青年之间进行，那场比赛社会青年打得特别蛮横无理，将我们学校的一位体育老师撞伤，学生们都感觉异常气愤，但敢怒不敢言，后来这位在学生心目中“声誉”不佳的老师上场，几个凶猛的三步跨篮一下子消灭了对方的嚣张气焰，扭转了比赛的局面。这位老师从此成为学生心目中的英雄，赢得了同学们的尊敬和赞美。我至今记忆犹新。

大家要记住，一个有魅力的教师，必然得到学生的尊敬和爱戴。而这种热爱会直接转化为对这门学科的喜爱，“亲其师，信其道”。所以我建议我们语文教师必须至少要练就一手能够树立我们个人魅力形象的绝活。

以上，是我对语文教师的一些诚恳建议。下面，我把我们学校的课改情况向大家做个简单的介绍。

我们学校从2011年5月到2014年7月，完成了第一轮课改工作，本学期开始，我们又启动了第二轮课改。下面我想主要谈谈我们在第一轮课改过程中做了些什么，这样可以避免流于空洞，多给大家一些感性的认识。我简单梳理了一下，第一轮课改历时三年，主要包含了二十件大事：

一、2011年5月17日，教研室听课视导，闫伟峰老师讲授《岳阳楼记》，拉开我校课改大讨论的序幕。这次持续半年时间的讨论与摸索是我校课改思想的萌芽阶段。

二、2012年2月14日—17日：学校组织各学科教师赴石家庄九中观摩学习，这是我校为落实新课程理念和课改精神的第一次大规模外出学习。为保证学习效果，2月7日召开赴石家庄九中观摩学习预备会议。三天观摩，大家收获颇丰，真切感受到了新课程理念在课堂上的贯彻和实施。

三、2012年3月5日，学校召开张北四中全体教师课堂教学改革思想动员大会。主题是“转变观念，走课改之路”。这次会议，坚定了大家走课改之路的信念，为以后能克服重重困难奠定了牢固的思想基础。

四、2012年3月10日，经过研究讨论，《张北四中课堂教学改革三年规划》正式出台。这是学校为规范课改工作出台的一份纲领性文件。其后三年的课改工作基本与规划相吻合。

五、2012年3月14日，出台《张北四中课改第一阶段操作规范与要求》，经各学科教研组长讨论通过。课改由理念向实践操作迈出了坚实的一步。

六、2012年4月6日，印发各学科优秀导学案，下发备课组讨论学习，实现备课理念的转变，推动备课向课改方向靠拢。

七、2012 年 5 月 22 日，出台《张北四中课改第一阶段操作规范与要求补充规定》，第一次正式提出“导学练”三位一体的教学模式。课改理论模式初步确立。

八、2012 年 5 月 31 日、9 月 10 日：学校《教育快报》分别刊登《“导学练”三位一体的教学模式要诀——模式再解读》《“导、学、练”三位一体教学模式核心解读》的指导文章。在实践层面推动课改理论的落实，课改模式更加明晰。

九、2012 年 6 月 18 日，学校举办家长开放日活动，展出师生优秀导学案、学生作业本、纠错本，获家长好评。向学生下发调查问卷，反馈效果良好，促进了课改思想的进一步细致落实。

十、2012 年 6 月 25 日：教育局“周末大课堂”在我校举行，王久姚老师代表我校作课改示范课《最可爱的人》（八年级历史）。我校课改模式第一次在全县教师面前亮相，获教育局领导及同仁的肯定。

十一、2012 年 10 月 19 日：召开张北四中全体教师课改工作阶段性总结大会。我在会上作《有关课改的几个转变——兼谈落实学生主体地位的几种学习方式》的发言，推动了教师观念的进一步转变。随后学校对各学科进行课改验收。

十二、2012 年 10 月 25 日，县教科局对我校进行年终考评，刘晓东老师讲授《春》，引起强烈反响 。

十三、2013 年 3 月 4 日：召开张北四中第三阶段课改推进会，我做了题为《四中课改去向哪里》的发言，进一步明确了课改的方向。

十四、2013年3月16日——18日，经过周密的筹划准备工作，我校各学科共计二十名教师赴石家庄十八中观摩学习，这是我校课改以来的第二次大规模外出学习。

十五、2013年4月——5月：学校举行外出学习教师汇报交流及课改展示活动，推动课堂教学向深层次迈进。

十六、2013年5月31日：教研室蒋主任带领各科教研员到我校听课视导，并写了《且行且悟，一路香》的指导评论文章，鼓舞了教师士气，促进了我校课改工作的深入开展。

十七、2013年10月18日：张北四中非中考科目课改动员活动正式启动。刘雨晴、殷海燕老师做了课改研讨课。继中考科目后，课堂教学改革在张北四中全面铺开。

十八、2013年10月23日：召开张北四中初一年级课改推进会。我作题为《试看课改竞朝晖辉映先进理念，已见泅儿立潮头投射嬗变精神》的发言。

十九、2013年12月3日，学校开展课改“星级”教师评选活动，在教师中掀起比、学、赶、超的热潮。三十位老师参与角逐，最终评选出张北四中2013年度课改五星教师10名，四星教师12名，三星教师8名。全程参与活动的教研室蒋斌主任及各学科教研员对四中课改给予客观评价，进一步激发了大家的干劲。

二十、2014年3月21日：召开初三年级教师会，用课改思想指导复习。

这二十件事，也是我们在推动第一轮课改过程中经历的一些重要节点。目前第一轮课改已经结束，我们取得的重要成果有：①新课程理念的确立；②“导学练”三位一体教学模式的形成；③集体备课实现常态化；④导学案达到一定水准。当然这些成果在不同教师身上体现的程度不尽相同，为了巩固成果，继续推进课改思想理念的落实，本学期，我们又研究制定了第二轮课改规划，计划用大约三年时间完成各学科教学内容的整合与优化，整体提高教学水平，促进课改工作更加深入、全面。

以上就是我校课改的大致情况。今天在座的基本都是一线教师，因此，我还想抛开学校层面，再从教学角度跟老师们谈谈我对课改的认识。因为我们才是课改的真正践行者，而课改又是一项很系统很复杂的工作，有时弄得我们老师挺盲目、犯糊涂，不知道究竟该怎么做。看了那么多经验，不知道到底该学谁，一会儿“三三六”、一会儿“二七一”，其实我说谁都不要学，也不能学。如果有经验可以照搬，岂不名校早已遍地开花了呢？

不学别人，我们该怎么做？我觉得解决“怎么改”的问题最关键的是认清课改的实质。

首先要明白为什么要改。如果用一句话概括的话，我想应该这么说——第八次课程改革是在中国教育培养不出现代人才的重大反思中开始的。简单看一组数据，截止二十世纪末，美国培养出300位诺贝尔奖得主，英国100位，日本15位，而中国是0位，这使占世界人口五分之一的中国人很没面子。2005年钱学森发出的“世纪之问”更是刺痛了每一个中国人的神经。20世纪末我们国家的领导人深刻认识到我们的教育存在严重弊端，已到了非改不可的地步了！

接下来必须弄明白的一个问题就是怎么改，中国的教育，第一受传统影响巨大，韩愈早已给教师定了位："师者，传道授业解惑也"，第二建国初期引进的苏联凯洛夫"五环节"教学法也颇深入人心。二者共同的特征就是强调突出了教师的地位，忽视了学生的存在，忽视个体差异。近年来经过一些专家的对比研究发现，这与一些发达国家的教育理念恰恰是相反的。美国的教育最发达，美国的课堂学生说了算。于是专家提出了"以学生为主体"的教育理念。理念一出，就需要与其配套的系列措施。于是就有了我们今天在课程标准中读到的一些东西，那些东西才是指导我们进行课改最根本、最具实效的东西。我建议大家与其花费大量的时间学习这经验那经验，不如静下心来好好钻研一下《课程标准》及《标准解读》。

我认为，课程标准中有三句话是其精髓，需要大家牢记并领悟。第一句：以学生为主体。这是新课程理念的核心。教学中，只要把握这一点，你的理念就是先进的。第二句：过程与方法。这句话是做为"三维目标"出现的，因此挺不好理解，按照正常思维，很难将"过程与方法"作为目标来考量，联系倒是有，说"过程与方法"是达到目标的手段可以，但直接说它是"目标"就难免有些牵强了。其实它是什么意思呢？它是说学生要想"学会"，必须自己经历过程——思维过程，动手过程，只有这样才能掌握方法，进而达到学习目标。换个角度说，如果将其放在整个课程标准的体系当中来讲的话，"过程与方法"则是实现"学生主体地位"理念的途径和保证。领悟了这句话，你的课堂操作就有了理论依据和信念的支撑。而如何让学生经历"过程"、掌握"方法"呢？于是便有了第三句：自主、合作、探究。这是说学习方式的，是落实新课程理念的最后一步，也是对传统学习方式的颠覆和革命。课堂上做到这一点，你就是一个地道的课改践行者。不过从观念的转变到具体的课堂实践，需要一个过程，甚至这一过程是漫长的和痛苦的。但是，只要我们牢记并真正领悟到这三句话的内涵，再当我们面对形形色色的华丽诱惑的时候，我们才不至于被迷惑了双眼。

三句话，从思想产生到理论支撑再到实践操作，上触及思想高度下落脚课堂实践，这才是课改的精神实质和深刻内涵，只有立足于这三句话的课堂教学改革和课堂实践，才能培育出适合自身土壤气候的花朵，不把握问题根源，一味照搬别人经验，必然导致水土不服。

以上是我个人的一点粗浅认识，希望语文老师们多思考，多在实践中总结反思，新课程理念一定会尽快在大家心中生根、发芽，在课堂上结出累累硕果！

在座的语文同行，语文教师是一所学校的灵魂，是学校文化最主要的构建者，然而语文又是一片少有人问津的贫瘠土地，你们是坚守在这片土地上辛勤耕耘的人，向你们致敬！

（本文系2014年11月县教研室语文校际交流活动上的发言）

教师笔谈

最近，听了周建敏和张晓雅两位老师的课，我很是兴奋，当即在听课笔记上写道：课本、材料、生活结合浑然天成，思考、思维、思想培养步步为营，知识、能力、方法实现多维构建。是扎实的课堂，但不失轻松；是活跃的课堂，但不乏思考；是沉静的课堂，但涌动着激情……备课匠心独运，课堂游刃有余；引导深入浅出，目标水到渠成——妙！在总结会上，我也概括了她们课堂的一些共同优点。为了把两位老师先进的理念和做法更为直观地呈现给大家，现将我与两位老师就一些问题的交流选摘如下：

岳：你在课前“复习巩固”环节提问学生回答问题，没有按照传统做法由教师来一一提问，而是将提问权交给学生。这一小小的改变凸显了教师理念的转变。请结合个人教学实践，谈谈你是如何看待新课程理念的。

周：每走进课堂，提问就成了课堂教学的开门大事，我觉得每次提问都是一次与学生的倾心对话。因此，我们的提问绝不是居高临下的质疑，而是师生间人格平等、互相尊重基础上的心灵交流。课堂教学中不仅要有教师提问，而且要给学生提问的机会。当然这种观念的转变还是一次偶然的机会促成的。记得去年班里有个很善于模仿的学生，总爱模仿我上课的动作“袖子朝上一挽，双手交叉于胸前，故作严肃地开始了对学生的为难---提问”。有一天，我想略施一下惩罚：来，×××上来，你来提问同学上节课的内容。该生还是稍显意外和紧张，可是在情绪平复了半分钟之后，他提出的问题竟然由笼统到具体，还做到了由课本到课外的延伸。他的表现着实让全班同学震惊，当然也让我受到了很大的触动。之后的教学过程我也就隔三岔五采用这种提问方法。这一小小的转变，使学生在有限的时间内手、脑、嘴并用，因为他在提出问题之前，已经对课本知识进行了一次整合，整体上已经对课本形成了一种驾驭。这样也潜移默化地培养了学生对问题的深层次的认识。另外也不会被老师那种高高在上的提问给镇住，显得手忙脚乱。这样在学生与学生的轻松对话下，把上节课的知识做了个回顾。对于老师嘛，也减少了因为孩子们回答不上你提出的问题而生满肚子的闷气。我觉得，只要多关注课堂，多立足学生的学，课堂就会变得活起来。

岳：你在课上非常注重对学生学习方法的点拨和指导。比如：阅读材料时提醒学生要找“关键词”，通过“关键词”准确把握问题实质；完成一道题目或一个教学环节后，要学生说说通过做题，对今后有何帮助；指导学生如何阅读漫画等。你是否意识到这些做法其实正是三维目标所说的“过程与方法”，这样的训练是非常有好处的，请你谈谈这方面的经验。同时你的课堂容量很大，将教材内容、导学案材料与学生日常生活巧妙地融合在了一起，但课堂并不显得拥挤，反倒使学习变得非常轻松，你是怎么做到这一点的？你对政史教学在与生活的联系及激发学生兴趣方面有何建议？

周：学生对政治采用开卷考试认识不清，认为开卷考试就是“抄书考试”。所以有的学生理论知识掌握得非常娴熟，但答题的准确率却很低，有种“纸上谈兵”的感觉。所以大多同学也就有了这样的困扰——“老师，我的课本知识记得滚瓜烂熟，可为什么就是做题的时候不会用呢？同样是问意义，我把课本给的答案都写上去了，为什么只得了一半的分呢？”所以在新授课的过程中就要向学生传授答题方法和技巧，注重对学生能力的培养，特别注重对学生参与社会生活的实际能力的培养。2014 年中考政治的三道大题的题型虽然没变，可是叫法却有了变化。“简答题”换作了“大众话题评说”、“材料分析题”换作了“社会热点评析”、“探究实践题”换作了“社会现象探究”，每种题叫法的改变其实也就向我们传递了一个信息——中考试题考查学生对生活、对社会的关注和认识。这就要求我们在教学实践中，努力使课堂的外延不断扩大，使学生获得知识的空间不断扩展，从而引导学生到生活中去探索研究，将课本中的理论知识在生活中还原，在生活中领略课本知识，用理论知识去指导生活行为。所以每分析一道题，我就强调同学们一定要做到三联系：联系课本、联系材料、联系生活。做到了三联系，答案也就减少了闪失。至于岳校长所说到的我在教学中注意到了“过程与方法”，我还真是没有意识到。只是满足一下学生的做题要求罢了。

其实教学过程中我还有很多的困惑，比如很早就想整理出一套有关政治各种题型适合孩子们的比较系统的答题方法和技巧，可是能力有限，只能先陪同孩子们一起慢慢摸索着进行吧。

岳： 从导学案的设计便可看出，你在备课时花费了很大的精力。每一则材料、每一个问题都经过了仔细推敲，课堂环节的设计也很别出心裁，从而保证了课堂效果。请给大家谈谈你的备课思想。

张： 首先，要感谢周老师。由周老师主备的《环境问题》学案给了我设计这一课的灵感。那就是避免枯燥无味的道理，而是用事实说话。这样既直观，又浅显易懂。所以，我们需要在学生和课本之间架起一座桥。而这座桥就是与教材知识有关的材料。

在选取材料的时候，首先做到从自己要完成的教学目标出发。这样可以保证课堂不偏离教学内容。这节课的知识教学目标是了解我国人口问题的现状、危害以及计划生育这一基本国策。所以材料必须紧紧围绕这三方面的问题。

同时，要注意材料的时效性。这样所选的材料才更贴近孩子的生活，更具有说服力。比如在出示我国人口总数的数据材料时，就选取了离我们最近的第六次人口普查结果。

当然，还要重视材料的对比性。通过对比，可以把复杂的观点更清晰地呈现在学生的眼前。比如说一些数据统计图表。

为了更好地服务教材，我们还可以选用不同形式的材料。比如说表格、统计图等等。

在注重材料的目标性、时效性和对比性的同时，还应该考虑到它的趣味性，从而激发学生的学习兴趣。例如我们选取的漫画材料，通过漫画夸张的表现力，活跃学生的思维，让学生通过与漫画产生共鸣而对漫画所反映的问题有深刻的体会。

岳： 有人说政治课很空洞，学生不爱学，但你却很有办法激发学生的兴趣。比如：让学生畅所欲言生活中的“人多”现象，进而引出中国人口的其他特点；用常言“人多力量大”激发学生对人口过多利弊的思考，进而引入学习内容“人口问题的危害”；还有让学生用身边实例阐释温总理的话等等。这些都引起了学生极大的兴趣，谈谈你在这方面的经验。

张： 政治课枯燥而空洞，这是我们对这门课的普遍认识。在日常的教学中，能把某节课上“活”了，自己还蛮有成就感的；可是也有上到味同嚼蜡的地步，自己都特别痛苦，更别说学生了。对于如何激发学生的学习兴趣这个话题，我可不敢妄提“经验”两字。就说说我的想法吧。

我曾有过这样的经历：自己心情不好的时候，板着一张脸去上课。孩子们很快受到我的情绪暗示，即使是一节很有趣的课，孩子们也无动于衷。相反，自己带着笑脸与激情走进课堂，孩子们也会带给我同样的热情。

启示一：带着激情进课堂。进入课堂后，我有时会把自己当作孩子们中的一员。想想他们感兴趣的话题，然后设法把课堂内容和他们感兴趣的话题联系起来。在孩子们开心地表达自己所知道的内容的同时，我在他们的脸上悄悄地看到了他们内心的满足感和成就感。用刚刚“远程培训”的内容来说，就是“满足了学生的内心需求，从而激发了他们的学习动机。”

启示二：寻找学生的学习动机。动机找到了，在学生产生“满足疲劳”之前，我需要在合适的时机，从不同学生的不同需求出发，不断地“抖出新的包袱”。不得不感谢曾经的英语教学生涯，它给我现在的政治课堂提供了更多的灵感和课堂上比较随性的教学风格。

启示三：利用好不同学科的互通性。哈哈，这真是班门弄斧了。

岳：执行近四十年的计划生育政策确实曾经起到了“利国、利民、利世界”的巨大作用，但也导致了中国老龄化问题的日益突出。因此近年来，这一“基本国策”有了松动的迹象，一些地区已经开始放开二孩生育政策。对这一问题是否应该结合当前形势来谈谈呢？在政治课上，你认为应该如何处理好教材滞后于现实的矛盾？

张：在读到您提出的这个问题后，我意识到没有把“计划生育”产生的负面影响在课上拿出来与学生进行探讨交流是本节课的一个疏漏，也违背了政治课应“与时俱进”的特点。由计划生育引起的人口老龄化问题日益突出是一个社会热点，国家生育政策的适时调整也就意味着减小计划生育国策给社会带来的消极影响。所以，在课上不仅应该，而且也很有必要把这一问题拿出来结合当前形势谈谈。也属于对教材内容滞后性的补充和延伸。在第二天的课上，我通过“辩证”地看待问题的思路和同学们一起探讨了这个问题。对教材的缺失部分进行了补充。

政治教材存在严重的滞后性，这是一个很客观的问题。要想处理教材滞后于现实的矛盾，不仅需要发挥教师的主动性，还必须调动学生的能动性。

作为教师，应该针对教材的缺失部分进行课外材料的补充。当然在补充材料的选择上，一定要保证它的针对性、时效性和学生的可接受性。因为学生是学习的主体，所以还得让学生动起来，通过自己搜集材料来进行知识的自我补充也不失一个好方法。但是，教师必须把布置给学生的资料查找任务设计好，以免偏离主题。这样既调动了学生的积极性，又提高学生的动手能力，同时对教材进行了补充，也算是一举三得吧。

以上是我关于解决政治教材滞后性的一点浅略的想法。作为一个非政史专业的教师，要想把这门课教好需要我去学习和钻研的内容实在是太多了，鞭策自己继续努力吧。

（本文系2014年10月听课后与教师书面交流意见并印发全体教师）

课改是条弯弯的路

近一段时间以来，在教务处的组织安排下，我们听了初三老师一轮课，初衷就是全面了解一下初三教学情况，相互借鉴成功的经验和做法，不好的地方加以改进，今天第六节李宏莉老师的课，算是这次活动一个圆满的句号。接下来的时间，和大家做一个交流总结。以下谈到的不论是优点还是缺点，完全针对课堂、针对教学、针对工作，没有针对任何个人的意思，尤其是缺点和不足。希望老师们能站在工作的角度思考问题，有则改之，无则加勉。争取今后通过备课组的共同努力，使我们的教学工作更上一层楼。

首先，我说一下学科总体情况：七大科中语、数、英三科从备课、上课情况来看，教学基本保持稳定，但工作缺乏明显的推进。导学案备得不错，但课堂教学的热情与初二时相比减退了，与当初的课堂调控办法相比减少了；理念停滞不前，课堂教学改革缺乏进一步推进，而且一些成功的经验和办法没有守住，如分组的座位、小黑板使用、一些激励手段等。这些问题年级组应该好好反思一下，工作要有恒心坚持，要努力想办法不断改进。另外还有一些细节性的问题反映着我们的工作不够细致，或者说标准不高——英语导学案存在目标表述及个别版块不清的问题，数学导学案有的图上字母符号标示不清。这些虽是细节问题，但愈是细节才愈呈现出我们对工作的标准意识，希望老师们今后注意。当然这三个学科优点也是比较明显的，尤其在集体备课方面，三个学科都做得不错，希望继续发扬。

再说政史学科。这两科整体呈现稳中有进的态势，导学案备得更加精致、实用，与课堂的贴合程度更高，特别是有的老师，运用非常自如。课堂也呈现出崭新的面貌，“自主、合作、探究”的学习方式体现更多了，课堂更加趋于开放。但也有个别老师导学案使用有些缩手缩脚，还习惯于讲得多，不善于引导调动学生。

最后，我再说理化学科。这两个学科，除了史艳霞老师以外，都是堪称经验丰富的老教师，单个拿出任何一个老师，都是个顶个，但加在一起，就很不幸成了七大科里最弱的学科。我本来不想这样说，但听课过程中你们实在暴露出了太多问题，主要有：①备课跟不上学校课改的节奏，导学案形式化倾向严重。也有“温故知新”，也有“合作探究”，但仅仅是摆设，文字没有转化为思想，也就谈不上行动的落实。②导学案内容简单、粗糙。基本为拼凑、粘贴，没有教学思想，更多的是题题题，其中一学科某单元内容用五课时完成，有四课时是习题，这与其它学科相比差距已非一星半点。粗糙还体现在卷面的涂涂改改上。诸如题号不统一、标示不清楚、手写又潦草等。③课堂理念滞后，习惯于讲，不善于启发、引导。教师讲得多，学生动得少，课堂效果差。这个“动”并不单指动手，更指动脑。说到这儿，我想举个例子来说明一下如何才能解决好“学生学”和“教师教”的关系。我觉得学生学习知识和小孩子学走路是一个道理，都需要有人帮助，但帮助与帮助不同。小孩学走路，可以由大人领着走，也可以扶着走。领，大人在前头；扶，大人在后头，看似没有区别，实则差别大矣。“领着走”，大人就会有意无意绕开磕磕绊绊的地方，这些地方没有给小孩留下任何记忆和体验，所以当他学会走路并独自一人行走时，再遇到这些地方，他要么手足无措，要么就会被绊倒——引着走惯了，自己失去了判断能力。而对“扶着走”的孩子，每走一步，他都得自己做出判断。大人的作用只是不使你跌倒——其实跌倒未尝不好，只要跌得不是很惨就行。当他踩到石头时，他知道了这个东西不可靠，下次得注意，远离它……因为经历了这样的过程，所以当他学会走路，一个人独自行走时，第一他会思考判断，不会产生依赖；第二他知道什么地方能走，什么地方不能走。大家说这两种小孩是不是差别很大？这和我们教学生是完全一样的道理。你不要妄图认为你讲过他就会，要想让学生真正掌握，就要摆正师生位置关系，尤其教师不可代替学生思维。你必须让他自己尝试去学，学不会学不懂的地方你点拨、指导一下，你的任务就是不要让学生“跌得太惨”，好多名校的“先学后教”的做法都是基于这样的思想。只有建立起这样的思想，剔除陈旧思想的束缚，你才能关注到每一个教学细节的实施，才能真心做到“不愤不启、不悱不发”，真正提高学习的实效。接着说课堂理念落后的另一个表现：教师提问随意，学生集体回答多。我说，凡是学生集体回答的问题都是没有价值的问题。什么是有价值的问题？有价值的问题就是能引起学生思考的问题，而有思考，就会有不同。课上集体回答次数越多，你的课堂越浮浅越低效。所以课堂上要尽力避免出现集体回答这样的情况。

以上是各个学科的整体情况，我说问题多一些，优点指出少一些，尽管我们年级整体工作还是不错的。之所以这样，是希望通过反思不足，使我们的工作取得更大突破。

听课过程中，发现了两节非常优秀的课，一节是周建敏老师的，一节是张晓雅老师的。这两节课无论导学案的设计，还是课堂组织，完全体现了新课改理念。不敢说她们的课堂已经尽善尽美，但完全可以说臻于完美。我想，说她们这两节课体现了我校课改以来课堂教学的最高水平也不为过。我在这无法再现她们精彩的课堂，只能概括她们几个共同的优点：①导学案精致、精美，备课下了很大功夫，材料选择、问题设置、环节过渡无不用心。②能将课本、材料、生活进行巧妙融合，大大增强了课堂的趣味性、有效性，拓展了学生的学习视野。这两节课上，学生表现异常活跃，课堂容量大而不拥挤，学习效果好、效率高。③贴近新课程思想理念，倡导“自主、合作、探究”的学习方式，并真正落实到位。④三维目标落实好，尤其是对“过程与方法”的指导，很到位，培养了学生的学习能力。比如：课堂让学生齐读目标，实现了目标对学习的引领；指导学生从材料中挖掘关键词从而把握问题实质，使学生掌握了材料分析的方法；完成一个教学环节或一道题让学生说说“对你今后做题有何帮助”，超越了就题讲题的老套做法；还有指导学生如何看漫画、如何从材料中概括观点等，无不体现了教师对“过程与方法”的关注，理念很先进。⑤与学生情感的高度融合，使得课堂学习是紧张的但精神是放松的愉悦的。这种融合其一源于教师对学习内容的熟练把握，对学生的深入了解，她们设计的每一个问题都能拨动学生的心弦；其二源于教师的热情。

最后对今后教学提几点要求：

1、加强集体研究、集体备课，尤其要多关注学生学习的“过程与方法”，加强教法、学法研究。一说研究大家可能就觉得很深奥、很神秘，其实它就蕴含在我们对每一个教学细节的关注和体察当中，课上提的每个问题、学生在课上的一举一动、每一句鼓励的话语、面对学生错误的处理方式等等，都是值得我们仔细推敲的，都可以是我们日常教学研究的内容。

2、追求细节的完美。我只举一个例子，比如我们的导学案能不能做到完美无瑕，拿到手令人赏心悦目。这个要求不难做到，关键是我们的标准意识要提高。一份导学案面对的是五六百个孩子，我一直提倡，发到学生手里的，就要是精品，来不得半点马虎。我给大家说说我在二中时我们语文组怎么粘卷，我们粘贴完内容之后，要把题号剪下来，端端正正粘在试题前面，哪个是大“1”，哪个是小“1”，都要一一区分、对应，印出卷来就像是打印的一般完整美观。

3、培养学生读题、审题能力。学习过程中能让学生读的，尽量让学生读，能让学生说的，尽量让学生说。我们的学生太缺乏这些方面的锻炼，有时站起来，连个题都读不通，不通则不懂，不懂必然做错，甚至导致低级错误的出现——人家问年代就有答成地点的。课堂上我们要有意识地加强这些方面的训练，让学生认真地读，静静地思，大胆地说。距中考还有一段时间，如果训练扎实，对考试将会有很大帮助。

4、加强书写训练与要求。文科起码让学生把字写端正，理科还要注重步骤。目前我们学生在书写方面的问题很严重，原因可能是多方面的，但很重要的原因还在我们老师身上。我们就没有持之以恒对书写提出严格的要求，否则绝对不会是目前的状况，甚至有时我们自身的书写就给学生起了不良的示范作用，有的老师批阅学生作业，本想激励一下学生，写了个大大的“好”字，可是比“不好”还难看，怎能达到激励效果。

（本文系2014年10月九年级教学总结会上的讲话）

考试是激励，考试是改进

刚才武主任公布了本次月考各学科的成绩、名次，备课组长们作了简要的分析，虽然分析还有待深入、透彻，但基本上还算实在，对存在的问题有一定的思考和认识，有改进的方法措施，这正是我们召开分析会的目的。希望各备课组、各班任课教师要进一步加强合作，下来以后还要对成绩进行认真分析。学生学习上存在的问题，只有通过我们教师的努力，才能很好解决，不能抱怨学生这不行、那不好，那不是解决问题的态度。下面我谈几点看法：

一、成绩出来了，我们每一位老师都要多向对比、分析，找准差距，有针对性地做好学生的辅导工作。

首先，从这次成绩来看，是很出人意料的，学生刚入学一个多月，而我们分班的情况大家也是清楚的，当时武主任甚至将各班的平均成绩控制在相差只有零点几分，没想到第一次月考就出现了明显的差距，这个现象很令人想不通。大家要思考这是什么原因，如果说某个班的学生都差，那也说不过去，因为同一班级，有的学科成绩就很高、名次靠前，这又怎么解释？所以，这些问题都有待我们去深入地思考分析。拿自己的成绩和同学科其他同志的比一比，再把自己的成绩放到班级里和不同学科的成绩比一比，比优秀率、比及格率、比名次，只有这样多向比较，才会得出比较客观的结论，才有利于找准差距，采取相应适当的措施，开展好下一步的教学。

其次，大家还得注意这样一种现象：因为我们绝大多数老师都是从初三返下来的，刚刚教完毕业班，马上接手新生，第一容易产生陌生感，第二总是觉得学生“不懂事”，学习要督促，纪律要组织，形形色色的错误要防范，于是总爱拿上届如何如何说事。其实想想上届初一时何尝不是这样，只是你忘记了。新生刚入学问题多，一些问题的存在是再正常不过的，要不为什么说三年当中初一其实是最费劲的一年，第一学期又是最累的一学期呢？所以大家要尽快走出认识误区，排除心理干扰，细致做好学生工作。

二、学习中要重鼓励、多表扬。要善于发现学生的优点、闪光点，通过表扬激发学生的成功体验，激发学生的信心和兴趣。

我们的老师，很不善于表扬学生，也不爱表扬学生，好像只有批评才是教育，这是很偏颇的认识。看看大家每天都在煞费苦心地寻找学生的缺点，找到了抓住了赶紧苦口婆心……结果搞得每天身心疲惫，牢骚满腹。如果有效果，累点也就罢了，关键是辛辛苦苦半天学生并不买你的帐，刚离了老师便又是我行我素依然如故。大家不妨换一种思维想一想，我们能不能把寻找学生缺点转变为发现学生优点上来，把你的苦口婆心变成激情赞扬，这个学生今天没抄作业——表扬，这个学生错误减少——表扬，这个学生主动问问题——表扬……想想这样一来，教育的效果如何，做教师的你工作心情又会如何。难道学生听了表扬会不高兴？高兴了还不增强自信？自信了还会不继续努力？努力了还会没进步？结果是表扬越多，进步越多，师生皆大欢喜，本来这才是教育的本真。

当然，表扬并不是无原则说好，批评也并不是一定不要。这里面除了需要教师善于发现学生的优缺点之外，有一个诀窍要掌握，那就是“表扬要大张旗鼓进行、批评要悄无声息化解”，这句话是有科学道理的。大张旗鼓，是为了让“所有人”知道——大家看，这孩子多优秀！是为了增强学生信心，激发学生动力。同时这样的“大张旗鼓”也是对其本人一种无形的告诫和约束——你看，现在大家可都知道你的这一优点了，大家都在关注你。你下一步会如何表现呢？大家放心，每个学生都是有尊严的，而且都想竭力维护自己的尊严。我们的表扬，正是给孩子们提供一次次树立尊严的机会，相信他会珍惜的。反之，“批评要悄然化解”也是同样的道理，是为了避免伤害孩子的尊严，防止打击他的信心。人的健康成长，总是需要不断鼓励，这样才能树立自信，否则怎么成长。然而，我们多少时候却一直在错误的道路上勇往直前，教育早已走上了南辕北辙的道路还不知自，我们只知道努力却没有找到正确的方向，其结果只能心生抱怨、自怨自艾。大家想想是不是这个道理！

三、教学中要注重效果和效率，尤其作业布置上，要讲究方法、策略，不要一时贪多，不但要关注课堂，而且要了解学生课下情况。

我们一直要求，作业布置要精，精的目的是做得更好、效率更高，刚才侯素琴老师谈到作业要求步骤完整就是很好的想法。初一学生必须从开始养成细致、严谨的作业习惯。这就要求我们在布置作业上要做到“三精”——精留、精批、精改。要保证“留得少，做得好，批得精，改得勤”，这样才能提高学习效率。现在有些老师还没有做到这一点，书面作业太多，有的文科作业还让学生一抄三五遍，这是违背规律的做法，学生只能应付。如果想让学生记牢，你可以检查背诵，把所有学生名字贴在墙上，一课背会画个“○”，二课背会画个“√”，背诵快的多表扬，背诵慢的及时提醒，学生自己着急，效果自然会好，这是策略问题。

同时，大家还要多了解学生课下学习情况，比如完成作业是否认真，有没有抄袭，是否完成预习任务，课余时间有何爱好等等。掌握情况，才能更好地进行引导，这需要我们把工作做细、做实，做到每个孩子身上。

四、加强班级管理，增强班级凝聚力，营造良好的班风。

初一新生，有个相互融合的问题，不同学校、不同习惯的众多孩子走到一起，如何迅速凝聚起来，是一个很关键的问题，关系到今后三年的学习生活。这里给老师们提二条建议：一是要尽快树立班级奋斗目标，形成积极舆论导向，用目标引领学生的思想和行动，用舆论规范学生的言行。一个有经验的班主任，会在新集体组建之初，向学生提出各种细致的规范要求，并认真监督落实，及时总结表彰，逐渐形成积极向上的班级文化。二是迅速组建一支得力的班干部队伍，这支队伍最起码应该包括：班长、学习委员、生活委员、文体委员、组织委员、宣传委员、各学科代表等。选拔班干部一定要德才兼备，这样才能起到良好的榜样示范作用。选拔出来后要细致安排班干部的任务职责，指导他们开展好各自的工作，做好学生表率。一支好的班干部队伍是班级舆论的核心，是班级文化建设的主力，是良好班风形成的保障。

五、依据月考成绩，尽快划分小组，促进课堂改革。

根据听课的情况来看，我们大部分老师的观念已经转变，能按照课改的要求组织教学，调动学生较好，有的老师还能充分体现“自主、合作、探究”的方法和理念，令人振奋。但也有个别老师理念仍然难以转变，行动跟不上课改的步伐，总是讲的多，不关注学生，不重视过程，也没有方法。希望这些老师尽快转变观念、转变做法。自己做有困难就要多向别人学习，听听别人的课，听课过程中要把别人好的做法多与自己对同一问题的处理方式对比一下，这样就会发现自己的不足。只要善于学习，善于思考，我想这些都不是困难的问题。

前一阶段有的班级已经划分了小组，但座位没有调整，小组内层次也不尽合理。这次要根据成绩，合理划分一下，而且分了小组后，小组之间座位要流动起来，一是防止长时间在一个位置影响坐姿和视力，二是防止个别组长期处于被遗忘的角落，影响到学习。

（本文系 2014 年 10 月七年级第一次月考分析会讲话）

沿着课改的道路继续前进

本学期我们教学上的核心工作可以概括为四句话，即“扎实课堂教学，推进课堂改革，规范教学行为，严格考评制度。”

第一、说扎实课堂教学。课堂教学是教学工作核心的核心，三个年级都要扎扎实实，按部就班，认认真真开展好日常教学工作，让学生学得扎实，学得有效。这就需要我们各个备课组，各位老师齐心协力，加倍付出，认真做好备课，上课，辅导，作业，反思等各个环节。初一年级，老师们需尽快了解学生，熟悉学生。一个好的班主任能在三天以内记住全班学生，一个好的任课教师能在半个月熟悉所教学生。了解熟悉学生了才能与学生有心灵的沟通和情感的交流，而我一直认为，教师情感乃是最大的一笔教学资源，它远比任何先进的技术手段对学生所起的作用更为巨大，但却往往被我们忽视。所以在这儿提醒大家，我们每一位老师都应该与学生建立起良好的情感沟通，即使是批评他，也要让他觉得老师批评得对，这样的教育才有效果，我们周围有的是这样的老师，他们非常善于做学生的思想工作，希望大家学习。在了解、熟悉学生的基础上，要尽快开展好入学教育，各学科注意引导学生做好新旧知识的过渡，学习方法的培养，这些都是我们初一老师要首先做好的工作。初二年级我们也要按部就班搞好教学，升班了对孩子们来说是又一个新的开始，在抓好行为习惯的同时，要让学生把主要精力放在学习上。教师要加大辅导力度，有针对性地做好尖子生和差生的鼓励、引导工作。让每一个学生都有目的，有信心，为顺利升入初三打好基础。初三年级，我们已经开学两周，教学也在有条不紊地进行中，对于初三来说，一项很艰巨的任务就是赶进度，为总复习争取充裕的时间，但也必须做到按部就班，不能为赶进度而赶进度，教学一定要做到扎实有效，这就需要各学科紧凑安排教学任务，突出重点，细化要点，不浪费课时，我们的目标是寒假补课结束新授课程，希望初三备课组长心中有数，合理安排本学科教学任务。

以上就是有关扎实课堂教学的一些总体要求，各年级下去以后深入交流，细致安排，认真落实。本学期我们要求校领导及中层管理人员全部深入课堂听课，与大家一起学习，共同钻研，目的就是使我们的课堂教学逐步走向深入，迈向高效。

第二、我们再说推进课堂教学的改革。三年来，我们的课改之路虽然走得磕磕绊绊，但从未停息过。按照 2011 年《课堂教学改革三年规划》的要求，第一轮的课改本学期即将结束，结果与预期虽有一定差距，但在许多方面我们也取得了一些卓有成效的进展，主要成功点有：①新课程理念的确立——学生主体意识树立；②课堂教学模式形成——“导学练”三位一体教学模式确立，初步形成理论，积累课改相关文字材料 15 万字；③集体备课形成常态化、规范化；④导学案具备一定水平。最大的不足也是最为痛心的地方，不是我们进步不大，而是一些取得的成果没有很好巩固，主要有以下四方面：①小组座位。当初克服重重困难划分的学习小组，在轰轰烈烈一阵之后，大多数随着时间的推移渐渐回归到原始。②打分的激励手段和机制。随着打分手段的疲劳，新的激励手段的缺失，如火如荼的课堂面貌不见了。③小黑板的使用。石家庄学习归来，小黑板成为大家眼中的“神器”，可惜现在再难看到大家使用的热情。一块小黑板可以给多少同学提供展示的机会啊！④错题本。那一次教育局来我校检查工作，导学案、错题本展览成为展示我校教学工作的一道亮丽的风景线。如今呢？不堪回首！我们必须重新拾起曾经用汗水换来的成果。

本学期，我们将在第一轮课改的基础上启动第二轮课堂教学改革，第二轮课改的重点是学科教学改革。整体构想是：通过三个年级同学科教师的通力合作，制定并落实适合本学科的改革方案，再通过二到三年，实现学科教学的精细化，最终走上适合四中实际、学生实际的高效教学之路。由我制定的《语文学科改革方案》初稿已完成，很快会征求语文学科老师意见加以完善，并将作为其他学科制定方案、推动改革的蓝本。

说课改就不能不提观念的转变，任何具体的行动都是由观念决定的。因此创新观念是个大问题。希望大家在第二轮课改中，能够集思广益，解放思想，只要是有利于学生发展的，有助于提高教学的，有益于减负增效的任何想法、方法与手段，我们都要大胆地去尝试，因为我们课改的方向是正确的，只要有正确的方向，我们就不害怕困难的艰巨和道路的曲折。当初打乱座位，改个人教案为导学案，都曾是横亘在我们面前难以翻越的大山，现在不都已被我们抛在身后了吗？所以，第二轮课改，我们依然有十足的信心走下去。

第三、说说规范教学行为的问题。鉴于长期以来在教学中存在的种种不规范行为以及三个年级要求不一致的现象，本学期我们重新制定并细化了教学常规细则。本细则从学期计划、备课、上课、作业、辅导等5个方面涵盖了教学过程中的各个环节，并提出了具体操作标准及检查制度。具体内容先不说，很快就会印发给大家，各年级下去认真组织学习。在这儿想说的是，这样的规范不是为了约束大家，而是想从思想上、方法上、内容上使大家的教学更加完善、更加简约、更加轻松、更加高效。简单说它不是约束，而是解放。不过在你未做到之前也许会觉得不顺手，很别扭，但当你习惯以后，你一定会感受到它的好处，你的教学也一定会提升一个境界。比如写教学反思，当你养成思考的习惯以后，灵感也就不约而至了。你能反思三年，你的思想和认识就会远远超出身边的人。如果你能五年、十年这样做，你就会真正体会到职业的乐趣，你的工作、你的教学也一定会做得风生水起。

从另外一个角度讲，遵守教学规范，也是为了在学生心目中树立教师良好乃至崇高的形象。比如我们要求教师站立讲课，至少要有三分之二的时间深入到学生中间，就是为了营造师生平等的教学氛围，贴近师生距离，疏通师生情感交流，这样才能最终保证学生学习的效率。再说了，你坐在那里，就很难关注到全体学生。所以切勿小看一个小小细节的要求，它往往重要到关系着教学的成败。完美总是从细节开始的。

制定了规范，我们就要落实。希望老师们认真领会并严格执行教学规范与要求，学校也将就此进行多种形式、不间断的检查，检查结果将作为评价教学的重要依据。

第四、说一下严格教学考评制度。教学考评是衡量教师教学工作的重要依据。学校将本着公平、公正、严格的原则，对教学以及与教学相关的工作加以要求和量化考评。学校将逐步出台系列制度与考评细则，作为今后评优选模、绩效发放的依据。同时，也希望通过各种规范带动、营造我校积极向上、比学赶超的良好氛围，打造和树立一批能干、肯干的先进典型，最终提升学校品位，建构学校文化。

最后祝愿——也是希望，也是要求，张北四中的每一位教师都要内心充满希望，外表儒雅端庄，言谈必有涵养，举止体现修为，工作勤勤恳恳，心态积极向上，生活忙忙碌碌，精神愉悦充实。这样，你的世界一定会永远阳光普照。

（本文系 2014 年 9 月开学全体教师会讲话）

听课与教师交流

听英语课与教师交流

四点赞赏

1、教师提问一名学生，不会，表达结结巴巴，坐下后很不好意思。片刻后又举手："老师，我会了。"老师又给一次机会，可惜，同学善意的笑声又一次令他感到尴尬，教师走到他身边，给予指导，并亲切地鼓励他，继续努力。教师的耐心和善意而充满关爱的举动给了学生莫大的信心和学习的动力。试想，如果学生在第一次就遭遇到教师的不屑或冷嘲热讽，他还会有第二次的举手吗？尽管他又一次失败，但因教师的小心呵护而培养起的坚定的信念已经在他的心中扎根，你还担心他的学习吗？

2、一位教师在课堂检测时，让每个小组将不同问题的答案写在小黑板上，然后进行订正讲解，效果很好。第一，小黑板的展示比在本上更加直观，学生容易形成牢固的记忆，比教师一味讲解效果自然要好；第二，学习过程中的未解问题得到及时暴露，使教师能够及时调整策略，针对问题进行教学，提高课堂效率；第三，教师在整个过程中随小黑板位置而动，始终活跃在学生中间，增强了师生交流。

3、一位教师课堂上通过为小组加分的形式调动学生的积极性，使学生情绪始终保持高涨，课堂气氛热烈。

4、学科整体理念比较先进，课堂调动学生比较到位。

两点建议

1、好几次听到学生英译汉时没有调整语序，虽然勉强可以说得通，但毕竟不符合汉语的表达习惯。其实不同的语序表现的是不同民族的思维方式和习惯，因此一定要让学生清楚这一点，否则，学生用汉语的思维去学习英语会感到非常吃力。

下面是我给初三开会时讲的一段话，供你们参考：

提到英语的学习，学生总是觉得英国人不太靠谱，说话经常颠三倒四。我问过很多同学都是这样的感觉。如何为学生扫除这一障碍呢？我们的老师做得普遍不好，没有向学生讲清楚。其实稍作分析就会发现，之所以英汉的语序不同，是因为二者的思维方式不一样。我们都知道这样的情况，西方人一起吃饭会 AA 制，而我们中国人是“抢”着买单——西方人乐于直截了当，而我们中国人更喜欢含蓄保守，这是两种国民性的最生动体现。因此英语总是将重点内容放在前面说——直接嘛！而汉语往往将其放在最后。这就造成了英语和汉语不同的语序。汉语说“我今天早晨乘车去学校”，而英语却说“我去学校乘着车今天早晨”。这与不同民族的习惯、文化、精神都有关系。再比如说英国人有较强的自我意识，要求民主、平等、自由，因此“I”总是大写，而中国人长期受封建统治，习惯于谦虚、卑微，故常自称“卑”、“鄙”，从不敢自高自大，皇帝最大，才敢称个“寡”。因此只有从不同的文化背景出发，才能更好学习语言。这些没有深入的思考是做不到的。

不同语言互译，译的不单是语言本身，还有文化与思维。

2、复习课（包括练习讲评课）要创新形式，提高效率。目前的讲法依旧延续传统，方法太陈旧，效率低下，与课改的整体趋势很不协调。复习课的重点是查漏补缺、纠正错误，因此要研究如何最大限度暴露问题、发现问题；如何达到查补效果。一味地逐题讲解、订正已不合时宜。

这里提供一种思路：将复习内容根据难易程度划分为三个层次——难、中、易，以针对不同层次的学生。然后容易的内容交给中等层次学生展示，中等难度内容交给上等层次学生展示，偏难的内容交给优秀学生展示。展示过程中暴露的问题让更高层次的学生解决，学生无法解决的问题由教师解决。大家觉得这样的思路如何？

不论什么思路，只要是能够贴近学生实际的办法一定都是好办法，希望大家大胆创新。

听数学课与教师交流

精彩环节

1、复习课上，学生利用三分钟时间，根据导学案提示，自行对章节内容进行知识梳理，教师巡视指导。这样的做法体现了新的课程理念，说明学生主体观念在教师心中的确立。

2、当学生积极举手回答问题时，教师迅速点出每组有几名同学举手，起到了很好的激励与警示作用。虽是小小细节，但体现了教师对激励手段的娴熟使用——对举手的同学会为小组荣誉而自豪，没举手的同学“不好意思”也是一种无声的激励。

3、当教师在黑板上画好了图正待讲解时，猛然发现有些同学低着头，于是厉声喝道：有头没有，有头抬起来！学生顿时——蹭——。教师用语虽有些失当，但对课堂、对学生的密切关注非常值得肯定。

4、“这道题看谁做得快，前三名有奖励。”教师话音刚落，三个学生已经冲上讲台。课堂气氛需要不时地调剂，以增进师生的情感交流，这是学生爱戴你的首要前提。

问题与不足

1、备、讲思想不统一，教师没有遵照导学案思路上课。

2、课堂节奏缺乏调控，下课还在讲题。

3、有的课教学思路不清，学生思维难以集中，课堂效率差。

4、试题缺乏精选，作业量大。

综合建议

1、数学课的展示反馈很重要，小黑板展示是很好的反馈手段，因此应该充分发挥小黑板的作用。第一可以给大多数学生展示的机会，使学生得到锻炼；第二扩大展示面，有助于教师及时了解学习中存在的问题。每节课，至少应该让每组同学展示一次。

2、学习过程中，教师尽量不要先入为主，尤其复习课，首先应调动学生的思维，给学生充分思考、表达的机会，教师的讲解再好，不经过学生的思维也起不到作用。所以，一定要以学生的思考为前提，发现问题后再行点拨与纠正，不要总是急于讲给学生听。

3、加强对教法和学法的研究，导学案没有体现方法。同样的内容，采取的方法不同，学生的接受效果是有差异的。所以在备课过程中，一定要做到三备：备内容、备学生、备方法。针对不同的学习内容争取找到最易被学生接受的途径和方法。

4、板书是一节课中心内容的集中体现和展示，也反映教师的基本素质，应该力求字迹工整、条理清楚、脉络分明。

听语文课与教师交流

一、课文讲解要淡化文章结构以及各种“肢解式”的琐碎分析，转向注重作者对生活的内心感受以及作品的思想倾向。

例如：

学习《五柳先生传》，教师抓住“好读书不求甚解”深入挖掘，向学生提出如下问题：为什么陶渊明“好读书不求甚解”？（不为功名、自得其乐、精神享受）这样做好不好？（赞成的多，但也有争议，生各抒己见）老师要求大家怎么读书？（字斟句酌）

能不能像陶渊明那样？（答案有分歧，师引导区分“课堂学习”与“课外阅读”的关系——课堂学习是为考试，是有功利性的，必须按照老师的要求去做；而课外阅读是纯兴趣爱好的满足，提倡大家尽情享受读书的快乐。）

这样的学习有助于引导学生的思维向纵深发展。另外注意，刚才这一环节中教师的作用——引导而非主导；问题具有启发性，答案开放有度。

二、将文章内容引向生活，触发学生的真实感受，这既是阅读的目的也是通过课文培养学生形成写作欲望的基点。

例如：

学习胡适的《我的母亲》，学生理解“母亲”是一个集严师、慈母、严父形象于一身的人。教师顺势引导学生回忆自己的母亲，通过一两件具体事例表现母亲的性格、为人。

学语文是为了走进生活，脱离生活，就没有了语文。

三、文言文比现代文教学更要加强朗读训练，这是培养学生语感的唯一途径，形不成语感理解就费劲。朗读要多种方式调剂。

四、日记批语要与学生进行心与心的交流和沟通，决不能写“万能批语”。因为教师的主动沟通是激发学生写作兴趣的一大诱因，时间一长，自会写好，根本不用你硬性要求。

例如：

老师很理解你此刻的心情，此事确实对你不太公平，你生气也是应该的。但是希望你也能站在妈妈的角度想一想，如果你是妈妈，是不是也会这么做呢？其实解决你们娘俩之间误会的最好办法是坐下来，开个家庭“常委会”，你说呢？相信你能解决好，老师很期待哦！

你就等着瞧学生下次的日记吧！

（本文系 2014 年 3 月分别写给全校语文、数学、英语教师）

以先进理念驱散课堂阴霾

近来主要听我们九年级教师的课，存在一些共性的问题。

一、关注学生不到位，课堂缺乏精致的细节，复习粗枝大叶，收效甚微。

一提到关注学生，马上令我们想到课改，关注学生不到位其实还是反映出大家观念转变的问题。本周听了三十余节课，多数教师还是一言堂，见到最多的课堂流程是：教师串讲，边讲边问，问完再讲，周而复始……一节课教师讲得不少，学生听得不多，课堂存在很多不合理的现象。

现象一：

提问学生回答问题，却没有耐心等待学生回答完整，学生一打嗑儿，教师就急不可耐接过话头，根本不去分析学生为什么不会，这个问题是否符合他的层次，能否再有其他同学补充回答……总之，没有通过学生自身达到对问题的圆满解决，而是把本应该属于学生的思维过程，硬生生变成了老师的滔滔不绝。这是指有提问的情况，无提问少提问的课堂就更是如此了。

也许有的老师会说，那样是为了赶进度，否则根本复习不完。有老师就跟我这样解释过。但是我要问大家，你是要进度，还是要复习效果。更进一步说，关注学生，重点突出，扎实有效的课堂，并不一定影响进度。我们有充分关注学生的课堂，和别人讲同样的内容一节课也顺利完成了嘛。

现象二：

对学生的课堂展示——这里指学生的板演——点评不细，尤其对做题步骤要求不严。而且展示太少，小黑板几乎为闲置。展示是课堂的重要环节，一味讲解没有反馈怎么知道学生掌握没有？反馈的缺失导致问题无法暴露，而发现不了问题是复习课的大忌，复习不就是为了查漏补缺吗？

现象三：

还有普遍的一类现象，课堂存在被教师遗忘的个体，他们有的在神游，有的在梦游，有的在网游，有的……而教师在讲台上一幅神采飞扬的样子，沉浸在自我陶醉的春风里。

针对这些现象，我想跟大家说，失去学生的课堂还叫课堂吗？究竟是谁在复习？所以，亲爱的老师们，我们眼中必须要有学生。课堂的出发点、落脚点，都必须在学生身上。我们不仅要关注学生的课上，还要关注学生的课下；不仅关注学生全体，更要关注学生个体。没有对学生基础的准确把握，没有对学生个性的深入了解，没有对学生状态的严密掌控，就妄谈教学目标的实现。这些都是教学工作本身的重要环节，也是提高课堂效率的重要途径。而我们做的，远远不够。

二、复习过分依赖教参，个人没有思考，集体没有合作，复习忙碌又盲目。

早就觉得大家对复习的认识有个误区。上学期就有老师跟我念叨，复习课教案不好备、没法备。大家说，难道还有不能备的课？我知道，大家的意思是，复习课有现成的资料，好得不得了的资料，还用备课？再备就是浪费我们的大好青春。

三十节课听下来，大家还真的是教参资料的忠实信徒，逐一翻看这些资料，确实是好，全都“高精尖”，什么“二号”“高效”“火线”，真是“服务考生信誓旦旦，考纲考点一目了然，各种题型精彩呈现，方法技巧能应万变。”于是“教师欣喜奉若经典，从此备课不用伏案，师生一起死背硬看，用过之后头晕目眩。”

为什么会是这样呢？道理再简单不过——经验再好，也不能照搬，否则全国还不尽成洋思杜郎口？教参再好，不能盲目使用，否则大家岂不都成魏书生？怎么办？教参不是不可以用，但一定要有取舍、有整合、多思考、找方法。因为只有适合自己的才是最好的。从教师个人角度说，一定要有自己的思考；从学科组的角度说，一定要发挥集体的优势。只有这样才能有效针对学生的情况，提高复习的效果。

那么，何为“适合”？我觉得，那就是找准知识与学生的切合点。我们学生有我们学生的具体情况，不同层次的学生要对应不同难度的内容，通过教师对知识的合理取舍和有效整合，让不同层次的学生获得共同提高，这才是复习的关键。要做好这一点，我们必须做到“三备”——备内容、备学生、备方法。只有对内容熟悉，对学生了解，才能进而找到恰当的学习方法。三者缺一不可。这里为学生找到恰当的方法非常关键，也是容易为我们所忽略的，方法源于教师的思考。

说到思考与方法，令我想到了英语课的学习。一节课上，教师提到 in 和 on 的用法时说，“在沙发上”可以用 in 也可以用 on。我给身边学生写了张纸条，问他什么时候用 in，什么时候用 on。他回复“有扶手用 in，没扶手用 on。”这样的理解对吗？深入吗？我们试用汉语分析，我们当然常说“坐在凳子上”、“坐在沙发上”。但偶尔也会说“窝在沙发里”，但绝不会说“窝在凳子里”。大家想这是为什么呢？仅仅是因为沙发的扶手吗？显然不是，沙发柔软有将人包裹的趋势，用 in 可以表达一个人陷在“里面”的意思——这不正是 in 的本意吗？难怪许多学英语的孩子到英国却张不开嘴，因为他说话时还得看看有无“扶手”。

提到英语的学习，学生总是觉得英国人不太靠谱，说话经常颠三倒四。我问过很多同学都是这样的感觉。如何为学生扫除这一障碍呢？我们的老师做得普遍不好，没有向学生讲清楚。其实稍作分析就会发现，之所以英汉的语序不同，是因为二者的思维方式不一样。我们都知道这样的情况，西方人一起吃饭会 AA 制，而我们中国人是“抢”着买单——西方人乐于直截了当，而我们中国人更喜欢含蓄保守，这是两种国民性的最生动体现。因此英语总是将重点内容放在前面说——直接嘛！而汉语往往将其放在最后。这就造成了英语和汉语不同的语序。汉语说“我今天早晨乘车去学校”，而英语却说“我去学校乘着车今天早晨”。这与不同民族的习惯、文化、精神都有关系。再比如说英国人有较强的自我意识，要求民主、平等、自由，因此“I”总是大写，而中国人长期受封建统治，习惯于谦虚、卑微，故常自称“卑”、“鄙”，从不敢自高自大，皇帝最大，才敢称个“寡”。因此只有从不同的文化背景出发，才能更好学习语言。这些没有深入的思考是做不到的。

这一点上，也有做得好的例子。比如乔勇老师，他将透镜的弧面转化为两个直面，将透镜演变为两个相对的三角形，通过让学生亲自动手做光线的折射，真正感知透镜对光线的会聚或发散作用，达到既直观形象又使学生知其然更知其所以然的效果。希望我们更多的老师能在教学中不仅仅局限于教参，深入思考，真正为学生扫除学习中的障碍和困扰。

三、教师精神状态差，给复习带来负面影响。

这一点我简单说一下，但并不意味着不重要，只是因为相信大家和我也有同感。

听课过程中，经常遇到这样的现象：上课不起立，或虽然起立，但有气无力，甚至一些学生懒洋洋地还没有站起来就又坐回去了；那么教师呢？原来教师比学生有过之而无不及，脚步拖沓，一脸慵懒，面无表情，语若燕吟。怪不得对学生见怪不怪，师生倒能相安无事，接下来的课堂大家想得见，我就不用语言形容了，免得勾起一部分老师的悲伤。

学生感受不到教师的激情，就难以产生对学习的兴致。课堂的情绪是需要教师来带动的。

负面情绪不但影响学生，降低课堂的效率，更有害于个人的身心健康。

老师们，我们一定要乐观看待生活中的每一件事，哪怕风雨袭来，也要有海燕的勇气，因为悲伤也往往得不到生活的怜悯，还不如勇敢面对才有希望找到出路。更何况课堂哪有那么可怕，可怕的是你走不出情绪的困扰，就得不到为师的快乐！

（本文系2014年3月九年级总复习动员会上的讲话）

又到一年春好处

回首过去的一年，是充实的一年，忙碌的一年，也是令人欢欣鼓舞的一年。

首先，教学上，我带领全校教师继续在课改的道路上探索前进，并取得预期效果。

从 2012 年初开始，我校为推动新课程理念的落实，实行课堂教学改革以来，经过一年的努力，到 2012 年底，已经初步构建起了“导、学、练”三位一体的课堂教学模式，并取得良好的教育、教学效果。为进一步巩固已有成果，深化课堂教学改革，2013 年初，经过学校研究决定，教学工作依然按照《张北县第四中学课堂教学改革三年规划》确定的步骤，继续以推动课堂教学改革为主导思想，坚定不移地走好课改之路。为此，在这一方针和思想指导下，一年来我带领全体教师，一心扑在教学上，和教师一起研究教材、研究学生、研究课堂，学习先进经验、学习教育理论、学习课程标准，一起商讨课改对策、商量分组方法、探索课堂激励的机制和手段……我们一起付出辛劳和汗水，也共同收获着喜悦和幸福。

2013 年 3 月 16 日，开学刚刚过去两周，学校各项工作基本就绪。为了开阔教师眼界，使大家更深刻地理解和领会课改的实质，学校决定派出部分教师到教学比较先进的石家庄第十八中学观摩学习。经过周密的筹划准备后，我带领全校20名教师赴石家庄十八中考查取经，这是课改以来我校第二次大规模外出学习,上次也是由我带队,和上次一样,大家有准备、有目的地认真听课、学习，积极与十八中的老师们交流，大家每个人的笔记本都记满了学习交流的心得。三天的学习使大家信心满怀，满载而归。回来的路上，大家热情高涨，畅谈着各自回去的打算。一位教师这样概括了我们此行的感受——累并偷着乐！返回后，大家又按照出发前的安排，进行认真的准备，在教导处的精心组织下，举行了为期两周的外出学习教师汇报交流及课改展示活动。每一位外出学习的教师把外出学习的收获和成果，通过课堂再现和说课研讨生动地传递给其他老师，通过这样的外出学习和展示交流活动，既提升了教师的理论、业务能力和水平，也很好地促进了我校课堂教学改革的进一步深入，取得了很好的效果。

2013年5月31日，教研室蒋斌主任带领各学科教研员，到我校听课视导，我们抓住这次机会，组织教师认真听取了教研室对我校课改的指导意见，并通过《教育快报》的形式向全体老师通报，使老师们又一次增强了信心。

2013年9月，新学期开学后，新组建的初一年级教师课改思想还不够统一，他们普遍反映对课改的认识还比较模糊。针对这种情况以及老师们反映出的其他种种问题，2013年10月23日，我组织召开了初一年级课改推进会，并在会上作了《试看课改竞朝晖辉映先进理念，已见泗儿立潮头投射嬗变精神》的发言，指导老师们转变观念、放下包袱、大胆投身于课堂教学改革，并列举了很多身边的优秀课例，使大家明确了课改的实质就是解放教师、解放学生，使学生真正成为课堂的主体、学习的主人，从而统一了大家的思想认识，统一了行动，使课改得到顺利开展。

经过近一年的努力，我校的课堂教学改革又比去年有了很大的进步，教师理念更加扎实、课堂组织更加有序、激励手段更加多样、小组合作更加顺畅。而且随着课改的不断深入，涌现出一批思想积极、理念先进、作风过硬的优秀教师，为了表彰这些优秀教师，激发大家的干劲，也为了活跃课改的氛围，推动课改继续深入，经过我建议并由学校研究决定，学期末开展我校课改星级教师评选活动。经过两周的准备、推选，2013 年 12 月 3 日，评选活动正式拉开帷幕。为了保证评选的公平、公正，我们邀请教研室全程参与了评选。通过三天紧张的听课、评比，最终评选出我校首届课改星级教师 30 名。这次活动，在教师间掀起了相互比、学、赶、超的热潮，也为优秀教师提供了一次展示自己的机会。通过活动，学校的课堂教学改革也成为一大亮点，受到了教研室蒋斌主任及各学科教研员的热烈好评。

2014 年 1 月 10 日，教育局对我校工作进行全面考评，课堂教学改革以资料完备、活动开展扎实细致、课改效果突出再一次受到局领导的好评。

回顾一年的教学工作，除以上重大教学活动之外，我的绝大部分时间都是在听课、学习或者与教师交流当中度过的，每天上午我都坚持听课 2 至 3 节，听完后及时与授课教师交流，上午如果实在没有时间，下午我一定会完成当天的计划，坚持任务不过夜；下午或者晚上我便一头扎进书海，钻研教学理论。这样的生活虽然忙碌，但每每看到课堂上活跃的气氛，看到教师理念的转变，看到学校面貌的不断改变，我就由衷感到高兴。我在辛苦付出的同时，也取得了一些成绩，并得到了上级的奖励和认可。2012 年 11 月，因在课改过程中工作突出，我荣获张家口市中小学教师教育工作先进个人；2013 年 3 月，因教学工作突出受到县委、县政府奖励。

一年来，除教学工作之外，我还收获着属于我自己的那份快乐——业余时间，写作是我的一大爱好，我经常把平时听课的心得、工作中的感受、以及对生活中一些“鸡毛蒜皮”之类小事的想法和认识诉诸文字，印发到《教育快报》上与大家交流、分享，诸如陪父亲住院半月，写下《陪床琐记》系列；到天津看望儿子，目睹早春时节的繁华写下《天津印象》；新学期开学，为欢迎新同学写下《致新生》；一位教过的学生癌症去世，沉痛之余写下《无题》，听汪秀丽校长事迹报告会，有感而作《追梦的人》；课改遭遇阻力，写下《座位断想》；琐事触发写下《无酒独醉》《守望》；看新闻采访河南一位县委书记，有感而发写下《从“既不高尚也不窝囊”说开去》等等。日积月累的笔耕，使我终于收获了自己的第一部个人文集——2013 年 7 月，个人专著《杏坛有约》由中国文联出版社出版，随后被河北师范大学图书馆收藏，12 月又荣获张家口市教育教学优秀成果（著作类）二等奖。最近，《关于“难教”问题给教师的建议》荣获全国中小学教育教学论文评比一等奖；散文《田野 · 童年 · 狗》入选《2012—2013 年全国优秀文学作品精选》一书。

展望下一步的教学工作，学校的课改到了攻坚阶段，明年是第一轮课改的收官之年，还有大量工作要做。改革需要全面推进，继续深入；经验需要及时总结和推广；理论层面还需提高和完善；不足和漏洞需要查找和弥补……我们的任务是艰巨的。但我已做好了坚持下去的心理准备，我们有坚定的信念以新课程理念为指导，沿着课改之路一直走下去。在个人业务能力和水平的提升方面，我会一如既往努力钻研，全身心投入到我所钟爱的教育事业当中来！相信我们只要认清正确的方向，只要不停歇自己的脚步，成功就会离我们越来越近，我始终坚信春天就在我们追寻的路上！

（本文系 2013 年个人工作总结）

让课改成为学校发展的助推器

今天我们召开初一年级的课改推进会，主要目的在于促进我们转变观念、改进教学，推动我校的课改工作继续向前发展。我们这一届老师虽然也曾经历过课改的初始阶段，当初做得也不错，比如：当时李树林老师带领的语文组，大家通力合作，教学上想过很多好的办法，其他学科也一样。但随着大家升入初三，教学任务加重，再加上当时我们课改思想本身还不太成熟，因此我们对初三年级在课改方面也没有做硬性要求。最后导致大家逐渐又走回到老路上去了，真正向课改的实质全面、深入地迈进，还没有做到。通过近期的听课观察发现，我们在观念上、做法上还有诸多欠缺。比如：截止目前我们课堂上还存在“教师大讲特讲，学生不理不睬”的现象；还有“教师不下讲台，学生自由随便”的现象；再比如好多时候发现教师课堂提问随意、零碎，问题设置缺乏科学性、整体性、连贯性，不能带动学生思考，起不到提纲挈领的作用，甚至学生的回答仅仅局限于“是不是”、“对不对”，或接老师的下眼，而学生的思维却处在停滞封闭状态——因为那些问题不需“思考”就能回答，而没有思维的课堂还能叫课堂吗？

这些问题的存在大大地制约了课堂效率的提高。为什么会出现这样的问题呢?

我分析，归根结底有两个原因，一个是思想层面，二个是操作层面。思想上我们还没有牢固树立起先进的理念，老师们，课改的核心是什么?就是调动学生学习的积极性、主动性，使传统的课堂真正变成学生学习的“学堂”，进而确立起学生的主体地位，培养学生的学习能力。这并非我们标新立异，非要强大家所难不可。这也是新课程理念的核心所在，我们必须这么做才有发展空间。操作上我们缺少方法、技巧。我们从我们前辈那里继承了“传授”的方法，秉承着传道授业的“祖训”，我们可以一节课滔滔不绝，可以一节课手舞足蹈。面对学生并不买帐的现状，还没有找到组织学生、调动学生学习的办法。最后我们只好安慰自己说，“学习就得强制，哪能自主”。正是由于这两个方面的原因，导致了我们的课堂教师没有立足学生，学生没有主动意识。

解决问题的根本就在于让学生真正动起来，这个“动”不仅仅是外在的、表面的、行为的动，更包涵内在的、深层的、思维的动，就是说，课堂不但要让学生听，更要让学生想，让学生做，让学生实践，总之要让学生积极主动地参与学习活动。

关于为什么要让学生动起来，我还想给大家引用一组科学数据，大家也许听说过，今天就权当再强化一下认识。科学研究表明，不同的学习方式给人带来的学习效果是有差异的——教师讲授学生可以接收 5%，学生阅读可以达到 10%，视听兼用可达 20%，老师演示的方式可以接收 30%，学生讨论大约是 50%，学生实践达到 70%，而教别人可以达到 90%。大家思考一下，什么样是学习方式最有效？显而易见学生自己“动”得越多学习效果越好。

那么如何让学生动起来？说到这个问题需要首先纠正部分教师一个理直气壮的片面认识。有些老师说：“我们这个政治、历史就不适合讨论，不能讨论”。完了举出几个确实不能讨论、不适合讨论的例子，让人一听，蛮有道理——国家方针政策怎么讨论？那是你能讨论清楚的吗？文化大革命的认定怎么讨论？说不定一讨论就翻案了呢，你敢这样做吗？但是仔细分析，你犯了以偏概全的毛病。我们并没有要求教学中的每一个问题、每个知识点都要拿来讨论。即使上面说“学生教学生”的学习方式最有效，但也并不意味着每个问题都必须让学生教学生。这当然有个适合不适合的问题。我们只是说在某个问题，某个知识点在内容、难易度等适合的前提下，要尽量寻找和采用更加有效的学习方式。能阅读的不讲，能讨论的不教……方针政策不能讨论，但我们可以联系实际，让学生寻找生活中的例子以加深理解吧？那不也让学生动起来了吗？文化大革命在学生看来很遥远，可不可以要求学生回家听爷爷、奶奶讲讲亲身经历啊？原来我的爷爷奶奶还经历过文化大革命？好奇心必然驱使学生非常乐意听你的话。那样学生不也动起来了吗？对所学知识不就加深理解认识了吗？问题的关键在于，现在不论是什么内容，什么知识，大家心目中根本不做多想，只有一个念头——那就是讲授。这是不对的。

还有的老师抵触课改，理由也貌似充分得很，说“学生教学生千万使不得，那样太耽误好学生了”。在这儿我先不做深入的分析，待会通过例子大家再来思考这一问题。但我强调一句，这仍然是认识上的误区，操作上的盲区。

刚才我讲这么多的道理，只是想让大家多想一想，观念不转变是不行的，不要再为自己传统、陈旧的做法寻找这样、那样的理由了。我们多在课改上想一想办法吧，方向对，才能走下去。几十年来，中国培养不出创新性的人才，大家想过吗？为什么美国能培养出近百名诺贝尔获奖得者，而我们人口十倍于美国，却千呼万唤才出了一名莫言呢？而且莫言是什么情况，大家知道吗？莫言从小学五年级开始辍学，从此再无接受正规教育，是生活磨炼并成就了他，这是不是对中国教育的极大讽刺呢？老师们，我们一直以来习惯于走着的老路已被实践证明，确是一条死路。

可喜的是，我在听课过程中，发现了很多精彩的环节，这些环节体现了我们教师理念的转变，他们用好的方法达到了好的效果。

下面我就把这些好的方法尽力通过语言展示给大家，虽不能完全再现当时的情景和课堂全貌，但一定能给大家就如何调动学生的困惑带来一些帮助。

例一：王小红《再塑生命》

语文老师都知道，文章主要写莎莉文老师教育盲聋哑女童海伦凯勒的故事。让学生体会盲人的感受，这是个难点，照理说语文教学也可以忽略不计或轻描淡写处理一下，但不感受或感受不深是会影响学习效果的。王小红老师是怎么设计这一环节的呢？她让一名学生闭着眼睛从座位走上讲台，然后把感受讲给同学。大家想想，在短短的十几秒的时间里，这位同学体验到的盲人的心灵世界，是不是会超过任何语言描述的效果？再看在这位同学摸索着，磕磕绊绊走向讲台的过程中，尽管他小心翼翼地滑稽可笑，但课堂却异常安静。原来大家都在专注地盯着这位同学，都在为他捏一把汗，每个同学都全神贯注，都张大了嘴巴……当这位同学激动地讲述自己刚才感受的时候，大家想是不是要比老师的“苦口婆心”更易被学生接受和理解呢？从当时的课堂情形来看，学生非常高兴。课堂能让学生高兴，学习能够带来乐趣，这是多么难得的事情！我感觉这个环节的设置颇具匠心，不动一番脑筋，是想不出这样的办法的。但这又是多么简单的办法啊！

例二：刘雨晴《绘画与写字》

不知老师们发现没有，现在有 80%—90% 的学生握笔姿势不正确，可又难以纠正——纠正已成为习惯的姿势，说教和强制都很难达到效果。请看刘老师的办法：课堂上，只见她给每个小组分发几颗大米，学生已很诧异，老师神秘地对大家说：“请你们每人捡起一颗大米给老师看。”话音刚落，噌——捏着一颗颗大米的小手已经伸向空中。老师巡视一圈：“我看到了，大家都是用拇指和食指捡起大米的。为什么不用别的手指？”是啊！我怎么没有想到——已经有学生纷纷尝试，最后大家一致感觉其他手指都没有这两个手指配合灵巧。老师借机问道：“大家是怎么握笔的？主要靠哪个指头？”学生展示出了不正确的握笔姿势，体会到这都是拇指的“功勋”。你们可以用拇指捡起大米吗？一阵稀里哗啦的尝试后，几名调皮的同学举起手来，一颗大米笨拙地夹在拇指关节之间，引得大家哄堂大笑。老师引导大家说：“大家用拇指握笔是最笨的动作，正确的姿势应该像捡大米一样，这样才灵巧。”

通过这样的实践活动，让学生来认识怎样握笔的姿势更合理，更科学。虽然没有强制，但从思想根源上纠正了学生的认识，达到了比强制更好的效果。

例三：张建芳《新中国成立以来的科学技术成就》

在这节课的自主学习和合作环节中，老师按照学案设计，先是要求学生阅读课本内容，做到边读边勾画。读完后完成学案问题，独立完成后组长组织交流。一交流出现问题了，小组意见不统一了，怎么办？说出来大家一起解决。于是同学们争先恐后，纷纷发表意见，陈述自己的看法，最后问题得到解决，老师予以肯定。在整个学习的过程中，教师主要在组间巡视，予以指导。虽然没有了老师的讲解，学生完成的速度并不慢，当堂还给了背诵记忆的时间。对于文科比较简单，重在识记的内容，我们能不能采用类似这样的办法，使学生既学会知识，又培养能力？有一句话说得非常好：不但要让学生学会，更要让学生会学。

例四：王桂梅《山西》

在这节地理课上，教师在多个环节很好地调动了学生，体现了“自主学习”的思想。

首先，学生齐读目标，这是多数老师忽略的。因为传统的教法不用学生明确目标。学生只要跟着老师走就行了，有目标吗？有——目标在老师心里。但对于自主学习来说，目标对学生学习活动的引领作用就不可小觑了。就好像你给了学生一筐苹果，学生不知道干什么，你本来想让他分给大家，结果他全给自个吃了，结果吃得好痛苦。原来是目标没有明确的缘故。

其次让学生亲自从地形图上找山西的“山”指什么山，并且认识山西的地形特点。注意是学生找，而不是老师讲。设想一下，如果讲，会是一种什么样的情景呢？师：山西的山指什么山？生：……师：连这也不知道啊？（轻蔑的语气显示着老师是多么的渊博，其实老师初中时更不知道），太行山嘛——记住啊（厉声）！师：山西的地形有什么特点？生：……师：北高南低（不耐烦），记住没有？下节课还要考啊，一考学生没记住，于是老师无比沉痛地说："现在的学生，真是教不会，七个字五天也没记住。"真想问声老师你霸道不霸道？现在回过来再看王老师的课堂，学生从图上看到了弯弯曲曲走向的太行山脉，看到了山西区域颜色的深浅变化，有了这些感性认识，是不是就很容易形成记忆了呢？即使一下记不住，也可以提醒学生回忆啊——图上看到了什么？颜色有何变化？不相信学生经过这样的学习还会记不住。至于读图本身就是地理课必须培养的一项重要能力就不要多说了。

最后，学生认真阅读课本内容，填写学案（位置、地形、河流等记忆性内容），并让每组五号回答一个问题。五号是学习成绩差的学生，但这样的问题他会不会吗？他答对了，为小组加分了，他能不高兴吗？差生就是这样激励的，进步就是这样练成的。

第四，对于本课难点——山西为什么多煤炭？教师组织学生讨论，最后学生说出了很多原因。而且有的学生结合了课外知识、拓展了教材内容。

这样的课堂是不是给我们带来了很多思考呢？

例五：郝建荣 《lesson 33 初三上》

我们一起来看看这节课的两个环节。

一是朗读环节：课堂上多种形式（听录音跟读、自由读、同学对话、指名小组对话、男生女生对话）的朗读，吸引了学生的兴趣，避免了单一形式反复朗读带来的审美疲劳，保证了朗读的效果。二是合作环节：教师把学生分为四人一组，布置好任务，小组内合作交流，讨论问题。然后由各小组推选一名同学分别上讲台，就某一问题进行讲解。就在此时，令人意想不到的事情发生了。走上讲台的四位同学，表现一个比一个出色，讲解大方、流利，过程中还要提问学生，他们入情入境的表现在我们的学生中绝对是少有的。我被他们的表现惊呆了，我难以置信我们学校也能培养出这样的学生。我至今记着这四名同学的名字——代小娜、张雪娇、李伟、安晓丹。

老师们，这是不是学生教学生的典型例子？如果郝老师不是长期给学生提供这样的机会，他们会具备这样的表达能力、组织能力、临场发挥能力吗？这才是我们要培养的好学生，全面发展的好学生，绝不是只会埋头做作业、考高分的学生。为什么我们害怕学生教学生？这使我想起一位专家说的话，教育上的任何变革都具有一种“迟”效应，尤其能力的培养，更不是一下就能显现出来的，它需要长期的坚持和努力。这是不是我们害怕学生教学生的原因呢？难道我们不能把目光放长远一点吗？难道我们能仅凭一点暂时的不良反应就否定了“学生教学生”的学习方式吗？我们思考的重点应该放在怎样教上，是一号教二号，三号教四号，五号教六号（相当于对学），还是一二三号以一号为主互教，四五六号以四号为主互教，因为三号不是任何方面都比一号差。只要你在学生中倡导互教互学之风，并且在课堂实施时注意循序渐进地引导，学生积极性一定会无比高涨，能力逐渐就会形成。敢情你突然分了小组，一下要求组长教组员，组长面对五个层次不同的组员，必然手足无措。就此作为前面提出来的学生教学生的问题的回答吧，希望大家深思。

例六：吴俊栋《有理数加减法》

看吴俊栋老师课堂的两个环节——自主探究与合作归纳环节——是如何组织的。

1、学生在导学案上用算式表达“比 10℃低 2℃的温度”、“比 -1℃低 2℃的温度”两个关系。

2、学生在导学案上计算 10+（-2）=？、（-1）+（-2）=？

3、学生观察、比较两组式子，说出自己的发现，组内交流。这时，有的学生暴露除了错误，开始自行纠正。

4、各小组推选代表归纳有理数减法法则。

整个过程教师没有直接参与，更没有细致讲解，只是引导学生按照导学案的要求一步一步完成，取得了扎扎实实的教学效果。

例子就不再多举了。

刚才我们分析了课堂存在诸多问题的根源，希望能为大家提高课堂效率提供一些思路；为大家介绍了一些好的做法，相信能为大家改进课堂教学提供一些借鉴。

（本文系 2013 年 10 月学校课改推进会上的讲话）

关于“难教”问题与各位老师商榷

“岳校长，学生咋一届不如一届，一年不如一年。”常听老师们这样向我抱怨，“这届学生死活教不会，怎么说他也不听。”

做教师多年，深知教师职业的甘苦。著名的原上海北郊学校校长郑杰曾发出过同样的感叹：“教师苦衷多，学生难教是最大苦衷，教师总有学生‘一代不如一代’的感觉。”

真的是学生一届届、一年年地退化了吗？按照进化论的观点，学生也应该一届比一届更聪明才是啊。否则社会还会前进吗？为此问题做过多种求证，经过一次次仔细琢磨和体会，后来觉得原因不在学生，而在于老师自身。“数十年如一日”地教书累积起来的思维惯性、与其它行业相比相对封闭的工作环境……种种原因导致了我们教师思维、思想、观念的“僵化”和“落后”，我们明显跟不上日新月异的外部世界变化的脚步。当我们面对因个性日渐解放、思想日益活跃、比之教师视野更加开阔而不再唯令是从的孩子时，我们很容易便产生了恍若隔世的感觉。这种不适应，这种面对新的形势、新的情况的手足无措使我们把自身的不足转嫁为“学生退化”。

如何摆脱这种困境，我想还得从改变我们教师自身做起。

一、加强业务学习，更新教学理念。

作为老师，让学生“听话”的最好办法就是赢得学生的尊敬和爱戴。这就需要我们教师必须拥有深厚的“功力”，能把自己的课上得风生水起，这样学生才会佩服你，你的话语才有成为“金科玉律”的可能。而这番功力是非不断学习、修炼不可的，在此之前，你即使没有能力把课堂变成学生学习的“天堂”，也一定要尽最大的努力让学生感受到学习的乐趣。

最近听课，一位教师在教授《再塑生命》一课时，为了增强学生对“失明”的切身体验，让学生在课堂上闭住眼睛走上讲台，并把感受告诉同学，课堂一下子变得沸腾。我们相信，当学生摸索着朝前走去的时候，他对光明的理解定然得到了升华，那短短的几十秒，也许早已定格在他人生的记忆里。这样的老师，怎会不受学生爱戴?

二、培养积极乐观的情绪。

教学工作很辛苦，学生难教很正常。否则我们工作的价值和意义岂不要大打折扣了吗?因此，当我们在教学中遇到问题和困难的时候，要把它当做一次磨炼，当做一次展示个人能力甚至是挑战人生的机遇。人生的内涵不就是在一次次的挑战中才得以丰富、深刻起来的吗!我们都不愿意自己拥有一个苍白肤浅的人生。解决问题、战胜困难的过程就是提升自我、完善自我的过程。当我们确立了这样的认识之后，我们的情绪自会始终处于积极向上、乐观“无忧”的状态。

只有情绪乐观，才能对学生日常行为的花样百出喜闻乐见；才能在学生因幼稚而犯错时欣然接纳并循循善诱；才能在一整天高强度的脑体“锻炼”后依然有兴致感受披星戴月的情调……只有情绪乐观，你才能时时感受到生命激情的涌动！

三、纠正偏颇认识，树立正确观点。

说白了，教师之所以认为学生“难教”，是因为学生难以达到老师企及的高度，而老师往往希望“差等生”达到“优等生”的高度，我们教师更热衷于拿“差等生”与“优等生”进行比较，一比较，便生出无穷感叹。其实，让所有学生在某一方面都达到同样的高度，这是做不到的。这是不用解释就可以明白的道理，然而我们教师在浅显明白的道理和事实面前却成了心理和意识上的盲人。学生有差异是正常的，一旦我们能够客观看待学生的能力和水平差异，把教学的着眼点放在每个学生的原有基础与训练提高上，那么教学就会拨云见日。大家想想魏书生、李镇西、李喜贵、于漪……哪一位名师的“出名”不是关注了这一点呢？

因此，我们教师的主要任务是为每个不同层次的孩子创造、设计适合的条件、环境、机会，使其能够得以提高、进步、发展；让他们的特长得以发挥，不足得以弥补。就像施肥、浇水、修枝、剪叶后静待一颗幼苗发芽、生长、开花、结果一样，而不是揠苗助长或因某一株苗的迟开花、晚结果而徒生悲伤。

最后送给大家一句话：“若要到达不曾拥有的富有，就得走一条一无所有的路；若要成为不同于现在的你的你，就要走一条不是现在的你的路。”这是圣约翰的诗句。

（本文系 2013 年 9 月写给全校教师）

张北四中《学生手册》前言

《礼记》中说学习之道有五：博学之，审问之，慎思之，明辨之，笃行之。用今天的话说大致就是：勤学好问，善于思考，明辨是非，认真实践。五者之中，“思”为旨，“行”为本。因为若无思考则学问不成，是非难辨；而行动则无疑是学习效果的最终见证。

孔子说：“少成若天性，习惯成自然。”可见，好的“天性”也是通过从小培养而逐渐形成的。

初中阶段，正是一个人长身体、长知识、长本领、长智慧的人生关键期；更是意志、品质以及一切良好习惯的养成期。因此，这一阶段对人的一生影响颇大，不容忽视。

让萌动的天性合乎规范，让蒙昧的心灵得以开化，让优秀的文化能够传承，让已成的陋习得到根除；使人生达于智而不惑，达于勇而不惧，达于勤而不贫，达于正而不贪，达于廉而不腐，是我们秉持的教育理想，也是我们编撰这本小册子的初衷。

希望张北四中的每一位学子，都能按照这本《学生手册》的要求严格要求自己——善思谨言慎行。也许你没有能力一下子全都做好，但必须牢记——骐骥一跃，不能十步；驽马十驾，功在不舍。求知探索，笃行为本。

让我们一起用今天的努力，换取明天的成长。

（本文系 2013 年 8 月为《学生手册》题写前言）

例说如何批阅作文
——与语文组老师商榷

写作是语文学科的重头戏，体现学生最终的语文素养和能力；写作是学生最犯愁的事，常因生活单调、情感麻痹而无从下笔；而批改作文也是老师最为头疼的事，工作量巨大不说，而且死气费力半天往往效果甚微。

如何能使作文批改的效果增强？以下是我个人的一点经验和看法，和语文学科的老师们交流。

一、对任何学生的任何一篇作文，必须以赏识的眼光去分析。不论它在你看来是多么的糟糕，但在作者而言都是呕心沥血之作。作为老师，我们的作文就一定写得很好吗？所以，如果你想让学生保持对写作的兴趣，你就一定要努力寻找文章的优点，并且可以把优点放大了加以夸奖。你必须记住，兴趣来源的最强大动力在于成功的体验。当学生因你的夸奖而感受到成功的喜悦时，兴趣就悄悄地来临了，进步便会变得势不可当。

魏书生老师曾经带过一个“实验班”，第一天，他给学生布置写日记，学生说，老师，我们不会写。魏老师说，不会写一篇写一段也行。学生说，老师我们一段也不会写。魏老师说，不会写一段，写一句总可以吧！学生说，那我们试试吧。第二天魏老师就表扬同学们，说你看这些同学多好啊，老师让写一句话，他真就写一句话呀。学生觉得，呀，原来日记并不难写，自己会写日记了，还受到表扬了，觉得比较高兴了。于是就有了三句话……四句话……两个月下来，一个淘气包跟魏老师说，老师啊，我的日记怎么五百多字儿了？魏书生老师的教育事例值得我们研究和思考。

二、在前一点的基础上，寻找作文中可行修改的具体语句或段落，指出具体修改意见，并说明这样修改的原因。让学生不仅知道怎么改，还要明白为什么这么改。这样一来，写作的方法就巧妙渗透其中了。而且学生会感觉到修改作文原来并非难事。切记不可空洞批注——语言通顺、结构合理、立意高远之类，也不可向学生灌输所谓的写作方法、技巧，那样学生只会觉得写作既神秘又缥缈，对写作的提高都毫无用处不说，学生在“神秘”、“缥缈”面前就会因觉得虚幻而“忘乎所以”了。

三、不要过度修改。一篇不成功的作文往往会存在很多毛病，毛病越多说明学生的写作功底越差。对于这样的作文，你想把它修改成范文，一是难以做到，二是做到了文章恐怕早已“面目全非”，这样的“范文”对写作的学生而言绝对体会不到成功，反而会生挫败的感觉——他看到自己辛辛苦苦写成的文章竟然“千疮百孔”，怎么高兴得起来嘛！最好的办法是什么？降低“视点”，降低要求。写作千万不能“一视同仁”。要站在和学生同样的高度寻找文章的亮点，纠正缺点不要超越学生“跳一跳够得着”的高度，这样一来，学生的能力就提高了，信心就增强了。

四、放手学生相互修改、自我修改。某种程度而言，这是作文教学的最终归宿。因为你不能保证最终每个学生都写得好，但一定要让每个学生形成字斟句酌、不断修改完善的习惯和能力。这需要你以以上三点为突破口，循序渐进地对学生进行长期（一年足矣）的引导和训练。我从初二开始“偷懒”，每周一节作文讲评课便成为学生组内修改、推选精品的展示课。学生热情自然高涨，自认为效果良好。

写作，是一项最具个性化的劳动。一切有关作文的方法、技巧、能力都必须在作者个人的阅读、思考、写作的过程中通过自我内化才能达成。因此，作为语文教师的我们，一定要从f烦琐低效的作文批改中解放出来。只有激发学生对作文的自信和兴趣，为他们创造更多的阅读、思考、写作的机会和空间，才能从根本上解决困扰作文教学的难题。

示例：点评张岳怡《中国梦》

中国梦

——一台老式缝纫机带给我的思考

“这大家伙真够沉的！”我和姥爷一起抬着一个盖（是不是改成“蒙”更恰当呢？请你体会“蒙”和“盖”的区别）着红布（改为“红盖头”）（“红布”太生硬，用拟人的手法表达出来会产生诙谐幽默的效果，而且与下文“陪伴了姥姥大半辈子”在情感上形成照应。）的机器艰难地爬着楼梯，不由得发起了牢骚。姥爷停了下来，轻轻地把它放下，微笑着擦掉我额头上的汗水，说：“你可别小看这大家伙，它陪伴你姥姥和我大半辈子了。”（修饰词语用得很好，“艰难”“轻轻”“微笑”等词语使描写更加细致，增强了表达效果。）

这就是上个世纪每个家庭必备的缝纫机。（不要过早揭开谜底，留点悬念为好。读者会好奇地想：“这究竟是件什么东西呢？”这就增加了你文章的吸引力。因此，此处去掉该句。）我和姥爷历尽千辛万苦终于把它“请”到了家里。我气喘吁吁地埋怨道：“什么年代的老东西，您还留着。”“正是因为太老了，没用了，所以在地下室一放就是几十年。如果当初不留着，你今天怎么看得见？”姥姥说完便缓缓地走近缝纫机（修改后“谜底”还没有揭开，故改为“走了过来”），小心翼翼地掀开上面褪了色的红布，（一台结满灰尘的机器呈现在我的面前，这就是20世纪每个家庭必备的缝纫机。）（姥姥）像看见失散多年的亲人一样深情地注视着这台机器。我的心里不禁对它起了些许敬畏之心。（感情来得有些唐突，稍往后放放为好。姥姥的一番话触发了你的情感才自然。是不是？）“当年，我就是用这台机器给全家五口人做的衣裳。每天晚上，我就坐在窗户前跟这台缝纫机熬到半夜。”姥姥的手轻轻抚摸着缝纫机，用嘴吹掉上面一层厚厚的灰尘，目光那样深邃，仿佛已经回到了那些艰苦的岁月。（听了姥姥的话，我的心里不禁对它起了些许敬畏之心。）（此处应该另起一段）我忽然想到前几天在报纸上看到的一则有关山区孩子们的新闻。他们每天天不亮就踏上了去往学校的路，脚趾暴露在破旧的布鞋外面，沾满了泥土。他们穿着被母亲补了无数次的，哥哥姐姐们穿过的衣服。每天要跑几十里山路，甚至连饭都来不及吃，晚上放学后，还背着一个大竹篓，捡沿路干枯的树枝，以便（回到）家里生火做饭。

我不由得低头看了看自己的衣服。运动衣是前不久我和妈妈一起到运动专卖店买的，鞋是我坐在家里网购的。回想起每周上下学的情景，是爸爸开着车接送的。

同样作为21世纪的中国人(是不是太大了？改为“青少年”如何？)，我们（根据上文内容，应该是“我”）与这些孩子就仿佛是两个时空的人，中间似乎相隔很远、很远。（就像我与这台老式的缝纫机一般。）（这样拉近一下思考与机器的关系，否则“思考”有离题之嫌，以后注意前后部分的内在联系。）忽然，我觉得我们（还是“我”）可以伸出我们（改为“自己”）的援助之手递给他们一本读过的书，告诉他们外面的世界；递给他们一件温暖的衣服，驱走冬日的严寒；递给他们一双结实的鞋，帮助他们走出落后的大山；递给他们十三亿人的关怀，（改为“递给他们一个微笑和一句问候”，你怎么会递给别人十三亿人的关怀呢，你该不是“张总理”吧！真是就好了。要从个人的、细微的角度出发，才能保证真情实感的流露，否则便容易流于空洞。）让他们感受到生活的希望和信心。这只是我们的举手之劳，却可以让他们的眼中重现快乐与幸福，让灿烂的笑容绽放在每一个中华儿女（改为“山区孩子”，你是针对上文山区孩子而言的，所以指代要明确）的脸上。这是我的中国梦，也是每一个中华儿女的中国梦！

作为新世纪的青少年，我们共同肩负着祖国对我们的期望，实现中华民族的伟大复兴（的重任理应由我们来担当）。（原句不通顺）我们像羽翼渐丰的雏鹰，在不断历练中等待着去开辟祖国更灿烂辉煌的明天。

我们要从现在起，丰富自己的知识储量（改为“储备”

更好，动词有过程感），“德、智、体、美”全面发展，继承和发扬老一辈的优秀品质和崇高精神。从身边做起，从小事做起，为社会贡献出我们的力量。同时呼吁更多的人加入我们的行列中来。我们要不断拼搏奋进、开拓创新，为将来更好地服务于大众，奉献于国家，打下坚实的基础。

我相信，在我们的共同努力下，一定可以让灿烂的笑容绽放在每一个中华儿女的脸上、心里。让中华民族屹立于世界民族之林，让我们的中国梦不仅仅是一个梦！（结尾三段论述非常有力！）

（本文系2013年5月写给全校语文老师）

题　名

知新楼——孔子云“温故而知新”。“知新”意寓莘莘学子学而有所获，告诫大家日日有进步，事事长见识。同时谐音“知心”，意即教育乃锻造心灵的工作，做教师要以关注学生的心灵为出发点，以培育健全完善的人格为最终归宿。

敏思楼——思考是通达智慧人生的幽径。青年肩负历史的使命，思考更是社会赋予青年人的历史重任，敏于思考是每个青年应该培育和树立的优秀心理、行为品质。故曰“敏思”以励之。

博远楼——博乃大、多者，有诗云“登高方识远，天地纳于心”，有博大之心，方可高瞻远瞩；登高识远，乃显远见卓识。“博远”既展现了学校要长远发展的理念，又昭示着四中人的博学与多识。

沁馨楼——宿舍是家，是休息之地，其不同于学习场所，这里更需要营造和谐、温馨的气息。沁，香气透出；馨，香气。希望广大学子在紧张的学习之余放松心情，陶冶情操，蕴其心以芝兰之气，是谓“沁馨”。

知新、敏思、博远、沁馨，既相互独立又相辅相成，既一以贯之又各彰其要。它显示了人生即是由不断求知、思索而达博识高远、馨香悦人的理想境界的过程。

（本文系2013年4月为学校大楼冠名所作）

为了让课堂插上翅膀

在上一阶段课改不断深入、不断细化要求的前提下，本阶段将主要通过各个学科、各备课组的探索和经验总结。使课堂教学改革不断走向科学化、规范化、系统化、理论化，提高课改理论与实践水平，促进课改向纵深发展，逐步构建课堂模式。

一、课改的成就与不足

1. 已取得成效

（1）改变了课堂组织形式。课堂组织的小组形式，有利于实现学生间的平等、对话、交流，促进教师教法的改变，促进了学生间的相互合作，有利于构建新型师生关系。

（2）积极的课堂效果。学生课堂积极性较前有提高，杜绝了学生课上睡觉、不听讲等坏毛病。“差生”在减少。涌现出一批表达能力强、胆量大的同学。

（3）师生地位、角色正在发生变化。学生学习的主体地位正在实现，教师的理念正在转变。

教师已懂得调动学生的重要性，并正在努力实践。将知识的传授转化为学生的学习活动，已成为课堂主要的教学形式。教师做法的改变促进了学生主体地位的巩固。

（4）备课模式发生颠覆性转变。过去备知识、备教法、忽视学生作为学习主体的存在。现在将学生、学法放在备课的首要前提。这也是教师理念转变的见证之一。

2. 尚存不足：

（1）小组合作（包括生生、师生）的含金量不高，有时是为形式而形式，内涵肤浅，效率有待提升。

（2）教师自身内涵和能力的缺乏导致课堂激励机制不健全、调控手段不高明、引导方法不到位。

（3）对课改实质理解有偏差，不能很好地贯彻落实课改的指导思想。

课改究竟改什么，不单是教学的组织形式，也不单是师生的课堂地位，更不是教学方法的改良，根本上是改变思想。可我们的教师本身没思想，只有惯性思维，没思想比有哪怕错误的思想更可怕，因为没思想的人往往不去想一件事情的来龙去脉、是好是坏，他就认“死理”——实践验证已经行不通的道理，在我们有些老师的眼里，仍然是救命稻草。这种观念束缚了我们的手脚，阻碍了课改的推进。

二、历次课程改革与教育理论源头

从20世纪末、21世纪初。我国开启了建国后的第八次课程改革，伴随着新课程的改革，全国各地纷纷掀起轰轰烈烈的“课堂教学改革”，后来涌现出了山东杜郎口中学、昌乐二中，江苏东庐中学等一些改革成功的学校，并受到全国各地的争相仿效。但成功者极少，多是昙花一现。不要忘记，中国有上万所中小学，为什么成功的却只有三所？值得深思。

带着这样的问题，我们一起来回顾一下中国的课程改革。从建国后的第一次课程改革（1949 年），那时我们仿效苏联老大哥的做法，落实在课堂教学上就是凯洛夫的“五环节”教学法——组织教学、复习旧课、讲解新课、小结、布置作业。因为是新中国第一次课程改革，所以很快被全民接受，可后来的几次（1953、1958、1966、1977、1986、1992、2000 年）几乎都没有波及到基层教学领域，有的甚至只是专家的一场盛会而已。以至于到如今，我们还只记得凯洛夫、“五环节”教学法，甚至连这些名词都快要忘记了。剩下的只有讲解新课、布置作业，讲解新课、布置作业……目前我们的绝大多数教师难道不是仍在习惯性地延续着凯洛夫的做法吗？这样说来，我们国家的七八次课程改革还能叫成功吗？

一个国家的教育改革为什么会是这样的结果。我个人认为，除了政治因素外，比如十年文革、中国的政治体制，虽然都会对中国的教育制度、教育体制造成必然的影响，但还不至于致命。最致命的原因在于中国缺少本土的教育家，或者说教育理论家。没有从本土实践产生的理论而去谈改革，就像得了普通的感冒而去吃进口的胃药，结果可想而知。那我们的种种教育理论又是从哪里来的呢？告诉大家，都是从西方抄袭来的。苏联也是西方。我们不妨探究一下我们现在热衷提倡的一些教育理论的源头。

合作教育理论，兴起于上世纪五十年代。当时，一些发达国家把教育改革作为增强竞争实力、迎接新技术挑战的最主要的措施之一，各种教育实验和研究纷纷开展，研究成果层出不穷。比如，美国布鲁纳的学科基本结构理论，前苏联赞科夫的发展性教育理论，前联邦德国瓦.根舍因的范例教学理论等。这些理论分别从教学内容、教学方法、教学手段等不同角度，构建了新型的教育教学理论，是有重要的理论和实践意义的，深刻地影响了本国乃世界教育的改革和发展。但在这些教育理论影响下的各国教育改革并没有获得成功。什么原因，上世纪六十年代，西方国家对课堂行为进行了大量研究发现，由于忽视了人际关系，学生的心理健康受到严重影响。而且由于新技术（电脑技术）的广泛应用，教学手段实现了现代化，出现了人——机教学系统，就是我们今天所津津乐道的"电化教育""多媒体教学"。人——机教学系统导致了儿童心理上的缺损，课堂出现生态危机，儿童心理健康被忽视，出现问题。一九七一年，英国出版的《当代心理学》刊登了一篇题为《黑板悔罪所——很难说中学不是监狱》的文章。文章尖锐指出，学校教育竞争越演越烈，学校如同监狱，教师就像看守，学生是在学习怎样做驯服的囚犯。这些多像在描述我们今天的校园生活。美国教育家们也承认，师生合作是在教育现代化过程中丢失的宝贵精神，并疾呼要把它找回来。

正是在这样的背景下，教学过程中师生之间的人际关系，重新受到重视。（后来扩展到生——生关系），合作教育的理论正式形成。

范畴教育理论——倡导传授知识和培养能力统一的教育理论。二战中，联邦德国的学校教育遭到了极大地破坏，同时，二战后，科学技术迅猛发展，新技术大量而又广泛的运用于生产，面对当时形势，联邦德国面临重振教育的严峻问题。为此，全国开始了一场百科全书式的教育改革，即国家通过扩大教材内容，增加课时，来完成庞杂的课程教学任务。结果教学质量不仅没有提高，反而下降。为什么，原来由于课时增加，学生负担大大加重，学习的主动性受到束缚，智力活动受到窒息。为了扭转这种局面，1951 年联邦德国一些院校代表在图宾根召开会议，除了对国家教育提出批评外，还指出：“教育没有彻底性就不可能取得好成绩。”“而没有对教材的自觉限制，也就不可能达到教学的彻底性。”“工作能力比泛泛的知识更重要。”

这次会议促成了新的教育理论——范畴教育理论的诞生（克拉夫基首先提出）。这就是我国后来提倡的知识与能力并重的说法的最早来源。

在十六大报告中，江泽民主席提出了“三个代表”的重要思想，同时也提出“创新是一个民族进步的灵魂”。习主席今年刚说提倡节俭反对浪费，教育部马上发文：“大中小学幼儿园上好开学节俭第一课”。当年江主席刚说完这一句话，国人的词汇中就增加了“创新教育”、“创新人才”、“创新理念”等等词汇，大家对“创新”一词的记忆恐怕都是来自那个时候。

最后说创新教育理论。据有关资料，美国学者奥斯汀于 1941 年开设的创造工程课，以及他撰写的《思考的方法》被认为是创新教育的起源。到 1949 年他进一步提出了创造工程的基本方法，即所谓“脑风暴”。1948 年美国麻省理工学院首次开设了创造工程课，自此，创新教育的雏形正式进入高等学府的殿堂。日本教育界在战后于 1955 年，从美国引进这一理论，1979 年成立创造学会。20 世纪 80 年代初，日本前首相福田赳夫提出要把提高广大国民的创造力作为通向 21 世纪的道路。比我们创新是灵魂的提法早了整整二十年。

无需多举，只要是我们经常听说的教育理论，比如全民教育、后现代主义教育、建构主义理论、发展性教育理论等，没有一个是我们中国人首先提出来的。

三、课程改革成败的原因

理论是好理论，就是没有在中国的大地上开花。这和我国古代那个“橘生淮南为桔，生淮北为枳”的故事不是一样的吗?

任何理论都应该是从实践的土壤中培育的或是为改造现实的矛盾而产生的。西方人通过思考，发现国内教育存在的弊端，继而通过努力实践找到解决的办法创立新的教育理论，指导教育实践朝着正确的方向迈进，无疑取得巨大的成功。中国人没有自己的理论，发现外国的理论挺好，赶紧搬过来，移植到中国的教育实践中，不承想对症下药才有疗效，你只是胃痛却错吃了感冒的药，病怎么会好。一些有识之士说：“我没有感冒你给我吃感冒药。”于是又带来了抵触情绪。或者说你虽然也感染了感冒病毒，但还处在潜伏期，并未到服药的最佳时机，这时候，任何感冒药也就难怪对你没有疗效了。

从另一个角度看，外国的教育改革往往是自下而上的。从教育实践中发现教育教学的弊端，然后由教师专家学者进行会诊，提出解决的办法，最后总结升华为新的教育理论。合作教育、范畴教育、创新教育理论的形成莫不如此。中国的课程改革恰是相反的程序，先是一群教育专家引进教育理论，有时也做一些改进。然后由各级教育行政部门三令五申，配以各级培训机构的不亦乐乎，轰轰烈烈过后，一线教师却是懵懵懂懂。魏书生先生有个“一堆萝卜”的比喻，对此现象的剖析可谓入木三分。

中国就没有改革成功的范例吗？有！1927年陶行知创办的晓庄师范算一例；上世纪八十年代后成名的洋思中学算一例，（没有教不好的学生便是该校向社会的承诺，后来前面又被人加了一句“只有不会教的老师”）；再后来就是山东杜郎口，昌乐二中，江苏东庐中学。他们的成功之处在哪里呢？陶行知以“教学做合一”为校训创办南京晓庄师范，使其成为中国近代农村教育的实验场和发源地。洋思中学以“先学后教”的教学模式和“日日清、周周清、月月清”的机制引领“走上中国真正意义上的第一代课改的巅峰”（学者言）。杜郎口的“三三六”，昌乐二中的“二七一”的教学模式，东庐中学的讲学稿，使他们的名声在新一轮的课程改革中誉满华夏大地，声播大江南北。

仔细分析，他们之所以成功，共同之处都是在立足于解决自身教育教学难题的前提下，创造性地借鉴和运用了别人的理论。陶行知针对中国农村实际，在批判杜威的“教育即生活”的基础上提出生活教育的思想体系（批判也是借鉴）。洋思的“先学后教”是校长蔡林森总结他三个孩子的教育经验提出的。所以，立足于自身的教学难题既是改革的最终目的和方向，也是改革走向成功的基石。而创造性地运用别人的理论好比是施肥，没有根基施再多的肥是没有用的。摆正二者的关系，是改革取得成功的关键。无立足于对自身问题的思考而一味模仿、照搬的本本主义结果必然是咎由自取，只要针对教学中的问题和困惑一点点想办法解决，事情就会简单得多，而这必须源于一线教师的勤奋与实践，除此之外别无他途。

四、四中课改走向哪里——新阶段新要求

说过这么多，再来审视我们的“导学练”三位一体教学模式。谈谈我们自己的改革。

“导学练”的含义已经在《课改第一阶段操作规范与要求补充规定》及《教学模式要诀》中有过详细的解读。其核心是将学生的预习、学习、复习过程全方位纳入教师的教学管理体系当中，以提高学生的学习效率，避免无效学习行为的产生。在整个学习过程中，教师的引导成为至关重要的问题。学生怎么做，全在教师如何引。然而引导是需要方法和理论支持的。怎样引导首先取决于教师个人的观点倾向。如果你认为这个问题合作解决更好，你就会引导学生合作。如果你认为独立完成更能促进学生思维你就会引导学生独立完成。如果你认为学生教都教不会，哪能自己学会，你就会一如既往，滔滔不绝地讲下去。那么，大家就都该反思一下了，自己有观点和方法吗？自己有教学理论的支撑吗？其实，你在处理教学的每个环节中，每个微小的举动都体现着你的教育方法、教育思想。

我敢说我的想法和初衷是好的，但是我的思考总不能代替大家的思考。如果大家只是一味地被动地接受课改的要求，让分组分了，让打分打了，让合作我的课上得也热闹了，而不深入地思考一下，为什么这样做，不针对教学中存在的问题提出自己的创见，不能用正确的教育理论指导自己的教育实践的话，这样的改革无异于照搬照抄、本本主义，一是走不远，二是注定要失败，这样的后果前面已经进行过分析，我们正处在这个关头。因为课改就是要不断地解决实践中暴露出的问题，而要解决问题就离不开思考，离不开先进理论的指导。

当初我们提出课改，确立模式，就是希望大家在学校的引领下，实现个人的理念转变、理论树立、能力提升。这些都不是别人能教会的，都必须经过个人思考和反复实践才能掌握或实现。比如说理念转变，我们知道要以学生为主体，但如何做便有了个体差异。比如教育理论的树立，只有个人平时多阅读，多学习，运用于实践，才能推动你的教学。能力就更是个人因素所决定的了。所以说，大家的学习、思考是推动实践、推动课改走向深入的主要力量，也是不竭动力。

那么，我们学什么，怎么学，有两点是不能忽视的。一是教育理论的学习，这是改造自己教育观念的重要途径。认真阅读两本（多了更好）教育专著。我敢保证读完后一定会颠覆你很多现有的教育观念，对你的教学大有帮助，你会觉得课改原来就是那么回事。因为一些教育理论本来要求那么做，若是你早懂这些观念，早就这么做了。甚至你会做出更加惊人的举动。二是思考。就思考课改中暴露出的问题该如何解决。理论是正确的，为什么实践中会出现问题呢？一旦发现原因，你就离成功不远了。

所以，我们下一步课堂改革的进一步深入必须转到教师内涵的发展上来。我们亟需要涌现出一批善学习、肯专研、勤思考的精干的业务尖子，希望大家都向这个方向努力。本学期我们将着力打造几位张北四中的课改新秀。

最后，我以一个大家熟悉的古老故事结束今天的发言吧！从前有一个爱下象棋的国王，棋艺高超，从未遇到过敌手。为了找到对手，他下了一封诏书，说不管是谁，只要下赢国王，国王就答应他的任何一个要求。

一个年轻人来到皇宫，要求与国王下棋。紧张的激战后，年轻人赢了国王。国王问这个年轻人要什么奖赏，年轻人的要求是，在他们下棋的棋盘上放上麦子，第一格中放一粒麦子，第二个格中放两粒，第三格中放四粒，依次将格子放满。国王欣然同意。

但很快国王就发现，即使将自己国库所有的麦子都给他，也不够万分之一。

经济学上经常引用这个故事，用以说明复利的魔力，称为复利效应。复利即民间所说驴打滚，利滚利。杨白劳欠黄世仁的钱就是这种利息。其实人生也犹如“复利效应”。一个人一天一年取得的成就也许微不足道，但如果他每天每年都能在过去的基础上前进，长期的积累，就会获得巨大的成就。就会变得了不起！

（本文系 2013 年 3 月学校课改推进会上的讲话）

漫说家长会

一、为什么要开家长会

1、取得家长对学校教育的支持与配合，形成教育合力。（众所周知，毋庸赘言）

2、宣传学校的办学理念与特色，扩大学校影响。（学校品牌才是教师利益的有力保障）

3、展现教师风采和水平，打造个人形象。（切记，这是教师赢得家长赞赏，获得更好口碑的绝佳时机）

二、如何开好家长会

1、宗旨

让家长了解学校、了解班级、了解教师、了解孩子。（想他人之所想，这些都是家长最想知道的）

2、原则

让每一位家长带着对学校教育的认可，对教师付出的肯定，对孩子成长的满意，对未来前途的思考离开学校。（做到这几条，你的家长会必然是成功的。但每一条都需要你有独到的办法来完成，这很考验你的智力）

3、准备

首先对教室要进行精心周到的布置，不放过任何一处细节，以显示你平时细致的班级管理，班里的每一件物品都是你管理水平的“义务讲解员”。

其次：

给家长的一封信（平时孩子与父母的交流可能并不多，而且书面交流更能够表达内心的情感，产生出人意料的效果）；每科的作业本、纠错本或导学案的一种或几种（既展示学校教育成果，又促使家长关注孩子的学习）；每个孩子的期中成绩单（出于对部分家长的尊重，最好不要当众公布，你也没那么多时间）家长写给老师的话等等……（发挥你的聪明才智，让家长通过更多细节亲眼看见你超强的管理能力和水平）以上物品放在本人柜壳，家长对应入座，实物往往比语言对家长更具说服力。

4、程序

（1）欢迎家长（欢迎词一定要亲切诚恳，让家长倍感温馨，这是赢得家长好感的重要一步）

（2）介绍学校（口述或宣读资料，空话少讲，事实说话）

参考资料：我校从2010年12月30日正式更名为张北县第四中学，从此揭开了我校发展的崭新一页。胡校长到任后，狠抓学校管理，特别是在提高教学质量方面，更是倾注了全部精力。我校的学生基础比较薄弱，针对这一现实，从去年开始，我校大胆实行课堂教学的改革，从学习外地经验，到形成我们自己的模式和特色，一年来成效显著，我们的改革成果受到县教科局的重视和好评。11月16日，张北报刊载了岳校长介绍我校课改的文章。

新的理念，新的作法，大大促进了我校教育教学质量的提升。两年来，我校的中考成绩蒸蒸日上，呈现出强劲的发展势头。2011 年中考，我校上 A 等第 84 人，B 上等第 68 人，合计考入高中人数 152 人，分别比上一年增加 23 人，34 人，57 人，其中 B 上等第人数比上一年整整翻了一番。如果说 2011 年中考我校打了翻身仗的话，2012 年中考，学校成绩再创新高。A 等第人数达到 115 人，比上一年增加 31 人；B 上等第以上人数达到 230 人，比上一年增加 78 人；并且进入全县前百名 13 人，兰晓伟同学名列全县第七。有 12 人被市一中、2 人被宣化一中提前录取。去年我们招收了补习班，升学远超预期目标，34 人中 A 等第 10 人，B 上等第 14 人，只有十名同学遗憾没有顺利升入高中。各位家长，可以这么说，我们张北四中有团结的领导班子，有敬业的教师队伍，有为每一位家长负责的教育理念，我们全体教师正在以基础薄弱的生源，创造着超越梦想的成绩。各位家长，相信您的孩子在张北四中会得到良好的教育和发展，希望我们共同用双手为孩子开拓灿烂的明天！（激发起家长强烈的认同感，然后接着介绍我们班级的情况，转入下一话题）

（3）介绍班级情况

从教师到学生；从整体到个别；从学习到管理。（内容体现你的水平，这可是家长会的中心环节）

（4）科任教师讲话

（特别提醒）作为科任教师，不可失去这一次宝贵的和家长交流的机会，你可以趁此机会介绍你的教学理念、提出学科要求，通过展示你的教学风采获得家长好评，取得家长配合，这很有助于提高你在学生、家长甚至社会中的口碑和影响。错失此次机会将是你工作中的一大损失。

（5）个别交流

肯定会有一些家长，会后久久不肯离去，为的就是和老师单独交流一下。对于这些家长，你一定要一视同仁，不论贫富贵贱，不论孩子表现，你的耐心会令家长对你产生好感。和这样的家长交流时，一定要注意至少发现孩子的一个优点（尤其是所谓“差生”），加以表扬，家长一高兴，你的话就很容易成为“金科玉律”。

在开会过程中，为避免形式单调，同时条件允许，你可以增加一些灵活多样的环节，诸如学生代表发言（让学生说你想说但不好说的话），家长代表发言（家长一般会提到并感谢你对孩子的教育），家长互动，参观展览，亲子面对面等等。

说到这里，我觉得一次比较正规的家长会就基本就绪了。如果你觉得还有什么更好的主意，请留言！

（本文系2012年11月学校家长会召开前夕写给全体班主任）

吟篇

读《钟鼓楼》

像她这样的青年，不太具备进行哲理性思考的能力。对于所面临的这个世界和流逝着的人生，她只有一种高于本能而低于哲理的“浅思维”——小说中这句用来形容普通青年潘秀娅的话，其实也是她周围绝大多数人的思想状态的真实写照。

《钟鼓楼》的故事就发生在潘秀娅以及和潘秀娅一样的普通人中间。小说以上世纪八十年代初北京城钟鼓楼一代的市民生活为背景，以薛大娘一家办喜事一天所经历的曲曲折折为主线，刻画了勤劳儿媳孟昭英、上进青年荀磊、农村姑娘郭杏儿、不良青年姚向东、无赖卢宝桑、热心人詹丽颖、知识分子张奇林、诗人韩一潭、善良厨师路喜纯等一干人物群像。逼真地再现了老北京极具情味的市井生活和风俗画卷。苍凉中透着质朴，有点荒蛮但不失温暖。读后让人不由生出淡淡的回味和留恋——质朴的生活原来也有质朴的味道。

时间来到二十一世纪，古老的都市几经变迁。古朴的四合院早已被林立的高楼所取代，钟鼓楼下车流如织，再难觅城墙根儿底晒太阳、唠家常的闲适老人。科技的发展改变的不仅仅是人民的生活，还有人的精神和思想。光怪陆离的现代生活中，人们还有老北京人的那种幽默风趣和闲适恬淡吗？不敢想象，再过一百年、二百年……时光又会变成什么样子呢。

这部小说的宏观构思和细节雕镂最能给读者带来强烈的感受和情不自禁的赞叹。大到京城格局、百姓日常，或者一个胡同、一处院落、一爿店铺，都能让人身临其境般置身于钟鼓楼下的平凡世界。小到一盘菜肴、一句俚语、一个装扮都让人情真意切地体会到市井小民的家常况味。

好的文艺作品总能够通过形象感染人，通过哲理启迪人。在众多人物交织的故事情节中，在导致个人目前生活的种种背后因素上，揭示一个时代的特征和对未来的深入思考。小说正是这样，作品站在现实和历史的高度，展现了一幅旧时代的百姓生活图景——人与人之间的淳朴善良，老街坊式的邻里关系，人生的浮沉命运……作者在曲尽人情世态的描绘中，引发着读者对现实和历史的深层思索。

就像钟鼓楼下不断变迁的生活一样，在庞大繁杂的社会生活里，每个人面临的生活看似千差万别，实则殊途同归。生活的本质是努力也不一定能主宰生活的命运，但放弃会注定失败的结局。那么，就让我们放手去生活，把努力交给当下，把命运交给未来！

读《生命册》

第一章

报到——辞职

我到省城大学报到，成为一名令村人羡慕的大学教师。也从此成为村人苦难中的“救命稻草”。最后，乡亲们的求助实在让我难以招架，我以出逃的心情辞职。

我与梅村没有结果的相恋。

第二章

无梁村旧事，我的童年。

老姑父——炮兵上尉李国寅，娶了献花的女学生。

胡萝卜年月的吃奶生活，老姑父就是我的救命恩人。

我的祸害生涯。最严重的一次失火。我被村人“送”上大学。

老姑父与吴玉花的家庭战争旷日持久。

苇香出走。省城洗脚。发达。

老姑父去世。

第三章

“枪手”日月，“满纸荒唐言，几把辛酸泪”。

北漂不易，生命与五万元。

第四章

一颗光荣的红薯王。

无梁的树。匠人之争——梁五方与九爷。

运动。一个老上访户的一生。

第五章

南下。

股海沉浮，暴富。收购药厂，壮大雄心。

我的痛点。老乡、纽扣、双规。

夏小雨，专题片，1000 万，嫌隙。

第六章

小虫窝蛋——虫嫂。

一个悲苦女人的一生与三个大学生子女。

第七章

卫丽丽是个好女人。

我的离开。寻找梅村。

第八章

杜秋月与刘玉翠

第九章

辉煌人生的黯然终结——骆驼的巅峰与谷底。

第十章

春才，性萌动与性压抑的受害者。

第十一章

车祸。死神面前的人生反思。

同样灾祸下不同的众生相。

病床相遇——梅村。

第十二章

合葬。吴玉花去世，蔡思凡（苇香）为父母主持了隆重的合葬仪式。

老姑父坟前的泪眼蒙眬，我的心已难以回归。

读《无声告白》

第一章

十六岁的女高中生莉迪亚莫名失踪，几天以后，遗体在湖里被发现。

第二章

莉迪亚父母的身世与过往——

玛丽琳，莉迪亚的母亲。玛丽琳从小在一个单亲家庭中长大，她的母亲是一位高中的家政课教师，在玛丽琳三岁的时候父亲就离开了她们母女，因此玛丽琳从小接受了来自母亲的传统教育。玛丽琳在大三的时候遇到詹姆斯，并相恋结婚。而她的母亲却一直想让她嫁一个“更像她”的人——詹姆斯是华人。

詹姆斯，莉迪亚的父亲。詹姆斯本人出生在美国，但父亲是地道华人，当初顶替着别人的名字偷渡到美国加州，后来在爱奥瓦州谋生。詹姆斯从小聪明，后考入哈佛，直到完成博士课程，其间遇到玛丽琳，相恋并结婚。

第三章

几天后，莉迪亚的葬礼在墓园举行；警察调查杰克；詹姆斯和路易莎外遇；玛丽琳想通过女儿的日记寻找她失踪的原因，最后一无所获。

第四章

玛丽琳二十九岁那一年——她已是两个孩子的母亲——大学举办圣诞派对，偶遇热情的汤姆（学校化学系教授），她想给他当助理以谋得一份工作，未果。第二年，詹姆斯新晋终身教授。玛丽琳自结婚以来八年没有联系的母亲去世，她不得不回家料理母亲的后事。返回后的玛丽琳心情郁闷，无意间在医院遇到并不熟识的邻居伍尔夫医生。这次邂逅更加激起了她曾经的人生理想，最终使她下定决心摆脱家庭的羁绊，偷偷从家里跑出来，来到蒙托多，进入社区大学。这一去便是整整一个夏天。

第五章

一家人为莉迪亚的死亡争吵不休。汉娜晚上偷偷来到湖边，妄图体会姐姐出走时的心情。警察又来调查，但是显然没有进展。汉娜和内斯在湖边遇到杰克，汉娜阻止了内斯要向杰克去问个明白。内斯一直怀疑杰克和妹妹的死有关。

第六章

玛丽琳的出走使全家人的生活陷入困窘。家人都在期盼她的归来。远在蒙托多的她在紧张学习的同时也无法摆脱对孩子们的思念，多次拨通家里的电话。第九周的时候，她发现自己怀孕了，她于一次事故后不得不结束了学习生活，重又投入家庭的琐屑生活当中。但她下决心不让莉迪亚过和她一样的只有丈夫、家庭、子女般的生活。一直以来，她都想让女儿成为一名优秀的医生，因为这也是她曾经的梦想。

第七章

莉迪亚背负着巨大的压力成长，尤其是母亲一心想让她成为一名优秀的医生的期盼，更使她难以承受。由于肤色的缘故，她在学校总是遭遇别人诧异的目光，她一直没有朋友。这些原因使她和同样被别人嗤之以鼻的杰克混到了一起。内斯被哈佛录取，这是一家人深感意外的，莉迪亚更不愿看到哥哥的离去。

第八章

詹姆斯一直为由于自己是华人而给家庭和婚姻带来的不幸深感自责。莉迪亚的死亡更使他易怒，他排遣郁闷的唯一途径就是到路易莎哪里寻找精神和肉体的慰藉，但过后往往更加烦躁。警察打来电话，暗示莉迪亚的死亡是自杀。玛丽琳无法接受这样的结论，一直以来她看到的都是女儿的顺从和快乐，她从没有发现女儿苦恼的内心，因此她不相信女儿会自杀。陷入痛苦挣扎的詹姆斯彻夜未归，在内斯的帮助下，玛丽琳找到了路易莎的家。

第九章

莉迪亚每天放学后都会坐在杰克的车上，聊天，抽烟……只有这时，她才能感受到一丝快乐。十六岁生日到了，她的初学者驾照没有通过，在去往考试的路上，父亲和路易莎亲密的举止令她无法平静。回到家，母亲为她的生日烤制了精致的面包，但她只能强颜欢笑。全家人都沉浸在快乐当中，只有妹妹汉娜觉察到了莉迪亚内心的不安。

第十章

在探访了路易莎的家后，玛丽琳和詹姆斯潜藏已久的婚姻危机终于公开爆发，他丢下一句“让我们假装你从来没有遇见我，她从来没有出生，这些都从来没有发生过”冲出家门。玛丽琳开始清除令她心烦的女儿的遗物，却意外发现她早已扔掉的一本烹饪书——那是自己母亲留下的唯一遗物。望着女儿散乱的书本，她第一次想到，也许正是这些沉重的压力将女儿拖到了死亡的湖底。詹姆斯在离开家门后，仿佛轻松了不少。

第十一章

内斯到哈佛做了提前访问，他离开的几天里，莉迪亚因为害怕失去他的陪伴而内心深受煎熬。在内斯返回后的夜晚，莉迪亚偷偷跨出家门，来到湖边，回想起自己多年来一直生活在恐惧当中，她坦然地上了小船，划向湖心……

第十二章

出走一段时间后的詹姆斯，终究还是回到了家里。他和玛丽琳经过分开一段时间的冷静思考，决定重新面对生活。内斯因一直误会杰克而终于爆发了冲突，当他沉入水底的时候，他想起了离开的莉迪亚，潜意识中，他钻出水面，仿佛新的生活在向他招手……

读《黄雀记》

——教育中弱势群体的童年挽歌

黄雀，见过吗？麻雀，你是一定知道的。在刚刚孵出蛋壳的时候，小麻雀的嘴角都是淡淡的黄色。这里作者以黄雀隐喻一个人的青少年时期。

这部小说可以看作是一部带着青春荷尔蒙气息的萌动与叛逆并且夹杂着彷徨与罪恶的一段特殊人生时期的写实作品。小说以几个青少年之间发生的一段故事，反映了处在社会底层，缺少良好教育与启蒙的“一代”在成长过程中可能会遇到的艰难曲折。小说情节虽然虚化，但生活的意味仍然十分浓厚，主人公的悲剧结局警示着我们，关爱、教育是一个人青春不可或缺的主题。

仙女，一个只有爷爷、奶奶，没有爸爸、妈妈的女孩。她甚至可能只是一个被收养的孤儿，在医院的一个角落里长大。那一间矮旧的铁皮屋子，禁锢了她所有的童年梦想。她的玩伴除了为医院养花种草的爷爷奶奶，就是两只小兔子。贫穷的家境和单调的生活，也注定了她贫瘠的心灵。然而，纵使贫瘠幼小的心灵，也有对时尚与美好的渴望和追求。她用保润为她交付的旱冰鞋押金买了一台她渴望已久的录音机，从此，她枯燥的生活有了音乐的陪伴。这可能是她童年从未有过的奢侈与享受。然而，也正是这件事给她带来了后来的不幸与灾难，使她最终走上一条光怪陆离的青春之路，直到怀孕、没落、逃离……这一段伤感的青春轨迹令人惋惜！

保润的出生比仙女的要好，但仍旧是香椿树街一个极其普通的贫困家庭。说他比仙女的出生优越，也只不过因为他有爸爸、妈妈。然而青春的叛逆使他与爸爸、妈妈的想法格格不入，尤其是为了那个古怪的祖父，他几乎要与家庭决裂。他最拿手的活计是捆人，他会根据不同的需要，捆出不同的绳结，法制结、文明结、菊花结……多达数十种。这使他在精神病院赢得荣誉的同时，也犯下了不小的过失，这一过失直接导致了他锒铛入狱。尽管他是被人诬陷，但这也是青春冒失注定的恶果。这也为后来更大的罪恶埋下了伏笔——十多年后，已经出狱的他在柳生的婚礼上将柳生刺杀身亡。

柳生，他的家庭显然要比保润更加充实一些，但早早辍学的他有着所有顽劣少年的共同特点。他的外表又很帅气，这使得他很快成为周围同龄人的“老大”——仙女便是这样称呼他的。虽然家里已经托好关系，想为他尽快弄到一张厨师学校的毕业证书，但和仙女、保润一样，处于青春期的他同样的叛逆、自大、无知。在无知的驱使下，他用罪恶为自己的青春书写了一个一生无法抹去的注解。虽然于事后他逃脱了惩罚，但十年后，他却为此付出了更加沉重的代价——生命。

曾经，这是三个懵懂无知的少年，他们在各自的环境中自然地、惯性地、本能地生长着。他们由于家庭环境的原因，都没有得到同龄人应该得到的温暖与关爱。这使得他们的生长过程更多地趋于野性。这种放任的成长，使他们始终没有建立起来美与丑、善与恶、罪与罚的正确观念与界限。带着青春朝气的他们与其说是在成长着，毋宁说是在沉沦着。正因为缺少了人生航向的正确指引，他们无一例外，最终走向青春的覆灭……

我也经常会遇见一些辍学的青少年，对于他们，我没有反感和鄙视，我只是痛心于他们没有接受应有的教育，失去了更加健康地成长的良机——然而，这能怪他们吗？他们才是教育中的弱势群体。望着他们悠闲地叼着一支烟卷，驾着摩托飞驰于街巷，或睡眼惺忪地走出网吧时那张扬的举止和神态，这个时候，我总禁不住想，教育究竟能为他们做些什么呢？

读《青瓷》

这是一个特殊的作者以特殊的身份写下的一部世情纪实作品——我认为。

有人曾说，《青瓷》就是中国式关系的缩微版。我就顺着这个话题说下去。

论关系，小说首先涉及家庭关系。或者说是商业大时代背景下的家庭婚姻关系。这种颇富时代特征的关系冲破了中国传统家庭关系的藩篱，增加了新的内涵。文中有个新鲜的观点：现代社会，一个没有外遇或情人的男人已经成为稀有动物。且不说此观点在多大程度上符合中国的现实国情，但最起码在部分人群中可能如此。小说展现的便是这样一种现实。张仲平、丛林便是其中的代表。而对于婚姻关系中的另一方而言，可能存在的情况就因人而异了。就像张仲平的妻子，先是对丈夫的行为蒙在鼓里，当事情大白于天下之时，她又表现出中国妇女传统的隐忍。最终是否导致离婚，那要看双方其他利益的博弈。总之，现代社会婚姻关系已经越来越多地渗透了商业因子，这种种因素使得婚姻关系变得日趋不稳。小说通过不同人物从不同侧面揭示了当前社会的这一特性。

再说社会关系，小说对社会关系的表现同样深刻。“社会”一词，就其范围而言可大可小。但不论大小，社会中人的关系，就是相互利用的关系，尤其在当今，尤其在商界——政界何尝不是——这在小说中都是有表现的。小说中的拍卖行业与法院以及商人之间的种种利益纠葛看似复杂，其实目的都在于使个人利益最大化，哪怕暂时屈人之下。立足于商业社会或圈子，如果你的关系能政商交织而游刃有余，那你就可谓前途无量了。现代社会最令人望而生畏的无非钱、权，而二者一旦勾结融合，就会爆发出惊天动地的能量。因此，没钱的人想挣钱，挣了钱的人想找靠山。最终权钱交易自然天成。所谓的上流社会就是这样不断融合而成的。只是能融合到多大的体量，或是中途夭折，这就要看每个人的本事和造化了。

说到此，不妨来看下小说中的几个关键人物吧——

张仲平，中国最早下海的一批官员中的一位，凭借过去的政治优势获得巨大商业利益是他们的共同特点。我觉得此人最值得说道的倒不是他作为商人成功的一面——尽管他下海后在拍卖行业做得风生水起——而是他作为商业时代背景下的众多男性代表，他所表现出的在家庭生活方面对传统的颠覆。据说，他的身边从来不缺女孩子，而且各式各样，形形色色。然而他在教授妻子的眼里却一直是一个称职的好丈夫，好父亲。长久以来，他都能够巧妙而成功地周旋于妻子和情人之间，能力实在了得。直至曾真的出现，他才因入戏太深难以自拔，最后导致事情败露。小说也就此结尾，不知他最终会在妻子和情人、责任与道义这个两难问题上做何选择。

曾真，一个单纯的从一开始便将自己的青春寄托于一个比自己大二十岁的已婚男人身上的女孩子。对于她的青春，只有付出没有收获，甚至看不到任何希望。但她依然快乐地爱着，不惜牺牲自己的健康和生命。尽管她的憧憬很美，然而现实很残酷——她所钟爱的男人是有家室的。她几经痛苦，但矢志不移。她究竟是在争取相爱的权利还是对别人婚姻的粗暴插足和挑战，有时真的让人傻傻分不清。你想说她践踏了别人的家庭，但又实在不忍批评她不求回报的真爱和付出。在这里，美好和罪恶真的就像一对孪生兄弟。

唐雯，张仲平的妻子，大学教授，典型的中国知识分子和传统女性。一直以来都被丈夫的花言巧语和表面的忠诚所迷惑。也许是后来丈夫掩饰不够而自露了马脚，也许是身边朋友的变故激发了她的灵感，她渐渐掌握了丈夫出轨的事实。她曾经打过匿名电话，一次又一次地对丈夫旁敲侧击，直到亲自登门六目以对。她之前的隐忍是出于一个传统女性的传统思维，当她摁下曾真家门铃的那一刻，她已经跨越了自己的过去。

小说中的其他人物——丛林、龚大鹏、徐艺、侯昌平、健哥、胡海洋一干人等，无不是周旋于商场、官场的或核心或边缘的社会角色。他们地位不同，能量不同，个人的目标和打算自然也不相同。但作为商业时代“人”的社会属性却是相同的——挖掘和利用一切可能利用的资本和资源尽力捞取属于和不属于自己的一切好处。

读《商州》

《商州》是贾平凹的第一部长篇。

作品主要展现了上世纪八十年代商州一地的风土人情和改革开放初始时人们新旧观念的矛盾冲突。故事以男女主人公对爱情的苦苦追求为线索逐步展开——

第一单元

一

回乡

一个在省城上了大学，又参加工作已八年之久的商州子弟，决定要回趟久违的家乡。

二

三个公安

顺子、麻子、巩一胜三个公安干警一路寻找打人致伤的刘成。

三

秃子其人

秃子，四十多岁，掏粪为业。贫困而又丑陋的他却偏偏喜欢上了皮影戏剧团年轻漂亮的珍子，而且爱得执着——为了她挨打也心甘。

第二单元

四

说说武关

武关的传说。武关的过去（一九六七年）。武关的现在（一九八三年）。

五

邂逅刘家湾

巩一胜三人来到刘家湾，遇到尚未完工的糠醛厂厂长——程一民，攀谈中得知，他是刘成的姨父。

董三海，漫川镇人，五十年代初做了上门女婿。大女儿竹子为前妻所生，少有往来，刘成即为大女儿之子。二女儿清绒，丈夫即程一民。董三海没有儿子，生意虽然做得还算红火，但有桩心事一直压在他心底——家业谁来继承。

六

在外爷家

刘成跟着外爷学徒。外爷想让刘成过继给自己以继承家业。刘成喜欢上镇皮影戏剧团的珍子。刘成打了秃子。

第三单元

七

说说山阳

山阳县。山阳人。山阳的女子面容姣好，性情温和。

八

甜蜜

刘成和珍子处在热恋之中。

九

倒霉秃子

上次秃子被刘成打后一连卧床几天。几天后，他又出现在剧团门口。秃子受董三海之托，找张家坪的铁嘴李为刘成说媒，不想媒没说成，铁嘴李被公安带走。

第四单元

十

棣花镇

棣花镇地处商县、丹凤交界处，原为一镇，后由于一县分两县，棣花也分为棣花镇和刘塬镇。

两镇曾有的恩怨纷争与今日的和解与发展。

十一

刘成出逃

一个晚上，刘成偷偷翻墙来找珍子。在珍子娘的唆使下参与了赌博。珍子娘让刘成替人走私，无奈中刘成深夜出逃。当他又来到剧团找珍子时，不料瞅见一直在寻找他的三个公安，慌乱中，他让秃子传话给珍子，自己出逃了。

十二

寻找

董三海来找珍子要人，说珍子勾引了他的外孙。珍子出走，去找刘成。秃子担心珍子的安全，竟一路相随。

第五单元

十三

说说商县

商县的历史与发展。

十四

刘成被抓

逃回家的刘成帮父母张罗好不容易撑起的小摊。在街上被“走私团伙”发现并殴打，在打架过程中被公安带走。

十五

寻找

珍子寻找刘成。秃子寻找珍子。

在商州成里，几经周折，终于真相大白——刘成被劳教三个月。珍子决心帮公安局抓回潜逃的走私犯。秃子也要回去掏粪了。

第六单元

十六

说说达坪镇

达坪镇是商州的西极，一直以来远避尘嚣，自耕自足，自产自销，自生自灭。只是近年来才出现了各式各样的外来商品和商品交换。

十七

变故（一）

回到漫川的珍子被剧团开除。父母也离婚了。各种风言风语以及浪子们的骚扰向她袭来，重压之下的她病倒了。这期间秃子再次显示了他的善良与关怀。在秃子的建议下，珍子决定加入龟子队（即鼓匠班）。

十八

变故（二）

劳教结束后的刘成，来到华山和人学了“捞尸”的营生。这次他为一位老汉打捞跳崖的儿子。

第七单元

十九

赵川坪镇

这是一个风土人情和地理环境都很有特色的地方。

二十

龟子班生意红火，珍子成为龟子班的红人。龟子班在洛南大川镇为一位老太太的儿子超度亡灵，儿子因坠崖身亡，捞尸者正是刘成。相遇后的珍子与刘成在一番计议然后悄悄离开龟子班。痛不欲生的秃子决心告刘成拐骗妇女。

二十一

失窃

董三海的家里被盗了。二女儿清绒两口子对父亲好言劝慰。

第八单元

二十二

回乡——离乡

回到家乡的商州子弟看到了家乡的新面貌，感慨良深。但故乡终究已非久留之地，转过一圈后，他还是要回到他谋生的地方去。

二十三

珍子幸福地陪伴刘成从事他的捞尸职业。在一次打捞中，突遇暴雨，秃子带领麻子等公安来抓刘成，河水暴涨，慌乱中刘成和珍子被山洪冲走。

二十四

结局

刘成和珍子的尸体被打捞上来，秃子万分后悔。经过众人商议，刘成和珍子合葬在漫川……

读娜英《归来》

两天前的一个下午，接到娜英打来的电话，一个欣喜的声音："书回来了，请你吃饭，五点半，红珊瑚。""好的。"我也很欣喜。我知道，对于一个喜欢读书和写作的人来说，出书的意义有多重要。

当我第一眼看到设计精美淡雅的《归来》时，就有种急于想要一睹为快的冲动。封面人物和背景的朦胧处理正与作品主人公难以言说的情感经历相协调一致，不失为高明的设计。这是我的第一印象。作品在网上的时候，我断断续续读过一些章节，但毕竟不了解小说的全貌，何况娜英后来对作品几经修改。

今天下午终于得空，可以静下心来捧读，这是娜英的第一部长篇，我是提前做好了静下心来的准备。但始料未及的是，很快，我就被故事吸引了。一口气读下来，只觉得酣畅淋漓，意犹未尽，不由陷入沉思。

首先，小说反映现实有深度。娜英凭借自己多年的教育经历和到教育局工作后对教育系统比较全面深入的了解，深谙学校教育和管理中存在的种种问题和弊端，并且敢于直视。作品涉及到学校补课问题、教师职称评定问题、学校发展方向问题、招生问题、安全问题等等。对这些问题，作者都通过尖锐的矛盾冲突，将其直观地、生活化地呈现在了读者面前，给人强烈的视觉冲击和生活感受。还有学校日常管理中的复杂矛盾，作者对此也有较深的挖掘，比如说校长高原和副校长马国安的钩心斗角，虽不敢说普遍但最起码也有一定的典型意义。

以前常读到娜英的一些散文，很唯美的感觉。这次，她对教育问题的触及之深，是我没有想到的，真没有想到她对教育问题洞察得这么明晰。起初我想，这可能得益于她这些年来在教育系统的摸爬滚打吧，但我很快又否定了自己的想法——岂能那么简单！没有对教育的赤诚与钟情，谁会想这些个问题呢？在作品尖锐、深刻的思考背后，涌动的恐怕是一种“恨之愈切，爱之愈深”的教育情怀吧！

其次，作品触及社会生活有广度。对娜英来说，我觉得这一点尤为难能可贵，从中可见她继续进行文学创作的巨大潜力。作品对学校内部生活的描写自不必说，小说还涉及到学校与家长的关系，学校问题在网络时代引起的社会舆情，学校与各级领导的关系，学校的工程建设问题等等，作者将学校放在了非常现实的社会背景当中，几乎涉及到了可能与学校相关的各种社会关系。在这些关系的把握和处理上，我觉得有很多地方可圈可点，分寸拿捏到位，手法值得赞赏。比如说，“溺亡事件”中的学生家长闹事，突出反映了学校在某些情况下的弱势地位；高原妻子对夏雨的警告巧妙暗示了复杂的人际关系等等。还有对南方地域特色、人物风情、历史追踪的描述，既吸引人的眼球，也起到了增大作品容量和丰富作品内涵的作用。

第三，作品塑造了鲜活的人物形象。娜英的语言是精到的，生动形象的背后不乏思考，不乏冷峻。“这不，我们家孩子做梦都想来县城上初中时，城里人却把孩子送到市里去上学，我们在县里上高中，你们早就把孩子的户口转到了外省。”一位陪孙子读书的乡下老人如是说。晨晖中学竞选中层的老师慷慨陈词：“在别的学校，不管黑猫白猫，能抓住老鼠的就是好猫。而晨晖中学，是不管黑猫白猫，会叫唤的就是好猫。所以晨晖中学发展的不是特别好，是必然的。”这些极具杀伤力的语言，既真实展现了人物的生存状况和内心独白，使读者不由得生出同情和担忧，也揭示了教育问题背后的制度原因、体制原因以及社会原因，发人深省。

主人公夏雨和高原，还有副校长马国安、教务主任方琼、夏雨的对象“烂白菜”、高原的妻子陈洁、大姨姐赵副县长等等，这一组人物群像，构筑起了作品丰富生动的故事情节，每一个人物都个性鲜明，读过作品，这些人好像就围绕在你的周围，激发着你和他们一起对教育命运的共同关注。

《归来》使我重新认识了娜英。文学创作是条充满艰辛的道路，但跋涉者自有跋涉者的乐趣，佩服娜英的才华和勇气。希望看到她更多、更好的作品。

赵丰平校长教育思想透析

——读《做最好的校长》

一、鲜明的教育理念

理念就是思想，是行动的纲领。有什么样的教育理念就会有什么样的学校管理。在这一点上，赵丰平校长无疑是一个对教育有着深入思考和独到见解的人。他把自己对教育的理解概括为“十大教育理念”，并努力推行，使之成为昌乐二中强大的思想支撑。

这“十大教育理念”是：1、以人为本。他认为学校发展的核心是学生发展，而学生发展的关键是教师发展。只有帮助教师实现人生价值，创造人生光辉，才能使其有效地带动学生成功。因此学校通过加强教师的人性修炼，帮助广大教师克服人生的的弱点，修炼性情，锤炼人格，用良好的为师形象感召学生，培育良才。2、发展是硬道理，发展是永恒的主体。正是基于这一理念，昌乐二中从当初的 20 个班 1500 人发展到今天的 132 个班 7300 余人。在规模发展的同时，学校内涵也得到了应有的提升。3、素质 + 个性，规范 + 创新。这是昌乐二中的办学特色。学校既注重素质教育，全面育人，又强调张扬学生个性；既有严格规范的管理，又突出创新的地位。4、学校管理引入 ISO9000 质量管理体系。学校在注重人本管理的同时，加强了文本管理，使学校的教育教学和后勤管理得到了全面有效控制，从而使学校管理走上制度化、规范化、科学化、程序化、国际化的轨道，全面提升了管理水平和档次。5、把每个学生的一生变成一个成功而精彩的故事。这是昌乐二中的育人目标。为此，学校把铸造学生高尚人格作为实施素质教育的核心，把培养学生的创造精神作为实施素质教育的重点，坚持教育为学生终生发展奠基的理念，为教育展示一个美好的未来。6、让每一位教师成为一座教育丰碑。这是学校提出的教师成长目标。一流的学校必须有一流的教师队伍，二者相辅相成。7、给学生一把“金钥匙”，这把金钥匙就是能力。学校强调教师是学生成长的引导者，是学生发展的领路人。而学生本人才是成长的主人，发展的主体。为此，学校把更新课堂教学观念，培养学生的自主创新能力当做学校教育乃至终身教育的方式和手段。8、学校的产品是服务。学生、家长、社会是学校服务的对象，学校的生存和发展取决于学校服务的质量。正是在这种服务观念的指导下，昌乐二中广大教师细化服务手段，创新服务方式，淡化师道尊严，建立起了新型的师生关系。9、文化治校。文化是学校发展的灵魂，昌乐二中注重用文化建设一个幸福快乐的校园，用文化打造卓越的事业团队，用文化建设诗意的校园环境。形成具有鲜明特色的文化治校方略，增强了学校持续发展的动力。10、科研兴校。学校把科研放在了突出位置，不断加大科研力度，促使了学校的教育教学不断向更高更深的层次迈进。

二、踏实的学校管理

理念需要付诸实践才能实现其思想导航的作用，而付诸实践的过程就是学校管理的过程。赵丰平校长是如何将他的教育理念贯彻在学校管理和教育实践过程当中进而取得成功的呢?如果借用一句哲学术语的话，那就是他善于抓住“事物的主要矛盾和矛盾的主要方面”，使得学校管理难题化繁为易，化千头万绪为主线明确，最终得以巧妙破解。具体分析，可以概括为以下三个方面。

1. 抓好领导班子建设，发挥“火车头”的带动作用。

学校领导班子，包括中层干部，是学校的核心与支柱，既关乎决策又关乎执行。校长的思想要经过这一支队伍来落实，这支队伍中每一个人的一言一行都在直接影响着广大教师，导向作用十分明显。因此，能否建设一支思想过硬，作风过硬的领导班子队伍，是学校管理成败的关键所在。

为了确保班子队伍过得硬，赵丰平校长提出了中层干部必须具备的几项品质，从思想源头解决干部成长的问题。其中包括：1、树立一种观念——发展的观念。通过不断发展提高来完善自我。他对大家说：“校长可以没有慧眼识珠之才，可以不用我，但是我绝对不允许自己没有本事，我们只有通过干工作，才能提高对事物的把握能力，观察问题和分析问题的能力。”以此激励大家不断努力提高。2、强化一种态度——信心、勇敢、意志、坚持到底的态度。提出作为一个有水平、有发展潜力的人，必须具备这些鲜明的人格特点，要求每个中层必须是本年级最勤奋、最敬业的教师。任何工作不做便罢，做必尽善尽美，工作中要明辨是非，敢于担当。3、具备一种眼光——高瞻远瞩。要逐步培养自己正确的价值判断，要看准事物的发展前景，要用前瞻的眼光管理学生、管理班级、管理教师。4、完美一个过程——扎实做事。完美的做事过程依赖于细致的目标过程设计，否则必流于形式或盲目，最终会一事无成或半途而废。为此他强调指出："做计划的目的就是把一件事情纳入你的整体规划，做总结的目的就是把前边的经验坚持下来，把教训变成另一种经验。"5、成就一种结果——事业有成！

正是由于对中层干部严格的思想要求，才形成了昌乐二中过硬的领导班子队伍，也正是因为有了这样的一支领导队伍，全体教师才走上了成就教育人生的道路。

2. 抓好两支队伍建设——备课组长队伍、班主任队伍。

备课组长队伍建设就是落实学校教学工作的问题。备课组长要不折不扣地执行学校的教学要求。为此，级部要经常召开备课组长会强化落实，发现问题及时纠正。学校层面完善备课组的考核机制，激发备课组活力。班主任队伍建设就是落实学生管理的问题。学校定期召开班主任论坛，互相学习借鉴，学校在班规制定、师生亲情关系的建立、自学能力的培养等方面给予教师细致的指导。

两支队伍的建设，有效带动了学校教育、教学工作的深层次开展，促进了学校工作由领导层面向教师层面过渡。

3. 引入 ISO9000 质量管理体系。

赵丰平校长坦言，在没有引入 ISO9000 质量管理体系之前，他经常感到郁闷：这个校长当得怎么这么累？为什么许多工作我不安排就没人做，不检查就做不好？在宝塔式管理结构下，一管到底的无限责任以及在决策、执行过程中的随意性，使得校长常常被千头万绪、纷繁复杂的事务困扰，不能将更多精力投入到做对学校发展最有价值的事情——战略研究与决策——上来。正是出于以上考虑，学校借鉴企业管理的经验，2002 年 5 月在教育系统中率先引入 ISO9000 质量管理体系，开始对全体教职员工进行培训与考试。搭建扁平式组织管理结构，如今 ISO9000 框架下的昌乐二中，学校管理的各个环节，有章可循，曾经的困扰难题烟消云散。比如学校在教学服务过程中，入校接待、信件收发、图书借阅、学籍管理等事项都有相应的招生录取程序、新生接待控制程序、宿舍管理控制程序、食堂管理控制程序、图书管理控制程序等进行控制，确保为学生提供的各项服务措施到位。

三、扎实的思想引领

清代学者叶玉屏说：“大其心，容天下之物，虚其心，受天下之谦，平其心，论天下之事，潜其心，观天下之理，定其心，应天下之变。”人生从某个意义上讲就是一场心灵的旅行，只有心灵不断成长才会赋予生命更成熟的意义，

1. 强力推行自己的思想

赵丰平是一个善于思考的人，除目前众所周知的“271”高效课堂之外，在多年的教育实践中，他还先后总结出了“八环节教学法”，为学生建立学习档案等众多经验和做法。每当

产生一种新的做法，他都要经过反复的自我完善后在广大教师中强力推行。

就拿“271”高效课堂来说，很长一段时间，不少老师总是不理解、不执行，为此，他曾在全体教师会上说：“作为校长，我不可能等到我们学校最落后的分子把这个问题认为是正确的时候，再去实施，那就晚了，我必须旗帜鲜明地在前面领着你们走。”“如果我等到最后一个分子都认同我的时候再去做事，那我跟最落后的分子就是一个水平，一种境界。”

为了统一大家的思想，形成一致的价值体系，赵校长总是煞费苦心，他概括自己的思想工作主要有三种途径：一是开会。会议必须传递一种声音，那就是灌输校长的办学思想和理念。二是论坛。找好老师围绕一个主题举办讲座，但不管是什么论坛，都必须跟校长的理念一致。第三就是读书会。书由校长亲自选定，每次读书会，校长都要做一个小时的报告，并把自己的思想揉进去，用不同形式向老师们渗透。

2. 关注教师专业成长

不论是班主任还是科任教师，赵校长都特别注重培养他们的业务能力，关注其专业成长。

就拿语文学科来说，他提倡学生必须多阅读，要求语文老师要严格执行学校的规定，严禁消减学生阅读量。他还要求语文课堂要进行学生思想的交流，碰撞，要开放、民主、自由，既注重既定目标的达成，又不失生成目标的实现。他曾对教师说：“我们教给学生的字词句，他可能一个月就忘了，但你与学生观念、思想的碰撞，学生终生难忘，这才是教育。”

3. 倡导读书，陶冶心灵

世上有两种东西能让人的心灵永葆青春——真爱与读书。阅读实乃人生之美，它可以拂去世间的浮躁烦恼，抚平人过激的情绪，赐予人无尘的心境。读书的过程就是与世界交流的过程。是从狭隘走向广阔的过程。有利于提高人的精神品位，培养独特的个性气质。

赵丰平深谙读书的好处，为了引领教师的精神成长，他每个学期，每个假期都要给教师选定阅读书目，并且带头阅读，亲自组织每一次读书汇报活动，与大家分享读书的心得。他在《敬业让我们与众不同》的读书交流会上说，我们不仅要有敬业的精神，还要有敬业的态度，有敬业的方法，敬业的过程，这样才能享受敬业的成果——内心的安宁，事业的成功，生活的幸福。在《本领恐慌》读书交流会上，他对照作者的思想，对自己进行了深入剖析，列举了自己的诸多不足与读书后的启发，与大家共勉。

正是因为赵丰平校长的亲力亲为，读书在昌乐二中成为风气，阅读真正成为教师精神成长的重要途径。

聆听《朗读者》

由央视著名节目主持人董卿担纲制作并主持的电视栏目《朗读者》，在前一段时间就有耳闻，听说是一档不错的节目，但一直无缘目睹。昨天晚上，当我照例打开电视——我一向很少看电视，最近因追《人民的名义》而暂时成为一名冒牌儿的“忠实观众”——尽管白天已在手机上看过了当天更新的两集内容，但晚上八点的时候，我还是不由自主打开了电视。就是这个时候，《朗读者》闯入了我的视野……

我觉得，用“高大上”这个略带时髦色彩的词语来形容这档节目真是一点都不为过。相比于当下充斥荧屏的各色热热闹闹的娱乐节目，这档节目真的是一档直抵人心的典范之作。一段段深情的朗读，一个个感人的故事。在这里，文字已不单单是文字。它是拨动心灵的弦音，它是一种情怀的表达，它是对生命的另一种诠释。我虽不敢断言这样的节目一定能够净化人的灵魂，但它最起码传递出的是满满的令人震撼的正能量。这种能量，从每一位朗读者的内心发出，融入到每一位听众的心底。每一次朗读和聆听，我都无法控制自己的情绪，我无法不沉浸在那种纯洁、真实而又使心头一次次哽咽的美好情感当中。著名导演陆川、演员斯琴高娃、文化部原部长王蒙、来自于清华大学生物系的高才生、赴马里维和的官兵们，还有儿童文学家、北大教授、安徒生奖获得者曹文轩先生……他们用质朴而发自内心的倾诉，让我们对自然、对亲情、对人生、对忠诚、对生命，有了新的思考、认识和体验。这种既崇高又真实、既伟大又那么切近的强烈感受，让现场的观众一次次泪流满面。

当下，如此格调清新又能够触动人心的电视节目不多。反倒是各种浅薄甚至低俗的娱乐节目层出不穷、异彩纷呈，且不说“某某江湖”、“某某歌手”，甚至动辄冠以“中国某某”的大众化栏目，单是“奔跑吧”、“到哪了”这些纯粹靠一众“小鲜肉”博人眼球的栏目就有不少。颇具讽刺意味的是，在“小鲜肉”这一词汇被指低俗的同时小鲜肉却成为广大年轻人争相崇拜的偶像。真是势不可挡啊！再看看，网上什么新闻最火，传播最快？依然是——娱乐新闻。难怪有人说，中国的娱乐文化已经走在了世界的前列。

“我一直将庄重的风气看成是文学应当具有的主流风气。一个国家，一个民族的文学，应当对此有所把持。倘若不是，而是一味地玩闹，一味地逗乐，甚至公然拿庄重开涮，我以为这样的文学格局是值得怀疑的……流气在我们周遭的每一寸空气中飘散着，我们已经很难有再进入庄重氛围的机遇，甚至是一个本就应当庄重的场合，也已无法庄重。一切看上去都是可笑的，一切都是可以加以戏弄的。我常在想，中国文学不仅没把握住自己，引领国民走向雅致，走向风度，走向修养与智慧，而是随着每况愈下的世风，步步向下，甚至推波助澜。从某种意义上说，如此氛围的形成，中国当下的文学有着推卸不了的责任。”

这是曹文轩教授在德国小说《朗读者》译作序言中的一段话。我觉得很有洞见，尤其面对国人娱乐化倾向日益严重、“快餐文化”极度泛滥的今天，这段话更加具有非同寻常的警戒意义。而《朗读者》正是在日益颓废的社会风气中注入的一股积极向上的文化清流。希望像《朗读者》这样“高大上”的电视栏目能够成为未来中国文化的主流和代表。

聊聊网购

最近，本人对网购兴趣正浓，在京东秒杀了不少“战利品”，被妻子戏谑而虐为不务正业。尤其对我先蹲守后提醒再抢杀终因得来不易而津津乐道的三条腰带两个钱夹一堆袜子更是报以嗤鼻状。既不能夫买妇随，那咱就自得其乐，自勉其中……

杀得多了，渐渐发现，所谓“秒杀”，其实并没有说的那么玄乎，每一时段出售的商品，几乎都是“杀”不完的。而且同一款商品过几天甚至过不了一天又会重现。原来，“秒杀”只不过是个噱头，是商家的一种营销手段和策略。它抓的是消费者贪图便宜的大众心理——标价一千九百元的鞋子，一百九十元就能拿到手。你说这究竟是商家的让利还是对消费者的忽悠？正常的营销行为应该是即使有让利，也只能是偶尔，如若不然，天天如此，商家岂不早成“丧家”了？这样说来，消费者被忽悠才是肯定的。那结论就应该是——商家通过抬高商品标价，使价格落差增大，以此吸引广大消费者。消费者掏了腰包，还觉得占了便宜，就这样轻松落入消费的“陷阱”。

也不能完全否认秒杀的“含金量”，有些商品还是物超所值的。甚至，商家有时还会抛出一元秒杀品，想要购得这样的商品，那才叫真正的秒杀——一秒肯定杀光，毫不含糊，我就从来没有秒到过。可见消费者众，商品之寡。这又让人想到钓鱼的鱼饵，一种难以禁受的诱惑。这种诱惑魔力倒是蛮大的，就连落后、保守如我的老男人（本人至今没有微信），不都被网购俘虏（暂时的）了吗？一项不完全统计表明，我国目前快递行业从业人数已经突破一百万，可见网购消费是一个多么庞大的群体。想想马云在五年前就敢和王健林打赌——电商要超过实体商，当时被人传为笑谈，如今却只能折服于人家超前，不，是超人的意识和眼光了。

提到马云，不能不说是个传奇。此人堪称中国电商的开拓者和创始人。如今更是全地球炙手可热的大人物，就连美国总统大嘴富豪特朗普都要仰其鼻息，因为阿里在美国出手就是一百万的就业机会啊！对于这样一位“鼻祖”式的伟大人物，最近却有人大代表指出：实体经济的困境也有马云的“功劳”。暗指网店击垮了实体店。

说起实体店，这是地道的传统行业，为什么就搞不过才新兴不久的电商呢？想来事出有因。实体店由于激烈竞争的需要和看得见、摸得着的商品属性的缘故，价格都不可能浮动太高。即便如此，消费者也还是要“货比三家”才肯出手的，这样，价格只能在消费者的比较中越比越低。价格虚高或不肯降价的商家恐怕就有破产之虞了——因为你指望的多是这些回头客啊。这与电商不同，它有全世界可供忽悠的潜在消费者，所以他不怕鱼儿不上钩，加之电商极尽广告和宣传诱惑之能事，使人不上钩都难。如此一来，造成电商和实体店的巨大利润比也就不足为奇了。

这样说来，人大代表的话还真是代表了人民。我也是人民的一员，但我网购实属身不由己。既然我这样的人能经受不住网购的诱惑，说明网购还是有其自身优势的。比如：商家众多任意挑选，足不出户送货上门，货到付款退换无忧……这都是实体店难以比肩的。这也就难怪电商会对实体店造成巨大的冲击了，社会竞争毕竟是优胜劣汰的过程嘛。谁墨守成规就要冒被淘汰的危险。只是网购自身还存在诸多问题，有待解决和进一步规范。比如：对一些商品价格虚高和先涨价再打折的销售欺诈行为，国家应该出重拳整治，要敢于让那些不良商家付出沉重的代价，否则，受伤害的可是我们这些身不由己的人民群众。不过，我们人民群众也要理性消费，不要轻易就受了商家的蛊惑，动辄“剁手”，以“败家”而告终。这样，市场才能步入良性、健康的轨道。怎奈国人总是心机太深，不论商家还是消费者，都不太做得到诚实和理性。

最近听说，淘宝开始向农村扩张了，我不了解其中具体的运作方式，但真诚希望网购带给人们的不单单是便利，还有诚信。

从林森浩到马云

——悲剧与成功背后的启示

2015 年 5 月 26 日，最高人民法院核准复旦投毒案被告人林森浩死刑判决，使得“林森浩”这个名字再次以悲剧色彩出现在公众的视野当中。

林森浩，男，2013 年二十七岁，广东汕头人。林森浩从小学习成绩优秀，本科就读中山大学，研究生就读复旦大学医学院，曾任学生会副主席，中山大学免推生，研究方向是肝脏方面。后分到复旦附属中山医院超声科读博。2013 年 4 月 16 日，林森浩室友黄洋被投毒死亡，警方认定同寝室的林森浩存在重大作案嫌疑，迅速刑拘林森浩。2014 年 2 月 18 日，林森浩犯故意杀人罪被判死刑，剥夺政治权利终身。林森浩对判决不服提请上诉。2015 年 1 月 8 日，上海市高级人民法院对被告人林森浩故意杀人上诉一案进行公开宣判，裁决驳回上诉，维持原判。死刑判决依法报请最高人民法院核准。

我们已经无需追问事情的来龙去脉，但悲剧的根本原因离不开道德沦丧、心理阴暗与生命意识的弱化和淡漠。

古人云“立人先立德”，林森浩的悲剧再一次警醒世人“成才先成人”。

人，生长于家庭，行走于社会，人的社会属性要求我们一定要做有文化素养的公民。真正的文化不是你掌握了多少知识，不是你能解多么复杂的方程，不是你比别人多考了多少分数，也不是你比别人取得了多么高的学历。而是渗透在你日常生活中的点点滴滴、一言一行——出校门下没下车，在楼道内喧不喧闹，与同学说话文不文明，地上的一页废纸能不能弯腰捡起，红灯亮起能不能停止行走，路遇盲人能不能搀扶一把……

大家不要小看这些细节，这才是真正体现一个人品位高低的重要因素，“大义面前都凌然，不经意间显本性”。有的人徒有华丽的外表和故作高深的面孔，但一句不文明的话语，一个不礼貌的举止就会彻底撕毁他伪善的面具，因为他只有“外表”没有底蕴。何为底蕴？不过就是，“没有学问、不识字的也自然会知道礼数，因为祖辈父辈代代相传，因为家家户户耳濡目染，价值观在潜移默化中于焉而形，这就是文化，这就是底蕴。（龙应台语）”底蕴在哪？在人的内心。因此，我们一定要内心纯正、良善、坚定、执着。让自己的文化素养自内而外散发出迷人的芬芳，让纯净的内心世界时时充满阳光。这样，你才会懂得珍惜自己而不苟且一日，懂得尊重他人而不霸道行事，懂得热爱自然而不掠夺成性。你也就具备了在社会立足并走向成功人生的基本条件。

论成功，阿里巴巴集团主要创始人马云可谓典型中的典型。2014 年 12 月 11 日更新的彭博亿万富翁指数(Bloomberg Billionaires Index）显示，马云身家超李嘉诚，成为亚洲新首富。当然成功的内涵并非仅仅指向财富，马云一手缔造了电商帝国，帮助成千上万的小企业主和数亿客户找到彼此。他开拓出了崭新的市场，创造了前所未有的工作机会，也是“2014大中华区最慷慨的慈善家”。

马云以其巨大的成功被亿万人所瞩目，但很少有人知道他的过去。初中因打架记过太多被学校要求转学；为上高中参加两次考试；想上北大高考数学却只得一分……家长和老师看到的马云经常是这样的：头破血流是常有的事，成绩差得令人难以启齿。虽然经历转学，但转学后的马云依然践行他的“英雄主义”路线，毫无“悔改”之意。老师和家长得出一致结论：他的人生不再有希望。

高考落榜后的马云做过秘书、搬运工、蹬过三轮、送过书。在他的求职生涯中至少两次因长相被拒。1984年，二十岁的马云第三次参加高考，终被杭州师范学院录取。经历了三次高考之后，马云受得起后来一次次创业的失败。这种“永不放弃”的信念，成为后来阿里巴巴成功的核心理念。马云的成功源于内心的坚强和对理想、信念的执着追求！

林森浩和马云看似截然不同的人生起点，却最终走向各自“反面”的结局。从这两个实例中，我们似乎明白，道德和毅力是支撑人生走向成功的基石，缺一不可。看来真的做人要从培养良好的品性开始，成才须由端正做人的态度起步！

走出教师的“灰暗”人生

——2015 开学乱弹

经过一个漫长假期的休整，我们又站在了新年、新学期的起点上。回顾刚刚过去的 2014，所有的酸、甜、苦、辣都随着时间的沉淀化作了轻飘飘的回忆。忽然想起在什么地方读过这样一段话，大致意思是说：其实所有的人生回忆都是美好的，因为时间是最好的过滤器，它能滤掉苦难、滤掉烦恼、滤掉一切的不如意。曾经的往事恩怨，到最后都只剩下萦绕在心底的淡淡云烟，而每当这些云烟升起的时候，正是一个人内心风景最美的时候……想想也真是！人生就是这样一个过程，最终总把困难变成难舍的记忆，即使是曾经的雨雪风霜，留给记忆的也都是风清朗照。就像童年的记忆当中虽也有苦难但总是至纯至善至美的样子。

时间的脚步不停，2015 的春天已经来临。俗话说“一年之计在于春”，工作、学习、生活……诸多内容等待着我们去开启。老师们，让我们携起手来，一起迎接未来的 360 多个日夜，相信明年此时，挂在我们脸上的一定是笑容，留在记忆深处的仍将是甜蜜。

老师们，工作是我们每个人生活的重要内容，大家不妨想一想，我们宝贵人生的绝大部分时间都去哪了？是不是都花费在了工作上——每天在校时间至少八个小时；上下班来来回回又得一个小时；有时人回家了，心还在学校里，家人在看电视，自己还在琢磨明天的课咋上，或许还担心千万别有人听课，如果知道听课，情绪更糟，连觉都睡不踏实；还有时不时带点试卷、作业回家；做班主任的不放心学生，有时还要到学校看看晚自习……工作占据了我们多少时间啊！

难怪有人说：工作快乐不快乐，决定着我们的人生快乐不快乐。确实如此，如果一个教育工作者连在工作中都找不到乐趣，那你说我们的人生还有什么盼头。只能一盼改行，二盼退休。改行的机会毕竟凤毛麟角，而且也轮不上咱，咱也没那想法；盼退休，退了休就可以过轻松的好日子了，可一算还有二十来年，退了休以后又能活多少年呢？再活二十年？照目前这环境再加上前二十年的折磨，我看够呛！一想太可怕，我的人生竟然如此灰暗？！弱弱地问一句：难道没有更好的办法吗？想一想，我说，有。那就是从现在好好活，我们还有四十年美好的光阴！果真如此的话，我们的前途我们的人生我们的一切一切不是就重现光明了吗？好高兴啊，为了今后的人生，不论怎么的，我也得在工作中找到快乐！

找了多年，我发现两种途径比较可行。

一是像魏书生所说，当工作为利用公家时间锻炼自己身体、完善自己人生。这个方法很有效，而且常用容易“上瘾”，因为只要想想这项工作对自己的好处你便不亦乐乎不亦忙乎去了，而且这样的“好处”是特别容易找得到的。坏处就不要想了，凡事都有两面性，趋利避害嘛。时间长了，日积月累，平时的小益处就会质变为人生大益处。

二是让自己每天有点成就感。我们都是普通人，做不出大成就也就罢了，但小小的成就感还是时不时应该有的，而且“成就感”主要不在成就，在“感”，这就更加容易得多了。要想培养自己的成就感，那就得时不时使自己的工作有点创新、有点突破。创新和突破最简捷的途径就是——读书——我认为。因为读书就可以借鉴同行专家能手的经验，即使一下子做不到创新和突破也不要紧，今后有的是时间，暂且奉行一下“拿来主义”也无妨：你在工作中意想不到的办法，也许就在某位名师的经验之谈当中。拿来多了，便会自成体系。读书，尤其读专业书籍，对工作而言最大的好处就是直接促进了你的业务能力的快速提升。可以说，一本书就是一扇你未曾开启过的窗户，一本书就是一个五彩斑斓的新世界，捧起这些书，就有名师在与你亲切交谈，就有名家在为你指点迷津。

老师们，行动起来吧！生命最为宝贵，人生实在太短，活着就要前行，让我们摒弃一切苦恼，在工作中提升，在提升中快乐，在快乐中寻求满足，寻求自己幸福的教育人生！

谈谈写作

——《张北县第二中学学生作文集》代前言

写作很难，因为写作是一个人语文素养的集中体现，好的作品依赖作者丰厚的人文学养和文化积淀；写作又不难，因为“写”只不过是“说”的另一种呈现形式，只是稍加规整而已。对于广大教师和学生而言，我们不要求写出脍炙人口的作品，只要能把我们心中所想流畅地用语言表达出来就是很好的写作。

那么，为什么“说”很容易，“写”却很难呢？

我觉得，写作难，首先难在习惯的养成上。因为写作是自己与自己的交流，最需要静心方能完成——心静了才会有思绪，阅读和写作都是离不开内心的宁静的。但一个适应了日常喧嚣的人，往往难以安静自处。而对一个爱好写作的人而言，这恰恰是最幸福的时光。我很赞赏一句话：“孤独是一个人的喧哗，喧哗是一群人的孤独。”培养独处——静得下心来——的习惯是进行良好写作的前提。

其次，写作的提升也需要循序渐进的过程。学写作和学说话是一个道理。一个幼儿最先开口讲的一定是“爸爸”“妈妈”这样简单的音节，尚难构成完整的句子。即使后来终于能够完整成句，往往也是颠三倒四，并常会伴有有违逻辑的惊人之“语”。我们觉得这太正常不过了。然而我们却忽视了写作也是同样的道理，忽视了写作也须遵循这样的客观规律，导致在教学中往往显得操之过急。我们总是习惯于对学生的写作指手画脚，动辄批评学生这里不连贯，那里不通顺，怎么连个比喻也不会用……有的老师在批评学生方面真的达到了出神入化，诲人不倦的境界和高度，唯独没能给学生正确的引领和示范。或者为了达到某一种所谓的“效果”，为写作设置了各种要求。殊不知，写作是最具个性化的劳动，要求愈多，思维受限愈多，结果学生还未动笔，就对写作产生了厌倦和畏难情绪。

魏书生老先生在写作教学上有一个颇典型的案例，作为语文教师的我们很有必要听一听，想一想：魏书生老师刚接手一个班，布置学生写日记，学生问：“老师，写多少字？”魏老师说：“大家随便写。”第二天，一个学生的日记只写下了一句话。魏老师就在课上专门讲评了这篇只有一句话的日记，夸奖他“一句话就包含了记叙文的六要素”，对这名学生进行了鼓励和表扬。很快，这名学生的日记变成了三句话，五句话，三百字，五百字……

试想，如果一个母亲对自己正在咿呀学语的孩子的说话“水准”总是不满和苛责的话，又会导致何种后果？

这是我对写作教学的一点认识。

在曾经十多年的语文教学中，我也基本上秉持了这样的认识和态度。在写作教学上，我与学生交流最多的竟然是“家长里短”，很少有过“方法指导”。即使有，往往也是轻描淡写，点到为止。常常是学生写和父母闹矛盾了，我便洋洋洒洒地给他出主意；学生写今天过生日真高兴，我就在批语中和他一起分享快乐，或者干脆送他一份生日礼物（往往夹在日记本中，不值钱的那种）……也许正是这种不经意的“引领”，才让学生更加乐于表达。同时也让我在繁忙的教学中减少了伏案批阅的烦恼，获得了更多自由的时间和快乐——能够和学生一起乐，也能够一个人偷着乐，那些日子真是充满阳光。当时，为鼓励学生写作我曾写过一篇《写作三境界》，附在了这本文集的最后，希望能给师生一点启发。

这本文集经过全校语文老师几个月的收集整理，凝聚了大家的集体智慧，这既是我校语文教学的一大成果，也是全校三十位语文老师才华和努力的见证，相信我们都是最棒的教书人！一次次翻看文集，学生这些或朴素或精美的文字，时时激励和打动着我，让我对未来充满信心……在此，也感谢这些同学们！

最后，祝愿我校的语文教学根深叶茂，祝愿二中学子个个笔下有神。

人且留香，我益奋进
——李敏老师支教文集《月季》代前言

一个月，一部小集子，一段用两万三千多字写就的教育扶贫历程，确如一朵月季，仰赖北京西城醇厚的精神滋养，又在张北的教育扶贫领域抽枝开花，以扎实的实践功底，明亮的精神光彩照耀人，引领人，并在她工作过的张北二中，乃至张北教育系统、整个张北扶贫领域恒久留香。

李敏老师是质朴的，她放下身段，主动适应环境，积极融入张北二中这个教师群体；李敏老师是厚重的，她用自己深厚的人文素养、扎实的教学功底启发着二中人在课改的道路上不断创新；李敏老师是感性的，她将周围的人群、张北的一山一水一草一木看在眼里，并深情地记在心上；李敏老师是理性的，她深刻地思考教育扶贫扶什么、怎么扶的问题，用自己的一言一行一节示范课一次公开讲座诠释一个教育扶贫工作者的理念、责任、担当和情怀。

支教扶贫，是用思想来撞击思想，用理念来影响理念。圆满完成工作任务的李敏老师返京，为张北二中的教育教学工作留下成功的经验总结和宝贵的精神财富。送人月季，手有余香；学习传承，再育新枝。主动勇敢地迎接撞击，孜孜以求地探索创新，培养属于我们自己的骨干教师，特别是年轻教师，缔造属于我们二中的中流砥柱，是发展二中、强大二中永远不落套、不过时、不忘记、不懈怠的主题。

学校是每一个教育者的精神化存在。因为热爱，我们成为一名教师；还是因为热爱，我们成长为一名好教师。因为有了好教师，我们才有了一个充实美好的精神家园和一个广受社会关注和称道的育人摇篮。愿二中全体教育同仁，携起手来，为学校更好的明天阔步向前！

激情燃烧的冬季

——记第三届课改星级教师评选活动

坝上张北的隆冬时节，寒风凛冽。窗外望去，大街上的汽车突突地向后喷着白气；行人裹起厚厚的棉衣，步履迟缓地走着，很像电脑屏幕上移动的光标……此刻，我正坐在教室里，参加学校两年一度的“课改星级教师”评选活动。教室里，但见教师循循善诱，耐心引导；学生沉思默想，踊跃回答。课堂上洋溢着学习的热情，激荡着亢奋的思维，夹杂着孩子们天真的欢笑，真是一幅朝气蓬勃而又其乐融融的景象。我在这如沐春风的环境里，早已忘却了窗外的严寒，不由得仔细聆听——

王小红的综合实践活动课，围绕“交友”的话题，听说读写结合，不但很好地发挥了课堂的语文功能，也对学生进行了生活上的有益引导，在实践课型上取得了新的突破。

褚彦霞围绕小说语言和人物形象的赏析，引导学生理解造成孔乙己悲剧的社会根源，课堂因深入而浅出，最后聚焦于孔乙己的“死”，学生想象已经海阔天空，写作还不自然天成吗?

曹香娟结合学生实际和生活实例来设计典型问题，以此启发带动学生思考，深入挖掘牧羊人的心理变化及原因，课堂因贴近学生而异常生动活泼。

李秀英凭借深情的投入和引导，不仅自身，也把学生带入南国细雨迷蒙的诗情画意之中，“情景交融”的写作方法因此而变得豁然开朗。

吴慧超依托课外诗歌，丰富了《乡愁》的教学内容，不仅将学生的视野引入到更广阔的天地，而且也启迪了语文教学由课内向课外拓展延伸的渠道。

赵秀琴运用课内材料指导写作，学生有巩固，有反思，有突破，这样的创意，在写作和阅读教学的结合做上作了有益的探索和成功的实践，为语文教学内容的整合开创了新的途径。

苏博元通过丰富的课外资料和生活实例，很好地促进了学生对如何构建和谐家庭的理解，加强了对“家庭成员多有矛盾，圆满解决才是真谛”的认识，构建起了思品课堂与学生生活的桥梁。

安海俊以问题探究带动、引领学生的学习和思考，改变了一直以来历史课重讲授轻思考的做法，大大促进了学科教学与新课程理念的融合。

张晓雅通过清晰的任务引领，多样化的活动设计，严谨的课堂组织，使学生在融洽的互动交流中加深了对生命健康权的理解，强化了学生的自我保护意识。堪称课改模式的典范。

张丽琴大胆起用学生讲授，这种对传统课堂颠覆性的改变背后，是学生主体思想理念的进一步凸显，这样的课堂，为落实新课程理念提供了很有价值的思考。

王秀虹、李艳霞、李树芸、刘瑞琴、游微娜、武爱军，我目睹了你们每一个人的课堂风采，但抱歉的是作为英语门外汉的我，只能看到你们丰富的表情、摇曳多姿的手势和学生跃跃欲试的激情，却绞尽脑细胞也无法勾勒出当时的教学内容和情景，只能对你们说一声——对不起。还有侯素琴、乔勇、庞永爱、李竹青、武清华、白润梅、来英这些理科的老师们，虽然我没有聆听到你们的教学，但我了解到你们每个人都展示出了自己不同的风格和别样的精彩，每一堂课都有很多值得学习的优点和经验。

活动过去了，但留给我们太多的感动和思考，等待我们去回味，去创造！大家在课改道路上凝聚的热情，足以温暖这个寒冷的冬季。教育的道路没有穷尽，回望身后，有我们深深的足印，展望前方，虽然艰辛，我们也不会停止跋涉的脚步……回顾过去，在新课程理念的指引下，张北四中的课堂教学改革一路走来……

2012年春季开学，在经历了近一年的对现状的研究和讨论后，学校果断决定，学习先进理念，走课改之路。之后三年多的时间里，为了建立符合自身实际的课堂教学模式，学校五次组织教师远赴石家庄九中、十八中观摩学习；召开全校课改推进会四场；组织不同规模的讨论八次；总结撰写课改资料十多万字，积累教师外出学习体会八十余篇，初步探索形成“导学练三位一体”的教学模式，并在实践中不断改进完善。至2015年底，“导学练三位一体”的教学模式框架基本成型。其后经过全体教师的进一步努力探索和课改领导小组的精心论证修改，课改模式的特点更加明晰，导学练案的设计思路更加明确。2017年秋季开学，《导学练三位一体教学模式》印发全体老师，这标志着张北四中的课堂教学改革进入了新阶段。其后的一个学期，在课改领导小组的大力推进和全体老师的共同努力下，“导学练”的深刻内涵得到了进一步的贯彻落实，各学科“目标——任务——活动——方法”的课堂架构逐步完善。

这次课改星级教师评选活动，是在课改模式理论体系较为成熟而有待实践转化的关键时刻举办的，意义非常。为了这次活动，大家做了精心的准备——用心撰写导学练案，设计课堂活动；深入钻研教材，研究学生；大胆改变传统，创新教学方式。每一个课堂环节，每一项活动实施，每一处点拨引导，点点滴滴都凝聚了大家辛劳的汗水和心血，闪现着大家智慧的光芒。

本次活动，不仅显示了张北四中教师不惧困难、勇于开拓的精神，也展示了我们在课堂教学改革上取得的最新成果。教师理念进一步更新，学生主体地位得到进一步彰显，教学任务和活动的安排设置更加具体、明确，更加符合学情。大家的课堂教学以及撰写的导学练案和说课材料，颇具典型性，代表了目前我校课改的最高水平，前沿水平，真正值得各学科教师学习品鉴。

一次活动，就是一次展示和学习；一次活动，就是一次促进和提高。旅途没有终点，课改没有止境，教育永远都在路上，不断跋涉才是旅行者的本色。

活动结束了，走出教室，严冬洗礼下的校园简洁端庄。操场上，到处都是孩子们活泼跳动的身影。寒风劲吹，坝上的天空却依然明净、辽远、广阔……

捧得春来百花香

——首都师范大学培训总结

为期十天的“取经”生活在首师大老师的精心组织下，在对众专家的倾心敬慕和沉甸甸的学习收获中圆满结束。师大真美！景美，人更美；外表美，心灵最美……十天时间眨眼间便过去了，对温暖、神圣的殿堂还没有来得及回眸，时光业已掉落凡间——坝上张北已是冰天雪地，零下二十几度吔。

回顾本次学习，围炉夜话如下：

一、了解基础教育最新动向，开阔了教育视野。

当我们还在延续传统教育埋头苦干的时候，当我们还在“一支粉笔一本书”执着于讲台的时候，当我们还在以无穷的习题来促进学生对知识的吸纳的时候，当我们还在面对学生口若悬河的时候，当我们仅仅因为学生考了满分而津津乐道的时候……我们并不知道，国家教育的前沿已经走到哪里，我们努力的方向又在哪里。

经过几天的培训学习，经过专家们对国家教育政策和发展方向的解读，我才清醒认识到我们地区教育落后的现状竟然如此突出，过去每谈及教育落后，首先想到是我们的贫穷导致我们的硬件设施跟不上。当了解了北京先进的教育理念、优秀的师资队伍和完善的教师培训机制以后，我突然觉得，决定教育发展的更重要的因素是人文因素，是地域环境、是思想认识、是教育理念。

党的“十八大”以来，国家领导人和教育有关部门审时度势，顺应时代潮流和世界教育发展的新形势，在习近平总书记提出的“立德树人”教育总目标的指引下，研究制定出“中国学生发展核心素养”，核心素养的提出，既明确了我国基础教育未来的培养目标和发展方向，又使基础教育在落实国家教育方针政策上有了可操作的规范和抓手。核心素养是素质教育的继续和发展，也是素质教育新的起点。

我们地区的教育虽然落后，但只要站在国家教育发展战略新的起点上，站在培养和发展学生核心素养的高度上，结合自身实际，循序渐进，促进理念更新、制度更新、方法更新，相信在不久的将来，我们的教育会紧跟时代的步伐，显现出强大而持久的活力。

二、借鉴先进做法，对教育如何创新有了更加深刻的认识。

面对新的教育形势，特别是“核心素养”的提出，课堂究竟应该如何落实，专家们从宏观上给予了思想引领，从中观上进行了策略指导，从微观上展示了大量案例，不仅使我们心中的疑惑一一消释，同时也引发着我对学校课堂教学改革的深入思考。首师大附属小学二年级以新颖的形式取代传统期末考试的做法，房山区对初一新生实施核心素养大数据追踪的尝试，国际 PISA 测试的生动案例让我们第一次对教育创新有了直观的感受和认识。

这使我不由得想到自己的教育实践。我校课堂教学改革（在当时也可谓是创新之举）已经坚持六年之久，在大家日积月累的摸索中最终形成了“导学练三位一体”的教学模式，模式的核心和指导思想在于将学生学习的全过程——课前预习、课堂学习、课后练习——纳入教学的精细化管理；课堂教学设计的宗旨是“做中学”，主要流程是将“教学目标”转化为切合学生实际的“教学任务”，根据“任务”设计“学生活动”，以“活动”保证学生课堂主体地位的落实和学习目标的达成。

几年来，我凭借自己微不足道的一点“教育思想”带领教师们一路走来，说句实在话，我自己对改革的信心也不是很足，目标也不是十分清晰。这次培训学习，各位专家教授的讲座使我对我校的课堂教学改革充满了信心，因为我们的方向是正确的。而且我从专家的讲授中得到了更加深刻的认识和启发，课堂教学的改革需要思想理念的引领，也需要立足实际的实践创新，在课改已有成就的基础上，在坚定信念的支撑下，在核心素养系列先进理念的指引下，我将在课改再出发的道路上带领全校教师继续前行。

三、纠正认识偏差，开创理念引领教研，教研促进教学的新路子。

就我们教育的现状而言，一直以来，教师埋头教书的多，做研究的少；学校注重教学成绩的多，关注学生发展的少；管理要求结果的多，倡导策略和过程的少。

本次培训不仅开阔了视野，提升了教育理念，同时也使我对过去一直以来的教育教学进行了深刻的反思，从而发现并认识到在我们教育中尚存在的诸多与国家教育的导向相悖的做法。就像前边提及的几点一样，我们急需要扭转这种方向性的错误，纠正认识上的误区，地区教育方有可为。

教研是教师提升业务能力的重要手段，也是改进教学的必要途径。可是我们平时并没有将教研放在应有的高度和位置，或者更多时候只是走走形式而已。没有教研的引领，教学就失去了方向，教师就丧失了前进的动力。通过本次培训，看到北京各区教研部门各有千秋、行之有效的教师培训和教研工作，开启了我对今后教研工作的思路。我们今后要在先进理念的引领下搞教研，要在立足现实的基础上搞教研，实现思想引领，教研推动，创新教研模式，改进教学方法。让有实效的教研真正能够推动学校教育教学的发展。

培训结束了，但思考才刚刚开始，借用一句时髦的话，“教育永远在路上”，每一次出发都是新的开始。昨天儿子说了一句话：“心中有爱，眼中有光。”此刻，也可以用来形容我的心境。

再见了——首师大！谢谢你几天来给我的收获！时节已近隆冬，但再寒冷的冬季也无法禁锢思想的萌发。在教育的春天里，我愿做一朵无名的小花，与大家一起绽放！

也谈教育

什么是教育?

首先令人想起雅斯贝尔斯说过:“教育的本质意味着:一棵树摇动另一棵树,一朵云推动另一朵云,一个灵魂唤醒另一个灵魂。”这句话的关键之处在于树与树、云与云、灵魂与灵魂的关系。即是说教育者与被教育者在人格与地位上是完全平等的,否则便谈不上教育。他还有一句重要的话说:“所有外在强迫都不具有教育作用,相反,对学生精神的害处极大。”他同时指出:“只有导向教育的自我强迫,才会对教育产生效用。”

这又令我想起我们身边的“教育”,我们肩负着教育的使命,可是有多少时候,我们却在理直气壮地干着反教育的勾当呢?话虽说得有些生硬,但现实难道不是更坚硬吗?当课堂上我们强加于学生超出他们力所能及的学习任务的时候,当学生完不成作业被我们一味呵责的时候,当学生因犯错而遭遇我们鄙夷眼神的时候,我们是否意识到,我们是在借着“灵魂工程师”的名义,行着扼杀灵魂的事实!更为令人扼腕的是,教师群体的失忆,使我们丝毫不见自身的过失而将矛头一致对准学生——学生反应迟钝,学生不思进取,学生品性顽劣,学生……

结果是学生真是大逆不道，不仅对老师的苦心孤诣无动于衷，还陷教师于苦大仇深，几成天底下最大不幸之人，颇需要全世界的同情了。

这是教育注定的悲情吗？还是教师自取的悲哀。

教育是阳光的事业，前提是我们要有阳光的心态。教育需要教育者有真诚的爱心与十足的耐心，教育必须是正面的、积极的、催人向上的。微笑可以感化心灵，善意才会开启蒙昧，入情入理的耐心才可谓之教育，才能使人得教化于无形。反面的那是警示，是批判，每一个幼小的心灵都是一张白纸，或许他不小心已遭受了周围环境的污染，但正因如此才更需要我们帮助他清除污点，描绘上最美的蓝图，而不是让丑恶留下更深的烙印。

教育的优秀案例古已有之，孟母三迁是教育，岳母刺字是教育，诸葛亮“七擒孟获”同样是教育。让我们学学先人，摒弃急躁与功利之心，还教育以本来面目。让教育的微风拂过面颊，虽不留痕迹，那份清爽却已沁入心脾。愿我们共同努力，用真情幻化教育为缕缕春风，拂面又拂心。

从生活中来，到生活中去

——从一道数学题看书本知识与现实生活的联系

今天，读到这样一则故事：

1928 年，应著名爱国教育家、南开教育的奠基人张伯苓先生的邀请，英国著名学者温弗莱·莫林可女士来到南开大学参观。

在交谈中，张伯苓表示很欣赏英国的教学方式，并希望对此有更多的了解，温弗莱便决定在南开上一节数学课。

课上，温弗莱给南开的大学生们出了一道简单的数学题：在一条河一侧的 B 地仓库着火了，住在与仓库同侧的 A 地居民马上拿着水桶到河边提水奔向 B 地救火。请做出居民救火的最佳路径。

题目一出，学生就纷纷给出答案，而且答案是惊人的一致：做出 B 点关于河流的对称点 B'，连接 AB'，与河边交于 C 点，则由 A 经由 C 再到 B 的路线就是救火的最佳路线。

温弗莱有些失望，她再次问了一句：“你们的答案都是这样的吗？哪位同学有不同的想法？”

教室里一片寂静。

看到一位男生想要举手，温弗莱鼓励他说：你大胆地将自己的想法表达出来，或许你的一点点新的想法会给大家带来极大的启发。

这位同学听了，便站起来说：居民提着空水桶不是可以跑得更快一点吗？所以我觉得 *BC* 这段路程应该更短些……

话还没有说完，刚才还一片寂静的课堂一下子炸开了锅。大家的思维被大大地激活了，讨论声、争辩声此起彼伏。

于是，学生中产生的种种问题都在课堂上被提了出来。

有的学生问："老师，我们书上的答案是不是也有错误或者不全面啊？"

也有学生问："老师，要是 *A* 地到河边没有路怎么办？"

……

温弗莱一直没说话，直到学生们不再发问了，她才说："好了，同学们，我现在可以告诉大家，我们书上的那叫参考答案，而不是唯一答案，这道题是没有标准答案的，最佳的路线要视实际情况而定。"

"啊！？"

看着学生惊诧的表情，温弗莱微笑着对大家说："大家现在发现没有？生活中的数学问题与我们书本上的数学问题有很大的关联，但又绝对不尽相同。为什么是这么回事呢？"

"一方面，我们要明白书本上的数学问题是将实际生活中的数学问题作适当简单化，抽象出来的；另一方面，在我们运用所学知识解决实际问题时，要考虑实际情况，要根据具体问题进行创造性地运用，而不是墨守成规、照本宣科。OK！"

……

读完故事，我陷入了沉思——

多少时候，我们的教学以不容置疑的“标准答案”禁锢了学生的思维，多少时候我们的课堂以教师的威严压制了学生的灵性，多少时候我们的教育以枯燥的说教和刻板的“知识”割裂了学习与生活的联系、屏蔽了学生的视野、缓慢了学生的成长，从而将学生的精神压抑在万劫不复的痛苦深渊。久而久之，我们的学生不再有思考，不再有个性，不再是本该最富想象力的活泼的儿童……而这一切又是多么的“顺理成章”啊。故事中温弗莱老师的一句点拨，在学生面前推开了一扇他们从前一直不曾打开过的窗户：原来书本知识的背后就是千变万化的生活，我怎么一直不知道呢？难道仅仅是一道数学题如此神奇吗？不，绝不是！其他知识、其他学科何尝不是如此。说得对，任何知识、任何问题都是生活的反映与抽象。让我们勇敢打开窗户，将目光投向教室外面的蓝天，那将是一个多么广阔的崭新世界！

说到这里，我们面临的一个深刻问题便是做教师的如何利用好书本，如何在教给学生“知识”的同时向学生打开生活的大门。知识是死的，教师的职责不仅仅是让学生学会“纸上谈兵”，更要以开阔的视野让他们学习和掌握灵活、创造性地解决实际问题的能力。温弗莱的做法背后所蕴藏的思想精髓才是我们真正应该学习和好好领悟的，那就是学习须从生活中来，到生活中去！

童谣二首

缝豆豆

小妞妞
吃豆豆
一颗一颗小豆豆
多像一枚纽扣扣
学妈妈
多辛苦
找来针
找来线
要把小豆豆
缝上袖口口
小妞妞
缝扣扣
针儿不听话
扎了小手手
妞妞直想哭
又怕变成小丑丑
咬咬牙
攥攥手
一口吞掉小豆豆

春天到

春天到，春天到
小朋友们户外跑
来到南山空气好
静卧一座大寺庙
和风吹，阳光照
红砖青瓦显妖娆
赶快跑，赶快跑
更美景色在西郊
西郊美，西郊妙
森林里，鸟儿叫
春风爬上杨柳梢
新芽初露眯眯笑
赶快跑，赶快跑
春风吹，春意闹
护城河边冰雪消
朵朵白云水下飘
洋河桥，顺城桥
风驰电掣乐逍遥
赶快跑，赶快跑

览胜楼，南立交……
一路跑，一路笑
春天路上要赶早
勤学习，多努力
新生活，亲手造
家乡明天更美好！

2015，我来了

“2015——”
在新年钟声的袅袅余音中
带着劳碌与疲惫
怀着欣喜与展望
踏着小肥羊“哒哒”的足音
我们已被推到了新年的舞台
喜悦、忧愁，欢笑、泪水，幸福、苦恼……
一齐抛洒身后
新的剧幕已经拉开
赶写你明天的脚本吧
遗忘过去的不快
珍藏起曾经的拥有
用真诚和勤奋
在羊年的舞台上
舞出你靓丽的神采

2015是欢快的——
听，咩声悠扬

2015 是充满希望的——
看，老虎已被关进了制度的牢笼
2015 以崭新的姿态拥你入怀
安详、静谧、和谐、向上
休憩一下你劳顿的心情
放松你紧绷了一年的神经
犒劳一下勤奋的自己和家人
高高举起酒杯
眼眶溢满幸福的泪水
握着幸福的手
才知道幸福啊
你来得这么容易

生命在时光中销蚀
无需等待，更不用热切盼望
小孩子明天就会长大
青年人倏忽间就会苍老了容颜
老年人心里讪讪地说
时间的脚步你停一停
我还没完成生命的最后夙愿
但时间
只是轻吻一下你的脸颊
便逃遁了
珍惜时光的最好办法
就是点燃生命的激情

小孩子快乐成长
青年人投入地工作
老年人静享安闲

起舞吧
随着 2015 款款的脚步
在新的一年中
舞出青春的铿锵节拍
舞出生活的异样风采
舞出日子的艳丽红火
舞出生命的激情澎湃
每一天都值得珍惜
不论阳光明媚还是风雨如磐
哪怕在隐晦的日子里
也要有阳光的心态
人生
谁也没有永远的朗月风清
只有经历过风风雨雨
才能砥砺你生命的本色

让我们张开双臂，深情拥抱
让我们放开喉咙，大声歌唱
——2015，我来了！

母亲其人（外一篇）

（一）

母亲已经年逾古稀，但是个地道坐不住的闲人。

已经七十岁的父亲和母亲，身体还算硬朗，都不肯赋闲在家，依然要为家庭发挥余热。好在看门房的工作不算累人，无需付出多大体力，又有表哥照顾着，因此也就只好遂了老人的心愿——只要父母乐得开心。

其实从单位的聘用关系上来讲，这本是父亲一个人的岗位职责，怎奈父亲是个不太爱操心的人，做事总比别人慢半拍。在母亲眼里，那可是责任心的严重缺失。因此，遇到公家车出车进，单位有陌生客人来访，母亲总是先于父亲将大门打开，再关上；或者主动与来人搭讪问询。在父亲看来，这就是好管闲事。就这样，不知从哪天起，“没有责任心”的父亲的岗位竟然慢慢变成了“好管闲事”的母亲的职责。

再后来时间久了，单位的人有事干脆只与母亲交代。诸如开会要打扫好屋子，值班要听好电话，来人要按规定登记之类。这下可好，没有人来找父亲，父亲也乐得清闲，无所事事的时候，就端坐在椅子上望院子里的麻雀。反倒是母亲热心地扮演着志愿者的角色，不亦乐乎地领受着这样那样的任务，一刻也不得消停……

有一件事情，父亲还是能够积极完成好的，绝对无需母亲催促。啥事情？领工资。每个月领工资的日子，父亲总是记得切切，一次也没有耽误过。有时我看到父亲数钱，就开玩笑说父亲是吃空饷的。父亲不明白“吃空饷”的含义，只是自豪地抬起头说：“嗯，又领工资了。”说完，又从头再数一遍。母亲若在身边，此刻必会显露出一副鄙夷的神情来。

（二）

用儿子的话说，奶奶超有爱！

确实，要说家庭成员之间，母亲与儿子的感情最为深厚。

儿子从呱呱坠地，便由母亲一手带大。当时，父亲和母亲还在百里外的宣化谋生计。儿子出生后，母亲先是回来专门帮助我们看孩子，待到小儿两岁多的时候，又接往宣化。但小儿可怜巴巴的样子又令作奶奶的实在不忍心，不足一月，一老一小又风尘仆仆回到我们身边。从此母亲便一直留了下来，再不提回宣化的事情。一晃儿子到了上学的年龄，母亲才恋恋不舍地将儿子送到学校。此后的日子里，每次打电话，母亲第一句话总是问她的孙子咋样啦，学习好不好，生病没有……

母亲在家庭中的付出是巨大的，尤其在孙子身上。

这不，儿子在天津念高中，高二的时候，忽然身体不适。得知情况后的母亲，第一个提出陪读的建议，并且自告奋勇，说能给儿子做饭——母亲知道，我和妻子都工作忙，走不开。就这样，年近七旬的母亲再一次抛家舍业，只身来到天津，又一次担当了家庭的重任。

陪读是个熬人的活儿，单调寂寞是免不了的。但每次通话，母亲对此只字不提。而且平时厉行节约的母亲一下子变得大方起来，总是把积蓄偷偷地贴补到孙子身上——牛奶买最好的，苹果买最贵的——在她老人家看来，真的是“一文价钱一文货”。虽然妻子多次劝说没必要这样浪费，但母亲坚持这样认为，说钱给儿子花了，值！

现在儿子高三，母亲依然经常打电话来，问儿子的学习紧不紧，考试怎么样。每次都要千叮咛万嘱咐，一定要吃好，休息好，末了一句总是“钱不够跟奶奶说啊。”

（三）

“哼，甚也不是，我看是关心你过于多了！”如果听到母亲说这样的话，那一定是她老人家与我生气了。

是的，母亲过度的关心，经常招致我的反对。因为她从不为自己着想，好像一切心思都在别人——我们一家三口——身上。哪天下班晚了，饭搁在锅里，她一定会等你回来才吃；一天不通电话，她就会坐卧不宁，一次次地到大门口守望；她吃不动苹果，但经常要买上，洗好了，等你一进家门便端了上来；外出聚会，她要反复叮嘱，少喝点酒啊；今天看你衣服穿少了，明天又问你穿那么多不热？为此，我经常嫌母亲啰唆。

前一阵，母亲关节炎的老毛病又犯了，实在坚持不住，才去了门诊，服了几服中药。那天饭后，我又问母亲近来腿咋样了，母亲故作轻松地说：“没事，没事，这几天好多了。”父亲在一旁听了嘿嘿道：“你妈的病你们一来就好了。”事实上是母亲在我们走后经常由于病痛向父亲发作。

母亲若此，我呢？听亦不是，不听亦不是。那就亦听亦不听。于是，便有了一种奇怪的现象——我与母亲距离最近，但“矛盾”最深。我不能一日不见母亲，因此，每天下班，我总要到父母那里坐上一会，有时甚至一天两回、三回。即使一句话不说，走上一圈，也觉得心安。也正是这样的时候，母亲像对待婴儿般的关怀往往使我冲她发火——您干吗嘛呀这是，我又不是笼子里的麻雀……最后，母亲便会愤愤地说：“哼，甚也不是，我看是关心你过于多了！”我连忙给母亲补充道：“完全正确，您老人家记好了。”

第二天下班前电话又来，“中午莜面，你爸推得，过来吃吧。”“好的，妈妈。”

我的婆婆我的娘

王海霞

在家里，我习惯把母亲唤作“娘”，把婆婆唤作“妈”。这两个女人，一个给了我出处，是我的故乡、老家、生命之根。一个给了我另一半，给了我生命中第二个家。当她用万分疼惜的目光望向他的儿子以及我的儿子，我知道她在我的生活中，以一种必然的介入，注定与我发生千丝万缕的关系。

我第一次上婆婆家，与婆婆一块择菜聊天，婆婆直夸老公的表嫂，是勤俭持家的一把好手。我知道这话是用来教导我的，揣想这个未来的婆婆是不是特别挑剔，不好相处。后来才慢慢了解，她所有的心思都在我们这个小家上面，最大的心愿是希望我们过得好。最难能可贵的是，她始终与我们这个小家保持合适的距离，不横加干涉我们的生活。1997 年我生下儿子，那时老公外地工作，我又要上班，婆婆与公公分开三年，全心全意照料我们母子。孩子最淘人累人的时候，她也尽可能给我做口热乎饭。知我胃口不好，怕凉，热饭出锅，常常是我先吃，她把儿子抱在怀里，让我安心吃饭。结婚二十年，我俩白手起家，买平房，换楼房，每一次，婆婆都把省吃俭用的钱拿出来补贴我们。儿子高中三年，在天津申办了蓝印户口，学校不管食宿，需租房子陪读，我和孩子爸爸又不能长时间请假，又是婆婆主动请缨。总觉得这么多年来，她是我家坚强的后盾，在最需要支持的时候，她一直在。婆婆老高中生，当过民办教师，文革时因家庭成分不好，民办教师被免，和公公一块流落到外地打工。她属于特别能吃苦的女人，卖过冰棍，当过保姆，做过裁缝，看过工地，当过门卫。在外面漂得久了，和各色人打过交道，婆婆比母亲更能适应生活环境，说话办事，周到得体。孩子爸爸从外地调回来，我们结束了两地分居的日子，公婆也结束四处打工的生活，一家人聚到了一起。我买的第一处平房，有一个偌大的院子，婆婆把它平整出来，我和她一块种菜种花。秋天的时候，西红柿如灯笼，挂满枝蔓间；各色的花开得烂漫，路过的行人忍不住向院子里多望几眼。我觉得婆婆是用行动来告诉我，好女人，一定能把朴素的生活过出光彩和味道来。

娘77岁，大婆婆6岁。娘不识字，几乎一生的时光都交给了山村、土地，一成不变的生活和一览无余的日月。娘生了我们姊妹五个，经历过1958年炼钢，1960年饥荒，母亲把自己所有的智慧用来解决一个问题，那就是如何把我们一个不少地拉扯大，并最大限度地保证吃饱穿暖。那个年月，物质生活的匮乏是现在的孩子们无法想象的，一瓜一菜，一张白纸一枚火柴，都无比珍贵。熬过油灯相伴穿针引线的日子；熬过近乎断炊断火，等救济下锅的日子；熬过孩子们相继读书，要学费路费的日子，父亲突然就去了。料理完父亲的丧事，我返校上学，母亲送我到村口。天正下着小雨，我在公共汽车开动的那一刻向母亲挥手，风很大，老旧的雨衣被风吹起，像黑色的命运罩住了母亲。我后来才渐渐体会，我弱小却迸发惊人能量的母亲，从父亲躺进墓地的那一刻起，她的世界就一直在下雨，需要我撑起一把伞，为她去遮挡命运无常的风雨。

母亲和婆婆在一起，聊得最多的是老家的山，老家的水，旧时光老伙计。常常是一个人回忆没吃少穿的艰难岁月，另一个泪流满面。婆婆经常嘱咐我，好好孝顺你娘，老太太不容易，你们少买件衣服，少下次饭馆，就是老太太几个月的生活费；娘经常安顿我，你婆婆是个明白人，一心一意就为你们了，你得识好歹，不能让人家受委屈。我的俩位母亲！她们一样善良，一样深明事理。她们让我深深感恩，在今生今世与她们母女婆媳一场，这是前世佛前求来的缘分。

感 动

8月25日，是新生退费的第一天。从下午一上班，便有家长陆续到来。三四点钟的时候，家长人数达到高峰，本来局促的办公室显得拥挤不堪，楼道内亦站满了等候的家长。我一个人忙着收条、查找名字、签字、付钱，兼以维持家长混乱的秩序。取回的五万元钱眨眼间已所剩无几。

一些乡下来的家长急着要坐返回的班车，眼瞅着他们急切又无奈的神情，我无法不照顾他们一下。“家长们，乡下的先退，城里的明天再来！”我大声疾呼。“家长们，乡下的需要赶车，照顾他们一下，我们城里的明天再来好不好？”我大声地解释着。“我们没有时间。”“哪有乡下的，都还在城里住的了，听他说了。”几位家长嗫嚅着抱怨。拥挤的人潮始终一个也不见减少。

教育的效果等于零！我只好采取强制措施了。在强行阻止了几位城里的家长，并将最后一沓人民币交到一位二台家长手中的时候，我终于松了一口气……

钱退完了，人却还有一屋子。不过，这下不愁解释，大家看着我手中的最后一张人民币分发出去，便知道再等下去是什么结果了。于是，大家不约而同地无声散去。

家长刚刚离开，孟献红老师进来了。“岳校长，今天给新生退费了？”“嗯，孟老师！”“有个亲戚，报名时交了一千块钱……”“来，孟老师，你签个字吧。”我把身上仅有的一千元钱退给了孟老师。也许她觉察到了我空空的钱包，说要不先给别人退吧，自己不着急。我赶忙解释道：“不，孟老师，家长都已打发走了，今天估计没人来了，你快拿上吧。”孟老师一直是我尊敬的人，在我刚到二中教书时，就认识了孟老师。当时给我的印象敦实、厚道、善良，十多年来，虽除工作之外再无更深交往，但她总令我仰望。

送走孟老师，忽然想起，五万元钱，该不会发错吧！应该订对一下人数才对。于是我又赶紧找出条子，查对签字，计算钱数，从未经手过这么多钱（见笑了哈！），心中还真没底。

咚咚咚……“进来！”

快要六点的时候，又进来两位家长。我一看是退费的，连忙向他们解释：“今天没钱了，明天再来吧。”两位家长并没有离开，一位家长有些不自在，欲言又止的样子。“还有什么事吗？”我问。“校长，真不好意思，我家孩子看病，买药钱不够了，看能不能给想想办法。”怎么办？钱早已一分不剩，银行更早已下班，唯一的办法——借，可时间已经六点多了，老师们走得差不多了，只剩下上自习的几位，也不见得能有一千块钱啊！正在一筹莫展之际，孟老师出现在了门口，显得有些气喘吁吁。“岳校长，我在上自习，看见两位家长上来了，快给你这一千块钱。”说完，转身离去。两位家长被突如其来的意外震惊了，一副喜极而泣的样子，高高兴兴地拿着一千元钱也离开了。

送走家长，我赶紧追下楼去，想追上孟老师，说声“谢谢”。当我赶到教室门口的时候，孟老师已经在辅导学生了……望着孟老师和学生亲切交谈的样子，我的内心却怎么也轻松不起来，一种从未有过的强烈感动，充溢了我的胸口。

我悄悄地站在门外，久久地注视着穿梭在学生中间的孟老师。忽然，我仿佛又回到了久违的课堂。“我这时突然感到一种异样的感觉，觉得他满身灰尘的后影，刹时高大了，而且愈走愈大，须仰视才见……”琅琅书声中，分明一个愈来愈高大的身影正缓缓从讲台朝我走来……

《过大坝之布尔噶苏台》鉴赏

过大坝之布尔噶苏台①

（清）宝鋆

大巴汉岭高入云，我今策马入云里。
四围天地青旋螺，数点牛羊黑聚蚁。
自笑拘文牵义②人，心境开朗顿如此。
前程万里定何如，目空一切自兹始。

［注］

宝鋆在咸丰四年（1854 年）八月，奉使三音诺彦部，三音诺彦部为外蒙古旧部，即赛音诺颜部。该部在雍正三年（1725 年）分土谢图汗部西境置；乾隆三十一年（1766 年）加汗号，为喀尔喀四部之一，在今蒙古国后杭爱、巴彦洪戈尔等省境内。他于这一年八月初三从北京昌平出发，初六到怀来，初十到老龙背，初九到十四日在张家口。他沿张家口驿路出发，共行程 27 天到达后杭爱山的三音诺彦部。于咸丰八年（1858 年）十月集著《佩蘅诗钞》，而《三音诺彦纪程草》作为该诗集的一个组成部分，对当时察哈尔地区和乌兰察布盟四子部落旗的情况吟咏如下。宝鋆（1807–1891年）清满洲镶白旗人，索绰络氏，字佩蘅。道光进士。历授内阁学士、礼部右侍郎等。咸丰六年（1856年）五月，授正红旗蒙古副都统。十二月，调正红旗满洲副都统。咸丰十年（1871年）任总管内务府大臣，理户部三库事务，会办京城巡防。以财政拮据为由，反对提库帑修缮热河行宫，触怒咸丰帝，致被降职。逾月后因巡防有功而又复原官。同治帝继位后，入值军机，并充总理各国事务大臣，于洋务“新政”等多有筹划。同治六年（1862年）擢户部尚书。同治十三年（1874年）授体仁阁大学士。光绪三年（1877年）晋武英殿大学士。光绪十年（1884年）被免职。著有《佩蘅诗钞》。

①布尔噶苏台：即布尔哈苏台，改建后的张家口驿路之驿站，除了张家口汉站外，在察哈尔境内安设的第一台察罕托罗海、第二台布尔哈苏台、第三台哈留台等，共18台。第二台布尔哈苏台，在张北县坝上一带，意为有柳树的地方。该台由“布尔哈苏台河”命名，此河流域多产柳，故名。

②拘文牵义：古代成语，拘泥于字义、文义。

鉴赏：

“大巴汉岭高入云，我今策马入云里。”此句写岭之高而“入云”，虽语言浅近，但气势已足。“策马”以动态来表现诗人的兴致，更见形象。诗人可能是第一次上坝吧，见高入云端的山岭而不由心生快意。远望这奇崛之境，便按捺不住内心的惊喜，策马扬鞭冲九霄而“入云里”，激动之情尽含其中。

首联从平实处起笔，易读易懂，虽看似平淡，实则饱含了诗人浓烈的情绪，语言拙中见巧，耐人寻味。

“四围天地青旋螺，数点牛羊黑聚蚁。”颔联紧承上句，既是对坝上景物的细致刻画，又是诗人“入云里”后独特而美好的感受。

上句“青”字色彩鲜明，只一个字便勾勒出坝上初秋时节风景最显著的特点——上有湛蓝苍穹，下有碧波绿野。也许会有人质疑：说“青”字写草色没问题，于天空则有些牵强了吧！但试问，无湛蓝之晴空还能见青青之碧草吗？在现代雾霾重重的都市中青草不是也都早已失了颜色了吗？唐代诗人刘禹锡“遥望洞庭山水翠，白银盘里一青螺”将青山喻为青螺，此意象一出，诗歌境界顿开。而此处除此意味之外，“旋螺”一语更妙在使色彩具有了动感，且看诗人在这样天高地阔，纯净明朗的环境中，举目四望——脚下青山、碧水，头顶蓝天、白云尽收眼底，天地融于一色，使得置身其间的诗人着实有些眩晕，感觉脚下青山在“四围天地”的包裹中真的像只陀螺似的旋转个不停。此情此景，诗人的内心该是何等的惊喜啊！

下句“数点”用词精妙，突显了山岭之下草原的空旷深远。坝上牛羊多，一群群逐水草而放牧，但此刻的诗人登高而望远，在偌大的天地背景之下，群群牛羊早已化作点点“黑蚁”，或聚或散点缀在大草原上。想想牛羊尚且如蚁，更遑论诗人自身，眼前天地之大与自身之微形成强烈的反差，冲击着诗人的心扉。

元代杨载在《诗法家数》中说：“大抵起承二句固难，然不过平直叙述为佳，从容承之为是。至于宛转变化功夫，全在第三句，若于此转变得好，则第四句如顺流之舟矣。”此诗颔联就有转折得力，别开新境之妙。“自笑拘文牵义人，心境开朗顿如此。”作为由景入情终达于理的过渡，诗人道出自己本是“拘文牵义”之人，“自笑”不料如今突然“心境开朗”，何也？人物性格与心境的错位，足以证明其内心正经历着强烈震撼。诗人究竟想到了什么，此句并没有说明，虽欲言又止，却已呼之欲出。

“前程万里定何如，目空一切自兹始。”作为社会中人，日常生活免不了庶务缠身，或者被局促的环境限制着，或者被琐碎的细节纠缠着，身体疲于应付，思维陷于停顿，生活多靠惯性维持，忙碌而盲目。俗人大凡如此，恐诗人亦不能免。诗人今日奉命出使，说明平日免不了也多受人差遣。

然而，此时此刻，诗人被坝上草原纤尘不染、空旷辽远的景象深深触动，真是“天地既然如诗如画，心胸岂不豁然开朗”，生活中的喜怒也早已荡然无存，于是思想境界顿开，自己对前程、对人生开始有了重新的思考和定位。“前程万里”、“目空一切”显示了诗人此刻达观的人生态度和藐视一切的生活自信以及包容万物的博大胸襟。此感受颇相似于范仲淹的“不以物喜不以己悲”，但又有比之更加丰富的意蕴。只不过这样的人生考量于诗人而言前所未有，但会“自兹始”，表明了诗人对新的思想的悦纳和改变人生态度的决心。全诗情感在尾联达于高潮并得以升华。

纵观全诗，诗人目光所及天地广阔，笔触所至描绘生动逼真，且意到笔随，感情、议论生发自然，全诗景、情、议融为一体，值得称道。

人生如初见
——读纳兰成德词有感

我宁肯相信，每一个生命从呱呱坠地伊始，都是质朴与诗意的。其质地一定柔软如绸，温暖如火，光洁如玉……只不过“容若度过了一季比诗歌更加诗意的生命”（徐志摩）。在人事繁华的今天，他的人生和词作仍然能够让人找到远离现实的精神蜗居。所以不夸张地说，容若的一生，就是一个始终纯真如初的孩子，赤裸地走在生命的丛林里，哪怕世间的权利和欲望如何诱惑，他都是一个行走在自己生命里的人——仿佛心中只有理想，身外没有世界。

出生于侯门相府里的容若，理所当然地接受了当时最好的教育。父亲（纳兰明珠）的书房，老师的教育，国子监的学习，无不将博大精深的汉文化的基因一点一滴地植入他幼小的心灵，为他的生命注入了最初的也是最为重要的养分。这早早播下的一粒种子，使他日后的生命迅速成长为一朵绽放在历史星空中的奇葩。

容若为词而生，词也成就了他的人生。不论是少年的才华初现，还是与表妹的情窦初开；不论是秋水轩唱和，还是渌水亭聚会；不论是冠礼成婚，还是陪王伴驾……无时无处不是诗情萌发与绽放的土壤，每一块土壤都是那么的丰饶与肥沃，都总能够尽显其天才生命的光华。诗歌浸染了他的生命，他的生命也促进了清代词坛的繁荣与发展，从而使他在整个清代的文学史中占据了重要的一席之地。

可惜他的人生太过仓促。“阶前双夜合，枝叶敷华荣”，在他写下这首《夜合花》不久，他的生命就真如一枝夜合花一样凋谢了。三十一岁的生命使他编纂一部天下最好的词集的夙愿最终没能实现。不知是他痴情的创作过早地导致了心力交瘁，还是太过纯粹的理想使得天妒英才。不过好在人生的厚度并不仅仅局限于长度，而且，唯其短暂，才使得他的生命更显珍贵与绚烂。相信每个有幸读到他的红尘中人，都能眼前为之一亮，那便是纳兰成德短暂生命永不磨灭的精神光华……

正所谓“人生若只如初见，何事秋风悲画扇”。

杂感组词

忆秦娥

修业长，披星戴月路茫茫。路茫茫。模糊一片，失了方向。

拟使豪气冲斗牛，心有余顾频回首。频回首。才不满斗，羞煞钟繇。

桂殿秋

追往昔，忆同窗。意气风发心尤狂。何惧前途披荆棘。生来就是我霸王。

采桑子

一

满城雾霾车如织。人行零落。秋风绰绰，叶落枝头也落拓。

闲时觅得自在处。思绪忒多。恁花还在，失了容颜仍婀娜。

二

窗外霾色锁心头。凉比春愁。秒针铮铮，四顾无人笑语稠。

低饮浅酌梦里头。晨启午后。当日与共，分后相聚又无数。

浣溪沙

碌碌庸常四十载，江山日月似无改。往事如烟淡作霾。

人人争作尘上罴，唯有隐者不慷慨。终南山下道如来。

南乡子

孜孜灯下书，夜阑人静影只孤。皓首穷经耕不辍，凄苦。早将幸福寄轻愁。

杳杳红日升，碧水繁花轻拂袖。天亦有道酬勤者，定数。哪有耕耘作徒徒。

风流子

一觉四十载，浮华梦，惊起问人生。童稚村氓，草木鱼虫；少年离家，开启鸿蒙。二三立，几经归来事，五载得重逢。廿年一日，无波无痕，朝起暮归，桃李春风。

淡泊逐水流，清尊酒，江月有孤篷。杯茗尺宣白灯，笔下欢腾；静思颇有娱事，偶尔成文。忽如流萤，贮玉壶冰。淡墨未知深浅，纸上鲲鹏。

如梦令

几度童年梦回，东河堤下戏水。望直银钩月，何苦那般憔悴。举杯，举杯，只把晨曦灌醉。

望江南

挑灯坐,难眠忆当年。可乐村头溪水潺,牧马我独爱南山。咯咯开心颜。

雁过也,心事怎排遣。恁天恁地多变幻,梦里故乡多缱绻。不见儿时伴。

《春望》四首

（一）

春来黄沙漫天飞，
园里小草秀青眉。
夜闻雨声惊坐起，
明朝大地披新衣。

（二）

道旁杨柳吐新绿，
不见行人着春衣。
咋暖还寒五月天，
寂寞衣橱藏裙衫。

（三）

昨夜喜雨从天降，
今朝农人撒种忙。
愿为老天烧高香，
只盼秋日多打粮。

（四）

窗外春日吐骄阳，
莘莘学子备考忙。
春种秋收冬有藏，
一朝名字题金榜。

过烧烤庄

让文明滋养你的人性
让诗意蕴染你生命的空间
保留一份纯真吧
让你那因失了营养和水分而干瘪、饥饿的灵魂
再次注入博爱、友善、怜悯的因子
让仁爱和道义得以张扬

铸一副理智的牢笼
囚禁你物欲横流的贪念
赐一颗万能的灵丹
改造你魔鬼般的心肠
看
那只已失家园的小鸟
正在你的盘中狰狞
更狰狞的其实是
抹了口红流着涎水的那张丑陋的大嘴
你那臃肿的身躯
缺乏精神的装扮

忽然想起从前
在檐下看燕子呢喃
没有了
那个温暖的春天
在霾色主宰的天空下
我只好用回忆
折射出一片灿烂

午后街头

午后
那一片沉闷的阳光
焦灼的空气中
弥漫着
市声、汽车尾气
还有扬起的沙尘
下水道的恶臭
时不时迎面袭来
烧烤摊前
一群黄头发红头发绿头发
跳动出火焰的光泽
给午后的空气更添几分灼热
炭火上焦黑的麻雀
已然面目全非惨不忍睹
烤架上升腾起的股股浓烟
野兽一般东突西撞
最后
一头扎进小巷

小巷的边上
一辆泔水车
不停地溢出金黄的油脂
涮锅店的老板
嘟着一脸肥肉堆着笑
坐在迎街的柜台内
知足地剔着牙缝
几条辨不出毛色的狗狗
翻滚着争抢一块被人丢弃的骨头
偶尔发出几声狂吠
搅扰着午后小巷的宁静
小巷的拐角
修鞋的哑巴老头停了活计
倚在油黑的工具箱上
悠然享受着温热阳光的抚弄
很难想象他那双粗糙的手
也能干灵巧的针线活
一位拾荒的老人
踯躅在小巷的尽头
弓起的背上
大大小小的塑料瓶如山一般
随着迟缓的节奏
摆动得摇摇欲坠
凌乱射出刺目的光亮
小巷外

阳光依然沉闷
没有行人
只有一辆辆公车私车
喷吐出浊热的气流
喘息着逃离午后的街头

守　望

无雪的冬日
天空
一片苍白
窗外枯杨
嶙峋的丫杈
似在哭泣
夏日曾经的繁华
行人的
脚步匆匆
那棵苍翠的松
依然苍翠
在风中
听
北风急促的脚步
越过高山
穿过溪流
只为还愿一个
无言的守候

无酒　独醉

墨
涂满天空
黑白的世界
分明
杯茗氤氲
激荡的心绪
难平
邀
文字　音乐
赴一场盛宴
那些
精心编织的梦幻
与相知
无酒
独醉

听课速写

亲爱的老师
我在听你的课
为什么要听你的课
我也说不清楚
反正
我在听你的课
此刻
我就坐在讲台下面
看你温文尔雅的举止
听你循循善诱的教导
其实我知道
你的每一句话
都不是说给我听
你的每一个笑容
我都无权接受
我便这样木然地
坐在台下
听你……看你……

亲爱的老师
我在听你的课
为什么要听你的课
我还是说不清楚
反正
我在听你的课
此刻
你严密的推理
构建着学生的思维
你传神的语言
引发着学生的遐想
我
只有折服只有膜拜
因为我知道
你那优雅的背后
有多少辛酸的付出
你那一脸的灿烂
让木然的我感到阵阵眩晕
忽然
被你点燃的课堂的激情
将我猛烈地排斥在局外
深深令我
无处容身亦无地自容

亲爱的老师
我在听你的课
为什么要听你的课
我真的说不清楚
反正
我在听你的课
你看
我是如此地蛮不讲理
不过
你一定已经觉察
我的蛮狠外表羸弱的心
你对学生温柔地一瞥
我便被奚落与轻蔑包裹
我惶惑我不安
我多么盼望下课
现在
我不敢看你
你的每一个眼神
都令我惊恐
现在
我不敢听你
你的每一个问题
对我都是拷问
叮铃铃
铃声中我冲出教室

亲爱的老师
下一节我还得听你的课
为什么要听你的课
我永远说不清楚

后记：课堂上，有一瞬间突然觉得，听课者不但是一个很不受欢迎的角色——尤其领导，而且在教室里也是一个尴尬的存在。想当年，我是多么地讨厌别人听课，因为宽松的学习氛围总因领导的光临而破坏，而今……对本已经勤勤恳恳的老师们而言，听课是不是对他们劳动的亵渎和不尊重呢？

"互听互学"活动剪影

历时二十多天
听课一百余节
虽不言异彩纷呈
亦堪称眼花缭乱
期间多有个性十足者
树课改理念
展绰约风范

王小红的旁征博引
孟献红的庄重严谨
刘晓玲的循循善诱
王一磊的严密紧凑
马永华的简约流畅
刘瑞琴的灵活多样
褚艳霞的浅入深出
李军的德育渗透
张丽琴的以动促学
徐乃聪的巧妙调节

魏晓的广收博纳
银丽丽的精简练达
李艳霞的严慈相济
于和军的当堂落实
吴俊栋的精讲多练
武清华的方法实践
郭玉梅的扎实贯通
王桂梅的知行并重
郭雄的拙中见巧
张晓霞的井井有条
来英的激情投入
徐生艾的幽默质朴
牛启桃的生活拓展
周建敏的师生和谐
……
还有许多老师
课堂百态千姿
你我各有优势
互补通向极致
活动虽然结束
心底无限感触
大家精神鼓舞
汗水甘洒沃土
明朝更加进步
绘就课改蓝图

学校德育的几种途径

德育是教育之本。一个人的成长，关键在道德良知的确立和精神的日益丰满，否则便谈不上教育。而学校无疑是儿童教育的主要阵地，学校德育的功能只能加强不能削弱。然而目前大多数中小学或迫于升学压力，或由于重智育轻德育思想作祟，对德育或重视程度不够，或德育方式单一、教条，导致了学校德育功能的普遍弱化。

其实，学校实施好德育并不是一件困难的事情，可以依次从以下四个途径入手。

一、话语途径

语言是思维的外壳，也是一个人思想品质的最直接的体现，通过话语（语言）途径对学生进行德育教育包涵两层意思：一是指教师要对学生进行循循善诱的教导，让学生懂事理、明是非，以达教化的目的；二是指教师本身的日常用语、个人谈吐，要给学生起到榜样、示范的作用。

以上两个方面都是不可以小觑的，前者是思想教育，入心入脑；后者是示范引领，潜移默化。二者互为补充、相辅相承，才能起到教育的实效。

这就要求教师既要做循循善诱的“导师”，又要成为谈吐文雅的“绅士”，既要“秀外”，又要“慧中”，这样的教师，其话语才会有魅力，有效力，有执行力。前者，我们已经做了很多；后者有待学校的规范和教师个人的努力，学校应该切实倡导并培养教师文明用语的习惯，必要时可以作为教师基本素养来加以考核。

二、行为途径

常言说，言教不如身教，成人行为是直接影响儿童做事方式的重要因素，小到家庭、学校，大到社会生活莫不如此。在学校生活中，教师的一举一动是儿童最好的示范和样本，儿童在接受教育的过程中，不仅会“听其言”，更会“察其行”，古人所谓“其身不正，其令不从”说得就是这个道理，所以说只有教师自己“身正”，教育才会有令行禁止之效果。

因此，作为教师，要时刻注意自己的一言一行，让学生在与你的交往中，潜移默化地接受你良好行为的引导和浸染，不自觉地形成优良德行。其实这对教师而言仅是一项基本的素质和要求，学校可将此纳入师风建设的一个方面，长期深入，促成全体教师以身示范，行事端正，良好的校园风气便会蔚然成风。

三、环境途径

环境对人的成长很重要，在何种环境氛围中长大的人就会形成何种与环境相协调的性格、习惯、品性，我们常说的环境育人就是这个意思。广义的环境包括物与人两个方面，以上两种途径所涉主要是学校“人”的因素，接下来我们再说陈设、布置、布局等“物”的因素。

一所学校，一定要给学生营造一种健康、积极，乐观、向上的文化氛围，让学生时时处处感受到校园的文化气息，呼吸到校园中健康自由的空气，身不由己地成为校园文化的接受者、维护者和传播者。只有校园中形成了好的文化氛围，才能杜绝不良思想对儿童心灵的侵蚀，才能匡正儿童已经形成的不良思想，才能陶冶学生的心灵使其健康成长，这些离不开校园环境的建设。

学校大到校园建设，小到教室、廊道、办公室、宿舍，甚至一块黑板、一个角落的布置，处处要体现出校园文明，体现细节的精致，彰显学校积极向上、催人奋进的教育理念。这些，第一需要校长的思想引领和顶层设计，其次需要全体教师的智慧和行动，或者只要关注一下我国一些知名学校的做法，环境育人的思路也就豁然开朗了。

四、思想途径

语言、行动、环境都是外显的，是看得清、摸得着的，此三者做得如何，能否成为校园新常态，并持续发展下去，根本上还依赖学校或教师的思想和理念，而思想和理念既是隐性的、内在的，又是带动德育其他途径和决定德育成效的关键所在。

一所学校，既要有符合教育发展趋势的先进办学理念，又要能立足当地，立足实际，以生为本，提出鲜明的育人目标，形成地域的办学特色，这是一所学校的思想和灵魂。只有有灵魂的学校才能做到统一师生思想，凝聚师生干劲，学校才会有长远的发展。

每一位教师，都要在学校办学思想的指导下，努力成长，提升育人的境界，将“真理”转化为教育的实践和行动，真正达到思想育人的高度。做好这一点的教师，就具备了作为一个教育家的基本素质。这一过程中，校长必须担当起塑造教师思想，促进教师精神成长的重任。

一所学校，如果能从以上四个方向上努力建设学校文化，那么，距德育功能的发挥、德育目标的实现也就不远了。

座位断想

——写给走在“回归”路上的初三教师

近日，观察初三教师的课堂，与昔日的朝气蓬勃相比，感觉大不如前，这样的趋势如果得不到及时的遏制，用不了多久我们恐怕就会回归传统。

导致目前状况的原因也许是多方面的，诸如课程进度加快、学生差距拉大、教师的急躁心理等等，但新课程理念树立不够牢固，方法、手段创新没有跟上是最主要的原因。回想大家坚持两年的良好势头和七百多个日夜中洒下的辛苦和汗水，痛惜之余草就此文，与初三老师商榷——

一、座位

毋庸置疑，座位只是课改的一种外在形式，课改的实质并不仅仅依赖于某一种座位形式。但是，迄今为止，这种形式对于我们而言还是非常必要的。因为某种程度上，正是这种小组合作的座位形式在推动着我们的课改不断走向前进。正是座位的改变在迫使着我们的教师不得不以学生为主体来想办法组织教学，从而改变过去一言堂的做法。而改变固有的思想和做法是艰难的，这恐怕也是有些人为什么要百般寻找借口和理由非要将座位回归传统不可的重要原因吧！但是，在取消了小组合作的座位形式之后，我们课改的实质也正在走向名存实亡。因为目前并非所有的教师都确立了新课程理念，都在自觉主动坚定不移地走课改之路。原来是没有办法必须改，现在传统座位的回归，正好为尚未根除的陈旧观念再一次打开了方便之门，为其创造了死灰复燃的机会，最终导致我们用了很大努力好不容易培养起来的思想萌芽在过于强大的传统势力面前不得不走向衰微及至消亡。

座位的问题不是实质，但却是超乎实质的问题。

二、合作

社会发展到今天，合作已成为日常工作、生活的主题。没有合作，一个人几乎无法满足最低限度的生存需求。而且社会的飞速发展更加日益突显出合作的重要。学习也是同样的道理，当人类科技发展日益加速，各种知识呈几何级数增长的时候，你还在妄图通过自己努力，使其非变成为你个人的经验不可吗？果真那样，你必将很快成为滚滚时代洪流中一个毫不起眼的过去分词。

社会生活离不开合作，而合作也是需要能力的。课堂上不赋予学生合作的机会，就等于从小折断了他融入社会生活的羽翼，今后他必将在生存与淘汰必选其一的社会竞争中无所适从，成为一个无法适应时代的“套中人”。

人生是个大舞台，课堂亦是小天地。学生原本应是天地中一只快乐的小鸟。而不应成为一粒沉默的沙子。

我们为什么不能使课堂成为解放学生思想、放飞学生个性、培养合作精神的舞台呢？

三、一种说法

有一种说法呈现出异常顽固的态势。因为言说者总是一副忧心忡忡兼信誓旦旦的表情，也颇能博得别人的同情和怜悯。这种说法就是“小组合作的座位形式导致学生说话——当然是“闲话”的多，影响学习，尤其是影响好学生。”

那我们不禁要问：

其一，学生不说话就好吗？就意味着专心地投入与学习吗？那传统课堂学生睡觉，玩手机的现象大行其道又说明了什么？

其二，何为“闲话”？为什么学生会说闲话？按照常理学生是不应该也不愿意在课堂上走神儿的。是不是你的课堂组织乏力，无法将学生思维引向“正轨”，学生便只好顺兴而为，思维也便“旁逸斜出”了呢？或者是你还没有找到吸引学生的办法和本事？如果不是，那为什么换个学科，换个班级，学生又会出现投入于课堂，投入于学习的状态呢？如果是，那就只能从提升教师个人素养和能力上下苦功夫了。而妄图依靠改变座位达到禁锢学生的做法无异于釜底抽薪，适得其反。

其三，小组合作的座位形式真的会对学习造成不良影响或者严重影响好学生吗？这里试举一例以观事实之真相。三十五班是课改以来座位形式改变最早、最彻底也是坚持最好的班级，看其本次期中考试成绩：年级前十名 1 人（普通班进前十只有 2 人）；年级前五十名 3 人（普通班第一）；前一百名 8 人（普通班列第二，比第一少 1 人）。三十五班因小组合作的座位形式而使学生受到了什么样的“影响”呢？事实胜于百倍的雄辩。如果你还顽固地认为这是特例，那初二也有类似情况，下面会谈到。再看三十五班的课堂纪律、课下秩序，各任课教师无不称道。这又是什么原因呢？

四、根源

当我们从石家庄学习归来对课改充满热烈渴望与美好憧憬的时候，当我们的课改进行到轰轰烈烈、如火如荼的时候，当加分激励的手段使得师生都欢欣鼓舞的时候……我们因最初的激动和陶醉而麻痹了进取的神经。当新的办法不再产生，旧的办法产生审美疲劳的时候，师生的惰怠情绪便旧病复发般迅速蔓延，大好局面，成为了昙花一现。

怎么办？还是那句老话，首先转变观念，树立先进的课改理念，用新课程理念武装头脑，这就是我们坚持战斗的武器。其次要有坚定不移的精神，要有面对问题和困难永不低头的勇气。这样才能在遇到新问题时迎难而上，化险为夷。不至于遇到一点坎坷就走回头路。同时更要勇于寻找和弥补自身的不足，而不要将问题的出现动辄归咎于学生，归咎于座位，多反躬自省，提升教师个人素质和魅力才是根本，这才是改革能够进步发展和深入下去的根源。

五、希望

初二年级又是怎样一种景象呢？

走进四十五班，你会发现两个独特的组别——男生组与女生组。四十六班小黑板旁边张贴着师生精心设计的励志标语，每个小组桌上摆放的象征小组荣誉的标牌。五十二、五十三、五十四等班级教室墙壁上张贴着学生照片，有的按小组名次排列，有的按目标层次排列，照片下面写着各式各样的寄语——有尖刀组的自豪宣言，有敢拼组的奋进之语，还有每个人的学习誓言……

白润梅老师说：“设立男生组和女生组，是针对班级的具体情况，想通过竞争激发一下男生的干劲。”武清华老师说：“设立尖刀组、优秀组，让小组之间形成竞争，实行‘周结月清’，学生情绪特别高。”刘晓东老师说，设立优秀组和赶超组，使两部分学生都得到益处，差生纪律明显好转，优生成绩明显提高。这次期中考试，年级前100名，自己班就占10名，在普通班中独树一帜。李艳霞老师说：“通过张贴照片，制定目标，学生的积极性被大大激发，因为每个学生都有目标，都在别人的监督之下，因此谁都不好意思不表现一下。”赵秀琴老师说，原以为实验班的学生学习目标非常明确，但一次偶然的谈话发现并非如此，于是她引导学生提前制定了中考目标。一句句朴实的话语映照出她们不断创新的理念。对，创新，创新思维、创新手段、创新方法，这不正是课改成功的希望所在吗？

时间都去哪儿啦

倏忽间2014年即将过去，这是我从事教育工作的第二十个年头，也是从事教学管理的第四个年头。盘点过去一年的工作、学习，就从以下五个方面说起吧：

一、听课、交流

作为一名主抓业务的副校长，听课是日常一项重要工作。一年来我听课一百余节，有学校集体组织的听课，但更多为推门课，这是为了促进老师们对日常教学的重视，所以我更多选择随机听课，以便更好地了解教学中存在的问题。在听课过程中，我特别要把一节课的精彩环节和不足之处记下来，课下与教师交流，有时是面对面的交流，如果老师工作忙，抽不出时间，我就与他们进行书面交流。比如：听八年级语文、数学、英语课，我与老师们进行了集体书面交流；听九年级张晓雅、周建敏老师的课，就教学中的一些问题，与二人进行了一些书面探讨……为此，也没少耽误老师们的业余时间，因为书面答复是更耗费时间精力的事情。但大家都特别认真地对待，令我十分感动，以上交流内容我都及时通过教育快报印发给每一位老师，使得教学中的好做法、好经验得到推广，不足之处得以纠正，疏漏得以弥补。

通过听课、评课与交流，促进了课堂教学的不断提高，我本人也从中不断学到新的东西，丰富着我的教学管理经验。尤其是一些老师敬业、认真的精神，感染着、鼓舞着我更加努力工作。

二、推进课堂教学改革

课堂教学改革在我校实施已有三年之久，今年是第一轮课改的收官之年，任务比较繁重。一年来，我们继续按照三年规划的要求，按部就班地落实课改工作，取得了比较显著的效果。截止目前，课改模式已经形成，导学案具备了一定水准，集体备课形成常规，教师理念得到转变，80% 的老师能在课堂上调动、发挥学生的主动性。在第一轮课改结束之际，累计积累文字材料十五万字，我校教师的公开课，多次受到上级领导和兄弟学校老师们的好评。今年十月份在我校举行的校际骨干老师语文、物理交流活动上，赵慧敏、王小红、杨珍、李世忠老师的课再一次受到同行和教研室领导们的一致好评。这些成果的取得，得益于近三年来大家在课堂教学改革中的努力付出。

但是反观我们的改革，也不时遭遇着重重困难，也仍有诸多不足之处。困难之一在于观念转变难，积重难返的思想观念想要彻底一下子根除和转变实在是一件不容易的事情，思想不转变，行动就跟不上。困难之二在于做法坚持难，有些老师在通往成功的道路上走了一半的时候，产生畏难情绪，觉得还是不如过去的老办法、旧办法简单省事，于是出现了思想动摇，出现了行动反弹，座位的回归，“一言堂”的现象增多，都属于这种情况。困难之三在于教法创新难，我们在借鉴经验、借鉴别人做法的同时也固守经验，固守做法，不能将这些经验、做法合理移植到我们学生的身上，不能根据环境改造经验以发挥它更大的优势，使得一些经验最终走向了教条和僵化，失去生命力。这些困难严重制约了我们课堂教学改革的进一步深化。下一步我们的首要任务是认清并解决这些困难，下一轮的学科课堂教学改革中，我们要在整体设计学科内容整合与课堂改革的同时，努力化解这些困难。

三、辟蹊径，引领教师成长

教师的工作是紧张而又繁忙的，所有的工作时间都在备课、上课、批改作业、辅导学生，难有闲暇，甚至有些老师要把试卷、作业拿回家里去判。如此紧张的工作节奏，使得教师个人“充电”的可能几乎降为零。但教师又不能不“充电”，怎么办？2011 年 9 月 13 日，我创办了第一期《教育快报》，希望通过这种形式，能够及时为老师们输送一些新观念，新思想。之后没有特殊情况坚持每周一期，截止目前已出八十四期，刊载学校教师文章一百余篇，同时给老师们选摘介绍了大量的教学专题文章。

《教育快报》发挥了传播教学经验、激发教研兴趣、鼓励教师写作、加强业务培训的功能，发挥了很好的思想引领和示范作用。

四、业务学习

做为主抓业务的副校长，业务学习的重要性不言而喻，而“业务”所涉及的范围又是那么的广。从教育教学法规，到课堂教学常规；从国家对义务教育阶段课程的设置和调整，到各学科的课程标准；从国家教育发展动态，到课堂教学的实践与操作，都是我日常学习的重要内容。

一年来，我研读了二十余本教育专著。通过与名师、大师的近距离接触，感悟他们先进的教育思想，执着的教育追求，使我更加明确了努力奋斗的方向。每期的《人民教育》更是我的必读书目。学习开阔了视野，丰富了思想，使我能够在教育管理中更加熟练，更加稳健。

五、不是业余的业余生活

不夸张地说，我所有的业余时间，几乎都在做着与业务有关的事情——沉湎其中，自得其乐。其中最多的要数读书、写作、写字三项。粗略统计，2014 年我读书七十余本，一千五百余万字。写作五十余篇（首），约五万字，其中散文《母亲其人》《人生如初见》被散文网推荐为经典散文，《童年田野狗》入选《2014 年全国优秀文学作品集》。写字更是花费我时间颇多的一项爱好，往往每天一二小时、三四小时，一年来“软硬兼施”，略有长进。

时间流逝飞快，好在2014留下诸多记忆，总归还是充实、忙碌的一年，是与广大教师密切团结、共同勉励、相互促进的一年。工作中的激情投入、和谐相处，业余时间脱离不了的专业爱好，都使我再次深深感受着职业给予我的丰富、深沉与喜悦，让我始终对教育充满着热情与希望，对人生永只如初见般欣喜，从而能够日日心怀感激去生活——谢谢！我即将别去的2014。

追梦的人

今天上午在成龙大厦聆听了市职教中心汪秀丽校长的先进事迹报告会。汪校长是一个朴素的人，衣着、谈吐都不张扬，但举手投足间很见得对职业的坚定追求。

从事教育工作四十余年的她有着对教育事业的深厚感情，尤其是任职教中心校长以来，一桩桩、一件件大事小情，都记录着她对职教事业的执着热爱。在职业教育发展最为艰难的日子里，她带领广大教师，硬是在生源不足和竞争激烈的夹缝中闯出一条生路来。她凭借自己智慧的头脑和勤奋的手脚不断抓住职业教育的先机，使张家口职教中心由一所在小小山城都名不见经传的职业学校，逐渐发展壮大，成为河北省乃至全国职业教育的一面旗帜。她本人也因此而成为十一届全国人大代表，两度走进中南海受到国家领导人的亲切接见，并先后成为享受国务院特殊津贴的专家和全国教书育人道德楷模。一个个荣誉和耀眼光环的背后，是她面对困难不屈不挠的意志，是她认定事业执着不懈的追求，是她甘为教育流血流汗的热情。为了能打开学校航空专业的就业市场，她竟能十年坚持拜访首都国际机场领导，精诚所到金石为开，她的诚心终于使对方感动，而她训练有素的学生也受到了用人单位的大力欢迎。

从她身上，我再一次看到了一个优秀教育工作者的不易，但她的话语也让我感受到了那份艰难中的幸福和希望。她是有梦想的人，更是一个执着追梦的人。她说，敢于异想天开，才能茅塞顿开。她在四十年的从教路上倾注了自己的汗水和心血，更为国家的职业教育开创了成功的模式。不断创新、与时俱进、放眼市场、坚守教育，这是她的成功经验，但点滴经验都凝聚着她的无限辛劳。如今，张家口职教中心已成为国家示范性职业学校，可以说，这也许就是汪校长最初那个异想天开的梦吧。但现实证明，梦想终会开出灿烂的花朵，因为命运不会辜负勤奋追求的人，一个人，只要揣着梦想，就有希望。

那么，汪校长的下一个梦又将是什么呢？

田野　童年　黄狗

依旧是五点半起床，给儿子准备早餐。儿子匆匆扒拉几口，目送他走进电梯，楼层示数迅速变为4——3——2——1，望着他背着沉重的书包摇晃出小区大门，转过身，我又木然地倒在床上……一睁眼，已是八点，赶紧下床洗脸，一边盘算着今天的日程安排。

先出去溜达，向东走，早听说东边是块大菜地。心里想着收获后的土地也许会有遗留，或许能够捡颗大白菜回来也未可知。于是怀着窃喜的满足走出家门。

记得小的时候也经常到收获过的田野中挖土豆、捡麦穗、搂柴火。一大群伙伴，扛着锄头、耙子，在刚刚收获过的土地上撒欢地跑，遇到山药地我们就刨山药，遇到麦子地就篓柴火，不论刨多少，篓多少，家长是没有要求的，只要看着我们喜欢劳动并且有“成果”，关键是不会到处乱跑，他们就高兴。只要家长一高兴，我们就可以从他们那里得到一颗鸡蛋或一碗刚刚打下的麦子，到街上去换小贩的水果。这在平时是万万不会得到的优待，平时如果哪个馋嘴的孩子偷了家里一颗鸡蛋，那是要受母亲好几天的责罚的。

田野里跑累了，就坐下来，每人奉献一颗土豆，每人贡献一把柴火，说是“一颗、一把”，但大家都是争着多拿，生怕在伙伴面前落下小气的坏名声。不一会，在熊熊的火苗中，山药熟了，麦稞焦了。刨一颗土豆出来，别看黑乎乎的，倒腾在手里还怪烫人的，迫不及待用手一捏，黑乎乎的山药开了花，散发出热腾腾的诱人香气；或者搓一把麦稞，吹掉烧焦的麦皮，焦黄又饱满的麦粒嚼得满口留香。再看一眼伙伴，早已个个变成熊猫脸，但每个人只能看到别人是大花脸，却看不到自己，因此深以对方为可笑，当从对方的眼神中猛然醒悟过来的时候，又是一阵哈哈大笑，爽朗的笑声便在秋天金黄的原野中飘荡开来……

回来了，很失望地从现实的田野边缘归来。因为我至多只是望见了田野，那倒真是一块菜地，但根本无法涉足，更谈不上触摸。那也许是部队的菜园吧，因为我亲见一辆军车从两边都是栅栏的大门驶了进去。再往前就是部队的营房。我的视力极差，看不清里面种着什么作物，反正绿得葱茏。栅栏外边，靠近马路环绕菜园的，是一条污浊的水渠，水渠上边，荒草萋萋，垃圾遍地。

这哪是我记忆中的原野啊！

那时，跟在父母身后去割麦，沿途都是好风景，贪玩的我们一会逮蚂蚱，一会追黄雀，浅浅的草地任你摸爬滚打。或者哧溜哧溜爬上树去，片刻功夫头戴一顶绿荫帽圈窜下树来，远处，便传来了父亲的大声吆喝。

到了地头，父母开始劳作，我们便一头扎进广阔的天地。挖酸溜溜、采麦麦、寻鸟窝、捞鱼儿……田野里总是有无穷的乐趣。但孩童的兴致是短暂的，当我们玩累了、玩倦了的时候，田野也就失去了魅力。好不容易熬到烈日当头、骄阳似火的晌午时分，此刻从空中到地面，连空气都是灼热的金黄。地里的麦子已经撂倒一大片，铺在地上。母亲还在弯腰收割，父亲开始打好腰子，将铺在地上的麦子双手一拢，弯腰屈膝，双手用力，三拧两绕，一个结实的麦个子便躺在了那里。这时，对田野失去兴致的我们就成为了父母的累赘。“回吧——回吧——”我们开始纠缠个不停，父母被吵烦了，便大声地呵斥一顿，或者神秘地告诉我们，地头还有半牙儿吃剩的月饼，我们因吃了一下或是受了月饼的诱惑，自然便又得到了片刻的消停。

终于可以回家了，我们又雀跃般地环绕在父母的身前身后。

田野的生活是有趣的，但只能出现在我儿时的梦里了。眼前除了一条污浊不堪的水渠和遍布的垃圾，就是急速驶过的汽车卷起的烟尘和尾气。我不想再往远处去了，于是，绕营房一圈，回来了。

那时，回到家，父母已经很累了，父亲可能早已经倒在了炕上，反正我没什么记忆。母亲却没有父亲那么幸运，她还在没到家的时候，就已被在南墙外放哨的黄狗发现，狗便摇晃着尾巴窜到了我们的跟前，伸着长长的舌头在母亲的身边上蹿下跳。进了院子，原本悠然卧在墙根下的猪突然精神抖擞了起来，哼哼吱吱地向母亲追来，紧随其后的还有公鸡母鸡们——好像母亲是它们的母亲一般。母亲只好甩下镰刀，抓玉米撒糠麸拌猪菜……鸡们啄食去了，猪大口大口地吞着泔水，最可怜的是狗，它从来没有自己专门的吃食，大多只能和猪抢吃几口，但很快就被母亲赶开了。那时我很为黄狗叫不平，但黄狗好像并不计较，每天第一个迎接母亲的始终是它，而且一如既往地热情。源于此的缘故，我至今对狗很有好感。

打发了快要饿疯了的猪们狗们，母亲开始忙碌家人的吃食。记忆中，疲乏的母亲已不想再做像样的饭食，我也不知道那时是否还有像样的饭食，反正只记得此时母亲必得由我来帮忙了。她先将锅烧热烧干，然后倒进一碗莜面，就只管坐在灶下烧火了。而我则爬上灶台，操起锅铲，不停地在锅中翻啊——炒啊——看着锅里的莜面由白色变为微黄色，及至变为焦黄色，炒面便可以出锅了。这是我很乐意干的一项差事，因为那时母亲总说，我炒的炒面比别人好吃。现在想来，大概是母亲实在累不动了，只好由我来炒。至于“好吃”之说，可能因了从中品尝到一点年幼儿子的“孝心”的那份甘甜的缘故吧！

一下午，我什么都没有干，自从田野的边缘归来，我的大部分时间都是在童年的怀想与梦幻中度过的，现在是晚上八点。

那时，一到晚上，饭毕，我家就变得热闹起来了，房前屋后的年轻人——多是本家的哥哥们，在村里我们是一个大家族——便都陆续聚到我家来谈天说地。那时消息闭塞，他们的“天地”也不过是村头二小家走失了一头毛驴或者三子家两口子吵架之类，而至于明天邻村要放电影就属于爆炸性新闻了。可在我听来，还是新奇之极。

可接下来的一段时间，对我而言就成为煎熬。大家聚到我家来，主要不是为了谈天说地，而是来听刘兰芳播讲的评书。他们听《岳飞传》，听《杨家将》。当大家被刘兰芳磁性的声音所吸引全都沉浸在杨门虎将战死沙场或忠良岳飞被秦桧所害的悲剧情节中的时候，我却只好在一旁掰着指头数数，盼望时间快点过去。那时我也听广播，但我听不懂评书，我搞不懂为什么杨继业和岳飞都有那么多儿子，谁是谁我根本记不住。我要听就听小喇叭，听孙敬修爷爷讲故事。好不容易等到刘兰芳跟大家说“下回分解”的时候，此刻的我大多时候已是睡意蒙眬，或者早已在大家被评书激发起的慷慨激昂或愤怒声讨声中进入了甜美的梦乡。

叮铃铃，闹钟响了，已经晚上九点，该给儿子准备晚饭的时候了。只好从儿时的梦幻中清醒过来，摇摇头，走进厨房……

初中那五年

今天给学生上课，望着讲台下生龙活虎的孩子们，忽然就想到了自己的初中生活。

说起初中时光，已是三十多年前了。我一九八四年升入初中，那一年的冬天，父亲因辞了教职举家迁往宣化打工。我以优异的成绩进入国办中学公会四中读书在当时是我的一大荣耀，整个假期，我都是村里人热议的话题。开学以后，当激动的心绪渐渐平静下来，我才发现我的生活陷入了前所未有的困顿。

那时的生活条件本来就不好，我们住校生每个月九元的伙食费，顿顿吃莜面傀儡、玉米面窝头、只有几颗土豆的灰蓝汤熬菜，而且就是这样的伙食也根本无法填饱肚子。后来虽然有了馒头，但一周只能吃上一顿，仍然远远不能够满足旺盛的食欲。其他住校的同学，都能够回家带干粮，每星期（那时我们过大礼拜，两周休息三天）返校每人带一大包。饼子，馍馍，油饼，炸糕，炒面，冻山药。康利峰最牛，每次都带烧饼，他父亲在粮库工作。这样，大家一周的生活基本就温饱无虞了。而我是没有这些干粮的，因为我从不回家，我只有半学期或放假时才能回一次家。记得有次父亲来看我，给我到副食店买了几斤饼干，这两包饼干对当时的我而言真是弥足珍贵。饼干好吃得不得了，但有个严重的问题是不禁吃，我每次都不舍得多吃，只吃一两块，过后却像根本没吃东西一样，甚至比不吃更饿，更馋。

在饥饿的驱使下，我开始到小卖部买些零食打发我的肚子。校门口的小卖部是闫龙老师家开的，我买的最多的是江米条和一种方块的酥，一次买几毛钱的，捧在手里狼吞虎咽就吃完了。可是零钱有限，不能常买，老师家的小卖部又不能佘欠。肚子实在饿得慌，虽然还是孩子，但为了填饱肚子竟然也能够集思广益。记得那时公会的大街上有个摆摊的老人，我至今记得他琳琅满目的架子车上挂着的营业执照上他的名字，叫丁昶。那是我第一次认识“昶”字。他的摊位离校门不远，就在学校的西边。开始的时候，常有三三两两的同学放学后聚在一起上街，路过他的小摊买些瓜子，边走边嗑。日子久了，便有胆大混熟了的同学，领着我们到他家赊烧饼吃（有时还偷偷多吃几个）。因为是记账，不用当下付钱，这下使我有了放心大快朵颐的机会。可是没想到赊欠的日子久了，积累起来就是一笔巨款啊！记得一次放假，正好父亲来接我，人家来学校当着父亲的面和我催款，真是既尴尬又无奈。

记忆深的，还在周末到学校后边的粮食局饭馆买过诱人的花卷，不贵，三毛钱就能买五六个，但同样不禁吃。到学校西边的饭馆吃过加了肉汤的面条，吃一次面条太奢侈，以后几天可能都要饿肚子了，饿肚子的那几天就后悔得不得了，因此每次吃面条的心情最纠结，非得下很大的决心不可。还喝过南街饭馆的鸡蛋汤，当时只是觉得诧异——一个鸡蛋竟然能打三碗汤(店老板说的，估计不止三碗吧)，真是既美味又饱肚子，关键还能省钱。

初中那几年留给我印象最深的，除了饥饿之外，还有不堪回首的学习和生活。都说童年是美好的，追忆是更加美好的，可我一点都不觉得那时的生活有什么美好。

我从小便是一个听话而又孤僻的孩子。在任何集体当中，我都是一个形同虚设的存在。要么不引人注目，要么就被人奚落。尤其升入初中，随着优异成绩光环的褪去，我变得日益平庸，直至最后泯然不如众人。

这期间，发生了一件最为严重的事件。那是我在公会念初中的第四个年头，我放在柜子里的几十元钱不知某日不翼而飞，那可是我一学期的生活费啊！柜子完好无损，钱却不见了，我就好像做梦一样，我想象了钱的无数种童话般的下落，就是没有想到它是被身边的同学取走了。是刘会仔细查看后发现了失窃的秘密，柜子的一块面板被撬开后又原封钉上，这样使得柜子不但恢复原貌完好无损，而且丝毫不留痕迹。这次事件在同学中造成很大反响，我几乎一下子从一个默默无闻的人成为轰动全校的人物。也因此有了后来令我感动至今的一件事——全班同学给我捐款。当时的条件，大家生活都很艰难，但大家都在我最困难的时候伸出了援手，多的有一两块钱的，少的一两毛。有大家的帮助，我第一次的损失总算补上了。是的，是第一次，你没有听错，确实还有第二次。因为我把同学捐来的钱，依旧放到了柜子里，因此捐来的钱就第二次失踪了……真是无法想象，那时的自己有多笨，其实想想后来的自己又何曾聪明过！

那三四年的初中生活，留在我记忆中的大都是这样悲催的事，好像从未有过令人欢欣的时刻。要说最高兴的事，只有一件——放假。因为放假我就可以回家了，放假我就可以自由自在了，更重要的是放假可以有美味可享，有电视可看。尽管我家那时还租住在局促的小平房里，父母打工，生活拮据得很，电视也只不过一台十四寸的黑白电视机，但回家依旧是我那时最远大的理想！

公会的初中生活印象大致如此，后来我又到膳房堡度过了一年依旧更加悲催的初中生活，一九八九年，我终于考上了师范。此后，我的生活才渐渐有了改观。那时，距升入初中已经五年过去了！

无　题

L 老师的儿子殁了。

惊闻噩耗传来，我的心一下子冰凉到了极点。一年前，孩子查出脑癌，距离世整整一年。

正常情况，孩子应该读大二、大三了吧！记得教他的时候，孩子憨憨的，不爱讲话。但人很诚实认真，课上提问起来，也不敢大声表达。因了其憨厚的个性，颇受老师、同学的喜爱。他不是非常优秀，不是非常调皮，不是非常活泼，不是非常……总之他不出众。在众多学生当中，他是很普通的一个，且显然深受了教师家庭教育的影响——L 老师的爱人也是一名教师——他比较单纯、胆小，甚至怯懦。我能想起他安静地待在座位上的模样，还记得他受了同学的挑逗后笨拙可爱的举动，更记得他课堂上急着发言而由于紧张把脸憋得通红的窘态。

我教他时间不长，只有初三实验班一年。我怎么会相信，他刚刚二十岁的年龄，正是朝气蓬勃的时候，却不幸罹患癌症并被无情地夺取了生命呢。L 老师她又怎么能承受得了如此沉重的打击。她该如何面对这残酷的现实，如何度过今后的岁月。我简直可以想象得出她悲痛欲绝的情状。

在与L老师交往的几年中，虽相处机会不是很多，一般仅限于工作上的来往，诸如教研室组织的语文听、评课以及其他教研活动，但对她热衷于工作的激情却印象颇深。那一年，教研员给全县教师作示范课，L老师的课很受老师们的欢迎和好评，在课后的研讨活动中，面对老师们的赞扬，她一个劲摇头，说："哪有你们说的那么好，大家要多指正，我还得向大家多学习。"作为优秀的语文教师和语文教研员，她没有华丽的辞藻，只有和同行在语文教学上心心相通的真诚渴求；只有和大家共同学习、提高的良好愿望。我还参加过L老师组织的多次活动，每一次听课，她总是给年轻的作课教师以热情的鼓励，听L老师讲话，朴实如农妇，真诚如挚友。

那些年，从正面的接触和交往中，我也深深地感受到了她对工作的认真和热忱。每次接听她的电话，从急切的话语中，仿佛能看到电话另一端那张充满热情的笑脸。不用你追问，她下发通知、布置任务总是那么细致周到，言辞之恳切，让你不忍心不去认真对待和完成。那仿佛不是在说工作，而更像一位大姐在恳请你的帮助，令人至今想起，深怀感动。

如今，失子的悲痛无端向她袭来，人生最大的不幸降临到了她的世界。我知道，怎么说都无助于分担她的哪怕一丝一毫痛苦，任何安慰的话语，此刻都是一片苍白，对她而言都是毫无意义的声音符号。唯愿她尽量减轻悲痛，在沉重的现实面前坚强面对未来的生活。我知道这样的要求对她太苛刻，但没有办法。逝者已逝，L老师还要在今后的岁月中保重身体。我想，只有她活得健康快乐，才是对儿子最好的安慰，儿子天堂有知，也会祝福他的妈妈。

陪床琐记

4月1日

母亲来电话，说父亲住院了。我吃了一惊。

父亲和母亲的身体一直很好，偶尔感冒一次也从不吃药，更不会把病情告诉我。事后总是轻描淡写地说，你们工作忙，一点小感冒，抗一抗就过去了。

一个星期前，父亲的臀部又起了囊肿，这已经是第三次了，上次还是两年前。这次输液一周疗效未见，医生说手术吧，母亲不得已领着父亲来到仁爱医院。手术前需要做各项检查——胸透、血常规、尿检、心电图……在体检中心，母亲实在晕头转向，找不着了北，才无奈给我拨了电话。

赶到医院，领着父亲楼上楼下，做完各项检查，把父亲送入病房。我拿着各种写满火星文的化验单，跑去给医生看。好在父亲各项指标还算正常，医生说，像父亲这样年纪的人，这种状况已经很难得了。一直悬着的心才终于掉了下来。

父亲的生活习惯一向很好，一生不沾烟酒。烟一支不抽，酒只有在过节时家人聚会的热烈气氛中才会在我的劝说下喝上一小杯。所以，快七十的人了，身板很是硬朗。

父亲一生经历不少坎坷。年轻时当过二十年民办教师，在全国民办教师都即将转正前夕被辞退。随后投奔在宣化的表哥，干零工，一干就是十五年。后又随我回到张北，依旧找零活干。父亲干过的工作很多，看过门房，扫过大街，烧过锅炉，卖过冰糕，给炼钢炉运过焦炭……就在最近生病期间，还在忍着病痛上班。

父亲的生性非常平和、恬淡，尽管一生不曾享福，但从不抱怨生活，对生活也没有更高的追求，很能够随遇而安、知足常乐。父亲的这种"满足"反倒是经常招致母亲的不满。在母亲眼里，父亲可是不思进取的典型，父亲经常被母亲拿来作为反面材料教育和警示我们。可我却并不反对父亲的随和以及对生活乐观豁达的态度。我也经常暗想，在这一点上，我是不是已经受了父亲潜移默化的影响呢？

刚安顿好父亲，学校打来电话，赶紧赶回去开会，留下母亲陪护父亲。

4月2日

医生昨天已经通知，今天上午十点手术。从昨天中午，父亲就已被禁食。早晨，在我和母亲到来之前，医生又给父亲做了灌肠。我们见着父亲的时候，他正在走廊中散步，不知是医生的嘱咐，还是父亲在缓减精神的紧张。我知道，父亲一生很少生病，这次手术对父亲也是一次不小的心理考验。想至此，赶紧把父亲领进病房，一向很少与父亲交流的我，只好貌似轻松地与父亲展开亲情对话。

十点的时候，医生唤病人家属签字。我赶到生公医办室，医生指着面前的一张手术通知书，郑重地向我交代着手术可能导致的种种后果。望着医生肃穆的神情，我却一句话都没有听清。我的大脑说不清是空白还是混沌，只记得医生最后让我确认签字，我接过我一生借以谋生、握着最熟悉最轻巧的书写工具，却第一次觉得如此沉重，以至于我拿起它就倾注了我全身的力气。我艰涩地写下自己的名字，然后按照医生的要求，按下了红红的指印。然后木然地走出医生办公室。刹那间，我突然有一种很想逃离这个地方的冲动。我仿佛在面临一种生死离别的抉择，尽管我心里明白，父亲只不过是一次小手术。为了稳定情绪，免得被父母发现，我心里不停地告诫自己——要镇定。签字出来，将父亲送进手术室，麻醉师又让二次签字。依旧是“不良反应……不良后果……”我似懂非懂地点着头，意识却更加模糊……父亲终于进了手术室，只留我孤独地守在门外。

五分钟……八分钟……十分钟……经历过无数次等待，却从未像今天这样感到焦急和漫长。二十分钟的时候，手术室传来一阵哗啦啦的声响，我赶紧推开门，一位产妇被推了出来。“妈，我生的是儿子？几斤啊？”“六斤二两。”声音中充满着喜悦，我目送她们进入电梯。

五十分钟的时候，忽然传来护士的声音：“岳福禄家属，拿被子来。”我赶紧跑回病房，抱了被子，送过去。不一会，父亲被推出手术室，我赶紧迎过去，接过护士手中的吊瓶高举着，随医生将父亲送入病房。一阵手忙脚乱后，护士给父亲下了导尿管，并嘱咐我们看护好病人。然后就只有我和母亲守护在父亲的床边。长久沉默地注视着液体一滴滴顺着输液管注入父亲的体内。

整整一个下午，父亲对伤口一点知觉都没有，虽然看上去憔悴了很多，但情绪很好。只是医生嘱咐，病人在六小时以内不准枕枕头，父亲就那样一动不动地仰卧在床上。

晚上，我要陪床，母亲不让。我知道，母亲一是关心我，二是不放心父亲。我知道母亲的性格，回去了她会更加惦记。于是，我只好留下母亲，回家去了。

4月3日

一早，赶到医院，父亲还在病床上躺着，看上去一下子消瘦了很多。蜡黄的脸上显露出疲惫的神色，见了我，只问了句："来了。"我凑过去，坐下，本想安慰父亲几句，但看到父亲因疲倦而略显厌倦的神情，话到嘴边又没有说出口。只好默默为父亲整理凌乱的药品。

原来，父亲从昨晚六点麻醉作用渐渐消退后，开始感受到剧烈的疼痛。开始时，父亲一直咬牙坚持着。到晚上十点的时候，父亲开始有些暴躁，埋怨母亲让他做手术，早知如此还不如不做的好……半夜十二点的时候，父亲的疼痛仍然没有减轻的迹象。没有办法，母亲去找了护士。经过协商，护士给父亲注射了两支杜冷丁，在凌晨时分，父亲才渐渐安稳下来，睡了一小会。

今天八点开始输液，也许是疼痛减轻的缘故，再加上昨晚一夜折腾，输液期间父亲一直处在睡眠状态。

十点半，三瓶液刚输完。十一点的时候，医生唤病人换药。赶紧扶着父亲起来，下床，一步步挪到走廊对过的换药室，虽只隔一条过道，但父亲走得十分艰难。把父亲扶到床上，医生让摆好姿势，跪在聚光灯下，我第一次看到了父亲手术的创口。深深的创口像一张因饥饿而张大了的嘴巴。我的心不由得紧了一下。医生将钳子夹了浸过药水的纱布，深深地伸到创口里面，随着钳头的转动，浓黑的血水从里面流了出来。父亲闭着眼，痛苦地呻吟着，我不由得攥紧了他的拳头。清理完创口，换了药，再慢慢扶起父亲，搀扶着走回病房，我感觉到父亲颤抖的身体，赶紧让他躺下。

中午时分，护士来为父亲拔导尿管。虽然事先医生几次嘱咐要在憋好尿再拔，拔了就要小便，父亲也表示已经憋足了尿，但拔掉导尿管后期望的效果却没有一下子出现。我安慰父亲不要紧，这是术后正常反应，慢慢小便就会正常的，心里却毛毛的。一下午，父亲一次次从床上爬起，走进卫生间，然后又一次次沮丧而归。我只好不停地劝说，不要着急，慢慢就会好的，心里却越来越担心，最后跑去问了医生。医生说，这种现象常有，没别的办法，尽量让病人放松吧。

半天过去了，为了使父亲精神放松，使尽了医生教给的各种办法，只是不见效果。

只好寄希望于晚上。

4 月 4 日

父亲自昨天中午拔掉导尿管后，一直大小便不通，今天早上我去的时候小腹已经胀得非常厉害。

上班后，我赶紧去找医生，说明了父亲的情况。医生说吃点药看看吧！拿到处方后，我跑着冲下楼去。

取药处几近人满为患，生病的人扎起堆儿来也是十分可怕的事情。不过令人欣慰的是，近年来随着人们生活水平的日益提高，我们这座小城的文明程度也得到了提升——提着大包小裹的农民歪歪扭扭地排起了长龙，记忆中人们拥在一起嘈嘈嚷嚷轰轰烈烈的情景不见了。倒是也有极个别迫不及待地凑到窗口前宁肯遭受着周围人异样的眼神和不满，但脸上依然挤出一丝讨好的微笑，恳求着能提前取药的。但看着他们急迫和无奈的表情，不由得让我想到病人的痛苦，心想要不是病人着急谁会心甘情愿在大庭广众之下降低自己的人格和尊严呢？于是原本十分反感的心情也就转而变为对他们的原谅和同情。

取了药，一路奔回病房。按照医生的嘱咐，父亲喝下了一整瓶甘露醇兼一大缸白开水，然后就眼巴巴等待奇迹的出现。中午时分，仍不见任何动静，有一位病友慷慨激昂的现身说法十分令我感动，我立即听从他的劝告从药店买回了一堆开塞露。下午一点多的时候，奇迹终于出现了，而且几乎是爆发，没有任何预兆。父亲开始狂泻不止，一次次急匆匆出入于病房和卫生间。每一次来去往往间隔不到几分钟，这里刚给他脱鞋、扶他上床、盖好被子，那里他又折腾着要起来，于是赶紧再穿鞋、下床……就这样，整整折腾了三个多小时。后来，父亲终于精疲力竭，在我的唆使下干脆蹲在马桶上不再起来。

五点多的时候，情形有所好转。泻止住了，但小便一直没有下来。父亲此时已经胀得非常难受，我和母亲都十分着急，但却无计可施。医生说，所有的办法都使尽了，实在不行，只有再下导尿管。

望着父亲悒郁的神色，我对父亲说："爸爸，再试一次？"父亲欣然允诺。几分钟后，父亲终于还是失败着回来了。

只好二次下导尿管。医生说，这次没有麻醉作用，会很疼的，要坚持住。于是，我又一次目睹了我最不愿意看到的情景，长长的管子再次缓缓插入父亲的体内。父亲呻吟着，紧紧攥着我的手。母亲站在一旁已是泣不成声，紧紧贴着父亲的脸庞，轻轻呼唤着父亲的名字。只见两颗泪珠从父亲的眼角滚落下来……

4月5日

昨天再次插上导尿管后，父亲的痛苦有所减轻。只是在坐浴、换药、便后冲洗时还是难以自持。

这几天，母亲很累，使我不能不担心她的身体。几天来，母亲几乎一直守在病房，每天一早四五点就开始忙乎着帮父亲坐浴，晚上十一二点以后才能躺下来休息，中间一整天陪着照顾父亲。而且照顾父亲非常“敬业”，不仅每次便后都要细致为父亲清冲洗伤口，重新包扎，而且不厌其烦地提醒父亲喝水、吃药，用热水为他敷脚……动作的专注和认真程度，连我都不禁为之感动。我开玩笑对母亲说俨然快要赶上专业护士的水准了。

父亲的疼痛虽然暂时减轻了，但我和母亲的心里还是有些紧张，担心下次拔掉尿管后的小便问题。但在父亲面前我们竭力装出轻松的样子，安慰他下次一定能行，人老了就得多恢复几天。父亲原本就是一个乐观的人，自手术以来一直很坚强，在最痛苦的时候，也只是咬着牙坚持着。所以病人的情绪还是不错的。

几天来，父亲与我的关系也日益地亲密起来。平时我与父亲的交流很少，这次父亲住院，我始终服侍床边，我感觉父亲觉得只要我在身边就有了依靠和支柱，因为每次痛苦袭来，他都要紧紧抓住我的手。而对我的称呼，让四十岁的我都实在有点羞于面对。

在我的童年的心中“父亲”一直是“严厉”的代名词，反正我从没有和父亲撒娇的记忆。更没有像儿子和我那样都上高中了还时不时要来个熊抱。但随着年龄的增长，父亲的爱我是能感受得到的。记得小时候，每年张北赶会，父亲都会用自行车载着我，骑三十里的土路，带我到县城逛街、看马戏、看电影，父亲爱看，我也爱看。完了，买一大堆好吃的，凯旋而归。那时，在伙伴群中，我觉得我是最幸福的一个，因为大家大多只能“望城兴叹”，而我却因此有了给他们讲述见闻的资本。后来，我上初中，到离家三十里外的公会住校。家不能够常回，和父亲见面的机会也就少了。只是每两个星期（大礼拜），父亲仍旧会用自行车送我到公路，坐公共汽车去上学。再后来，父亲到宣化打工，家也搬到了宣化，我回家的次数就愈加少了。那时，放假是我最盼望的时刻。只记得快要临近放假时，我便会接到父亲的一封来信，信封中会夹着五元钱，我便有了回家的路费。初中三年是我最失败的人生，但父亲好像从来没有责备过我，还默默地给了我不少支持与鼓励。待我考入师范，父亲最后一次亲自送我入学，从那时起，我自以为是地长大了，心目中便逐渐模糊了父亲的记忆……直到今天。

4月6日

今天父亲正常坐浴、输液、换药……手术的创口在逐渐愈合，因为病痛的折磨减轻，所以父亲情绪也不错。反倒是母亲两天来心事重重，她在担心父亲小便不通的问题。我只好以前两天安慰父亲的话来安慰母亲，希望她能减轻一些思想上的压力。

中午时分，在我的劝说下母亲回家去了，自父亲入院以来，母亲好像连家都没有回过。我想让母亲借机休息一下，哪怕换换脑筋也好。几天来，我深深体会到，医院对病人而言是救死扶伤的福地，对健康人而言却是断人心肠的地方——太折磨人了。亲人的病情令你担忧不说，当你在形形色色病人的包围之下——进门是病人，出门是病人，楼上楼下目光所及几乎全是病人，有时突然会怀疑自己是不是也患病了，而且就分明感觉到身体的某个部位正在隐隐作痛。想着……想着……又不得不赶紧竭力镇定自己的情绪，抑制住自己潮水般蔓延的想法。我想，如果我长期生活在这样的环境中恐怕迟早会被病人“同化”的。思想斗争的最终结果是我甚至因此在暗自庆幸自己幸亏不是一名医生了，而且庆幸之余不免对自己的职业又增添了一分得意的满足和自信。本知道这样的想法很愚蠢，这样的满足很阿Q,但我还是不由自主地这么想了。

下午和妻子通电话，说儿子明天一早返校。电话中，儿子仔细询问爷爷的病情，告诉他没有大碍，免得学习分心。他的成绩总是很不稳定，上次期末退步很大，这次月考又有所进步，快要期中考试了，但愿他能踏踏实实静下心来用功学习。

4月7日

第二次插入尿管已经三天了。

三天来父亲一直在照常输液，兼膀胱冲洗。医生说，估计炎症已消，今天可以拔尿管了。父亲也同意，而且对排尿信心十足，认为满没有问题。中午时分，输液完毕，拔掉尿管。

但和上次一样，期望的效果依旧没有一下子出现。

遵照医生的嘱咐，为了缓减父亲的精神压力，仍旧是不断地安慰……安慰……安慰……

尽管在父亲面前装作轻松的模样，其实内心十分紧张，因为是第二次了，所以不由得怀疑父亲是不是有新的毛病。抽个空跑去问大夫，说没事，也有患者出现类似的情况，先不要着急，实在尿不出来再想别的办法，并开一盒——竹林胺（音）。医生的轻描淡写让我以为是成竹在胸兼为缓减病人家属紧张情绪的表现，为此颇为感激，几天来我对医生的敬意与日俱增。跑着到外面药店买回药，帮父亲服下，期待效果的出现。下午，情形依旧，再一次求助医生，又开一剂针剂，赶紧取药，交到医生办公室，医生随后在父亲小腿处注射了针剂……

在用尽各种方法却不见丝毫效果之后，我渐渐失去了对医生的信心。这甚至使我想起，在我送针剂到医办室的时候，A医生正在饶有兴致地钻研一本厚厚的医学著作，当时我对他陡然升起了无限敬意——如此勤奋好学的医生当会精益求精，医术自然高明了！后来在注射针剂时，他因实在找不准注射部位而再三犹豫又怕被人识破的难堪表情又使我一下子跌落到对他的无限悲哀和失望中去，他好不容易在念念有词中——医学术语兼自言自语，无法听懂——极为勉强地为父亲完成了注射。我才明白，他先前的“钻研”，不过是临时抱佛脚而已，既然是临时，佛不给面子也是很正常的事了。此时我的情绪已是失望之至了……

晚上和妻子一起到医院送饭。父亲情绪不错，母亲看上去也很高兴。由于妻子的到来，母亲的话也多了起来，阳阳的学习、生活情况自然是她最为关心的话题，妻子当然是“一一为具言所闻”了。

也许是受了热烈气氛的感染，也许是情绪的极度放松，父亲竟然有了小便的冲动，而且几分钟就要小便一次，每次竟然能有几毫升。我乘机加强了对父亲的心理攻势，竭力求证没有问题，一定会小便通的。

我一次次地鼓励父亲不要紧张，要放松，并一次次把父亲的尿液收集在一个罐头瓶中……我几天来对父亲细心周到的服侍在同室病友们中引起的强烈反响终于在此刻爆发了，大家的赞叹使我颇有点喜色于心，但尽量做到面部表情波澜不惊。

快要晚上十点的时候，母亲打住了话头，赶我们回去。但我见父亲依然“尿兴”颇浓，坚持为父亲接尿。快要十一点的时候，母亲再一次发话让回去，此时，看看罐头瓶，一千毫升的罐头瓶已经快要满了。

于是带着较为愉悦的心情回家，想着父亲明天一定会好起来的……

跋

让我们享受赶海的美好

——读岳送军《杏坛行吟》有感

坝上草原一望无际的苍茫大地，就像辽阔深情的大海一样，蓄积着巨大的能量，凝聚着无限的生命张力。

多年前，我到河北张家口主持一个教研活动，有幸结识了岳送军校长。虽然相识多年，就像我们每个人对大海的了解一样，我对岳送军校长既熟悉又陌生；既好奇又想去亲近，又没有合适的机会。

有一天，突然收到了岳送军校长的《杏坛行吟》书稿。厚厚的手稿，像一望无际的海岸线。我就像一个赶海的兴奋孩子一样，扑向了海边，希望能采撷到一个个新颖的海螺，或是一枚枚奇异的贝壳。

一、探究校园管理的实践者

学校的教研能力是学校学科建设的关键，上好每一节课，教好每一个学生，成为岳送军校长孜孜以求的目标。岳校长积极组织开展课题研究，发挥教育科研的引领作用。通过开展主题教学研究，老师们认识和体会到了教研活动对于教学的巨大推动作用。引发了大家对于“真研究”的巨大杏坛行吟热情，教师们争相成为课题主持人，掀起了一轮又一轮的课题研究热潮。

二、聚焦教师成长的领航者

跨地区一体化联研，是普通学校的一个个老师，实现集群式的成长捷径。岳送军校长为了促进教师成长，实现教师队伍的整体优化，最大限度激发每位教师的潜力，多次千里奔波异地集体研学，校本部“青蓝工程”的实施，让中青年教师在专家学者和“老师傅”的带领和悉心指导下，快速成长，大多教师成为学科教学的顶梁柱。不仅如此，在新老教师的交流融合中，更是形成了“以老带新，以新促老”的良好局面，教师队伍更具活力，工作氛围更加融洽。

三、深爱家长孩子的守护者

每位孩子都是一颗有待打磨的珍珠，在岳送军校长的带领下，每一位老师都会用自己的热心、耐心、责任心，将这些孩子一个个任性的包裹渐渐融化，直至发出耀眼的光泽。在岳校长和全体老师的共同努力下，教学成绩创造了一个又一个奇迹，培养出了全县最受欢迎的学生。一大批原本貌似平庸的孩子，进步都很快，很多家长都不敢相信自己的孩子会在这么短的时间内发生如此大的变化。一些踏入初中原本升学无望的孩子，三年后竟然实现了自己人生的第一个梦想——考入重点高中。

岳送军校长的书稿中汇集的课题研究、工作方案、感悟随笔、亲子良策、家庭谐趣、抒情诗歌等，特别适合教育管理者、教师、家长们阅读，我们在阅读《杏坛行吟》书稿时，能够从中汲取大量教学管理的经验，课堂教学实用案例，家长成长亲子教育的方法。

欣赏大海的美，有人喜欢感受潮来潮去大海的汹涌波涛，有人喜欢欣赏椰树阳光海岸的旖旎风光，而我最喜欢赶海，与大海来个亲密接触。

岳送军校长的书稿就像一处美妙神秘的海滩，在这里，阳光、沙滩、海水相映成趣，构成了一幅自然天成、美丽感人的画面。这处海滩，到处都是海螺、扇贝、寄居蟹，随便一捡就是一大桶。连接沙滩的浅水处，海星、海蛋也可以拾到。在海水与礁石之间，甚至可以找到螃蟹和海参。在此处赶海，真是一种美妙的享受。

学校教育的成功取决于校长的勇于担当、主动作为，勇于担当、主动作为的标志就是超前的思考，深入的探究，落地的实践，真情的投入。

教师要顺应时代巨变的要求，教师首先是一个学习者，教师要以解决自身的问题为导向，教师要以教书育人实践为导向。当下，一线的教师真是太辛苦了，时间都被各种工作切割、打碎了。如何把岳送军校长长年累月积累的个体优秀经验转化成教师群体的优秀经验呢？

岳送军校长的《杏坛行吟》书稿给我们呈现出了完美答案。书稿中的详实内容就像一个个赶海人寻找的目标，让没有赶海经验的人，不至于迷失最佳采集地点，少走许多错误线路，就能够轻而易举地收获喜悦，享受赶海的美好。

中国教育联盟写作专业委员会主任　陈静

2022 年 12 月 7 日

《杏坛行吟》书后

苗润博

上一次给岳老师交作业，是在整整二十年前。时当初一寒假，一群毛头小子簇拥在岳老师家里，听他聊诗词、谈作文。室外照例应该有零下二三十度，家里却是暖意洋洋，印象中的岳老师穿着拖鞋，跷着腿，在坝上方言和普通话的无缝切换中抑扬顿挫、眉飞色舞：李白、杜甫、白居易，苏轼、柳永、李清照……一篇篇难懂的文字，一个个陌生的人物，在岳老师的吟诵、解析中渐渐鲜活起来，不知不觉间进驻到懵懂少年的心底，尽管当时的他们并不真正晓得其间的分量。活动结束后，岳老师要求每人提交一篇练笔，我的好像是题作《不同的人生，一致的追求——我眼中的李白与杜甫》，后来有幸被岳老师收进了他的第一本书《杏坛有约》，并加以点评，这大概是我所有正式出版的文字中最早写成的一篇。

那个寒假过后，家人临时决定要我转学到市里，自此离开了张北二中，离开了岳老师的260班，至今想来仍不无遗憾，甚至满怀歉疚。岳老师虽只教过我一学期，对我的影响却是极深远的——他让我第一次真正体会到什么是“语文”，什么是“教育”。在我看来，语文是应试教育阶段的文科课程中开放度最高、自由度最大、包容性最强的一门，借助语文感知历史文化，透过文本触摸世道人心，其实是滋养人文情怀、训练人文思维最重要的一环。惟其如此，这门课对于讲授者的要求也是极其严苛的，这不仅在于语文教学本身包罗万象，需要积累的知识领域堪称无远弗届、深不见底，更在于如何真正将致广大而尽精微的文学体验，通过可感、可见的路径实现人与人、心与心之间的传递。上次回乡与岳老师小酌时还说起，如果我现在教的不是大学而是中学，那一定选择讲授语文而非历史。这种想法一方面出于对既往中学历史教学“非历史”“反历史”倾向的反弹，另一方面则无疑源自岳老师当年埋下的种子。

文学，乃至整个人文学科，其实无外乎读书、写作两端，而如何激发学生对二者的兴趣，正是岳老师长久以来的着力点。当时的课堂上，他常常会和我们说起自己最近在读什么书，练什么字，兴奋处也不管什么课程进度，径自在黑板上抄下喜欢的文段甚至篇章，整版整版地抄，写满后再整版擦去，继续抄，边抄边解说其中的妙处，激动处就连粉笔的顿挫似乎都充溢着情绪。这种纷纷扬扬、旋生旋灭却又尽情挥洒的文本呈现，如同一场仪式，令徜徉其间的我切实体会到文字的温度和力量。下午课外活动时间，阳光款款地铺洒在办公室平房前的那排杨树下，我们三三两两地聚拢，岳老师斜跨在二八自行车上，手中拿着大家的作文，点评或让学生互评，有时还会鼓励我们进行现场创作。不知怎的，每次想起那情景，脑中总会浮现出“浴乎沂，风乎舞雩，咏而归”的古语。倘若立足大学教育乃至之后的人生历程往回看，自主阅读的兴趣、勤于动笔的习惯，与专业选择、前途算计无涉，而关乎人是否具备自我发现、自我革新的能力，能否觅得人格健全、意志独立的途径。二者本是中小学文科教育最有必要赋予学生的，但往往也是最难培养的，个中症结除了大环境的弥散性问题外，最重要的因素或许还在于从教者本身对于读书、写作是否怀抱真正的理解和热爱。很幸运，我当年遇到的是岳老师。

如果说二十年前我所感知到的是岳老师语文教学中的一种“自在”状态，那么眼前的这部《杏坛行吟》则集中反映了近年来他对语文、对教育的思考，是一次“自觉”的提炼。这期间岳老师完成了从老师到校长的角色转换，书中所讨论的核心问题也从语文教学扩展到整个教育方式的改革，即作者念兹在兹的“课改”“教改”问题。类似话题在这片土地上不知已经被讨论了多少年，教育（从幼儿园到博士）也成为继足球之后又一个谁都知道存在严重问题，谁都可以骂上两句，但似乎谁也难以从根本上有所改善的领域。如此背景之下，我并不能真切判断书中所述种种改革的理念与尝试在故乡、母校究竟取得了多少实际成果，也不清楚周遭的人有多少真正理解、认同这些并为之付出努力，又有多少人将其视作新的逐利手段和内卷工具，但我清楚地感受到岳老师内心的那份真诚和笃定，那份明知不可为而为之的孤勇，也就是书中所称“‘恨之愈切，爱之愈深’的教育情怀”。这种情怀，不同于时下流行、甚嚣尘上的宏大叙事，是一种具体而实在的坚守，是在严冬之中期待暖春、存续火种的努力，尽管那春天现在看来仍然遥不可及。唏嘘之余，转念一想，真正称得上情怀的东西，不都是因其悲壮方才得以彰显意义的吗？

书名四字，分出二典。“杏坛”之喻，源自《庄子·渔父》“孔子游乎缁帷之林，休坐乎杏坛之上，弟子读书，孔子弦歌鼓琴”；“行吟”之说，则首见《楚辞·渔父》所述屈原“游于江潭，行吟泽畔”。两篇文字皆以“渔父”为名，构筑起古典文学中的一个重要意象，尽管具体外延各有参差，然核心内涵则无不指向有所持守、不甘于流俗的独立人格。窃以为，这一深层意蕴正与上文所谈现实情境颇相契合，或许是此书在教学经验总结之外更堪沉吟的旨趣所在。

二〇二三年元旦，于京西闹不机迷斋

作者系北京大学中国古代史研究中心副主任、研究员